教了不等于学会了

——学校如何发展课程

张菊荣 周建国 主编

崔允漷 周文叶 主审

华东师范大学出版社

·上海·

图书在版编目（CIP）数据

教了不等于学会了：学校如何发展课程/张菊荣,周建国主编.—上海:华东师范大学出版社,2017
ISBN 978-7-5675-7156-3

Ⅰ.①教… Ⅱ.①张…②周… Ⅲ.①小学－课程建设－研究 Ⅳ.①G622.3

中国版本图书馆 CIP 数据核字（2017）第 273114 号

教了不等于学会了
学校如何发展课程

主　　编　张菊荣　周建国
主　　审　崔允漷　周文叶
策划编辑　王冰如
特约审读　高淑贤
责任校对　王冰如
装帧设计　王　隽

出版发行　华东师范大学出版社
社　　址　上海市中山北路 3663 号　邮编 200062
网　　址　www.ecnupress.com.cn
电　　话　021－60821666　行政传真 021－62572105
客服电话　021－62865537　门市（邮购）电话 021－62869887
地　　址　上海市中山北路 3663 号华东师范大学校内先锋路口
网　　店　http://hdsdcbs.tmall.com

印 刷 者　上海商务联西印刷有限公司
开　　本　787 毫米×1092 毫米　1/16
印　　张　21
字　　数　303 千字
版　　次　2017 年 11 月第 1 版
印　　次　2024 年 6 月第 12 次
书　　号　ISBN 978－7－5675－7156－3/G·10754
定　　价　56.00 元

出 版 人　王　焰

（如发现本版图书有印订质量问题，请寄回本社客服中心调换或电话 021－62865537 联系）

江苏省教育科学"十二五"规划 2011 年度重点自筹课题"分布式课程领导：一项合作与赋权的学校变革行动研究"研究成果之一

江苏省教育科学"十三五"规划 2016 年度重点资助课题"小学课堂'教—学—评一致性'的深化研究"研究成果之一

课题组核心成员

组长

张菊荣

副组长

周建国

主要成员

袁杨勇	徐建萍	查春晓	钮雪芬	吴晓亮	陈小红	顾嫣宏	蒋银华
张美娟	徐 兰	沈 静	吴晓芳	顾颖颖	姚晶晶	凌 洁	费晓燕
缪 吉	叶叙英	杜 琳	朱旭东	庞亚萍	干 明	沈丽莉	凌 燕
金飞虹	韦 添	肖月仙	姚 耸	王芳燕	杨红燕	朱红秀	费晓萍
闵荣生	曾 璀	潘洁琴	张 俐	叶雪娟			

合作研究者

崔允漷	周文叶	夏雪梅	付黎黎	兰 璇	洪志忠	申宣成	傅 彦
叶海龙	蔡文艺	何珊云	王中男	郑 蕾	赵士果	王小平	王冰如
杨澄宇	邵朝友	徐瑰瑰	莫菲菲	胡警予	戴丛宇	曾家延	刘丽丽
岑 俐	雷 浩	董泽华	潘 恬	毛玮洁	陈铭洲	虞天意	马志强
兔古地容子							

目录

下篇 沿途拾趣

推荐序：学校课程发展那点事

崔允漷

华东师范大学课程与教学研究所

一百年前,博比特(J. F. Bobbitt)——课程专业开山鼻祖、课程领域三大巨头之一,在教育史上第一本课程理论专著《课程》(1918)中宣称:一个充满那种大而无当、无法界定的目标的时代很快就要过去,一个精确化、专业化的以科学方式编制课程的时代即将到来。① 博氏的豪言壮语现在实现了吗? 学校课程编制精确化、专业化的程度如何? 我国 21 世纪基础教育新课程倡导国家、地方与学校三级课程管理,学校获得了前所未有的课程权力和课程责任。然而,在新课程推行了十六年后的今日,学校在多大程度上行使了自己的课程权力,履行了自己的课程责任,建设了校本化的课程? 国家课程政策有没有处理好赋权与增能的关系? 学校如何在发展课程的过程中发展学生、发展教师? 总的来说,这两类问题的答案是令人遗憾的。但是,江苏省汾湖高新技术产业开发区实验小学(以下简称"汾湖实小")经过八年的课程研究与实践,可以为百年前的博氏宣称提供一种中国方案,为我国三级课程管理政策的落实提供一种实践样例。

像"造学校"一样专业地建设学校课程

设想一下,如果让我们建一所新学校,我们会怎么做? 一般来说,当我们拿到一块地皮后,会先在头脑中构想一下"我想建一所什么样的学校"。书院式的,还是开放式的;"土豪"点好,还是平民点好;美观重要,还是厉行节约;倾向儿童喜欢,还是偏重教师便利……也就是说,学校要体现什么样

---

① [美]博比特.课程[M].刘幸,译.北京:教育科学出版社,2017:35.

的"教育味",体现什么样的"校本味"。专业一点,还会考虑选择哪一种建筑风格,如古典主义还是新古典主义,现代主义还是后现代主义……有了这些"大观念"之后,就会请建筑设计人员做规划,看看规划出来的图纸是否满足上述的构想要求。规划一般会考虑划分功能区域,如教学区、运动区、生活区与办公区,大致描绘出能体现上述构想的整体布局或思路。整体规划确定了,接着就会设计一幢幢大楼如何建造、一间间房子如何装修。最后,设计师就会给你一叠厚厚的图纸。有了这叠图纸之后,就会请施工队投标、进入现场施工。在施工过程中,我们还会针对原先不理想的设计或新想到的更好的方案,而提出修改原来设计的建议,直至施工方将整个学校建好并交付验收后,我们才算建设好一所学校。这大概就是新建一所学校的基本程序。

其实,就基本程序而言,"造学校"与"办学校"在许多方面是相通的。以小学为例,"办学校"需要遵循以下程序:新生报到后,我们首先要根据本校的教育哲学,按照上级颁布的义务教育课程方案,编制学校六年一贯的课程规划总体方案,确定课程类型与结构、按年级安排科目。然后,每个学科就像一幢大楼需要整体设计,每个单元或课时犹如该大楼中的一间房子也需要设计,而设计的产品就叫课程教学方案。方案设计好后,需要将方案付诸实施,然后评估该方案是否达到期望的目标。这就是学校课程建设的基本内容。

"造学校"难还是"办学校"难?大家一定会认为办一所学校、教育学生更难。其实,无论是造学校,还是办学校,它们都是人类的专业实践。尽管在具体的行为层面不好比较,但在人类专业实践的观念或程序层面,两者具有很强的相似性。造学校需要有观念、规划、设计、施工、验收的程序。同样地,办学校也需要教育观念或理念、课程规划、教学设计、课堂教学与评价的程序。

课程诞生之初,在 20 世纪 20 年代,确实曾直接挪用建筑行业的术语,最典型的是"curriculum construction"与"curriculum building",直译的意思就是"课程建设"。还有一个词就是"curriculum making",直译就是"做课程",即课程是"做"出来的,不是说说而已,我们通常将它译为"课程编制"。到了三四十年代,由于教育评价研究的崛起,并逐步介入到教育专业实践中,课程就被描述成一个完整的教育片断(可长可短)专业化实践的过程,即

"预期影响儿童什么(目标)"、"用什么去影响儿童(内容)"、"如何影响儿童(实施)"、"实际上影响了儿童什么(评价)"。这种将教育片断专业化展开的过程,我们称之为"curriculum development",译成中文就是"课程开发"或"课程发展"。再后来,考虑到课程发展是在不同层面上进行的,于是又产生了新的术语。在宏观层面的课程发展,主要涉及培养目标、课程类型与结构,不涉及具体学科的教学,这叫"curriculum plan(课程规划)";在中观或微观层面的课程发展,主要涉及具体的学科或教学过程,这叫"curriculum design(课程设计)"。因此,从人类的专业实践来说,课程与建筑其实有先天的关联。造一所学校是建筑专业,而办一所学校是教育专业,人类的专业实践智慧是相通的。就具体的专业实践过程来看,称得上"专业"的实践一般包括三个环节:专业方案的拟订、方案实施与结果评估。区分一项实践活动是否专业,首先要看有无专业的方案。驾驶、烹饪是职业,其实践活动之前无须制订专门的方案,而治疗、建筑等实践活动却需要有专门的方案:治疗的方案叫处方,建筑的方案叫图纸。学校教育与家庭教育、社会教育的本质区别就在于学校有专业的课程教学方案。决定一项实践活动专业化程度的依据首先是方案的专业化,因为预设的方案决定着后续的实施与评价。一个人要从事某项专业活动,如果没有好的专业方案,即使实施得再好,也不是专业人员,顶多算个"民间艺人"。

学校课程建设:规划、设计与"教—学—评一致性"

如上所述,学校之所以是专门的教育机构,教师之所以是专业人员,是因为学校有课程,教师是课程开发者。作为一种专业的实践,学校课程建设首先需要编制专业的课程方案,然后专业地实施并评估该方案。就我国三级课程管理新政而言,学校一级的课程方案从宏观、中观到微观,可以分为三层。

第一层,宏观层面是学校课程规划方案。即学校依据自己的教育哲学或理念,对全校学生在该阶段要学习的全部课程进行整体的规划。该方案的编制以教育部或上级教育行政部门颁布的《义务教育课程设置方案》或《普通高中课程设置方案》为基础,统筹考虑学校教育哲学、学生课程需求、社区课程期待、可获得的教育资源等因素。学校课程规划方案具有长远性、全局性、战略性、方向性、概括性和鼓动性。它是三级课程管理政策背景下学校一级课程管理的重要标志,也是学校课程领导力的具体体现。其中,校长作为第一责任人,是整个学校课程规划方案的总设计师。如果用建筑来比喻,这就是一所学校建筑承载某种思想或观念的整体规划的图纸。

第二层,中观层面是一门学科学期或学年课程纲要。即教师对学生在某一学期或学年所要学习的某门学科(包括国家课程和校本课程)的目标、内容、实施与评价进行整体的设计。就国家课程而言,教师必须依据学科课程标准、学情与教材一致性地设计本学期或学年某门课程的目标、内容、实施与评价,以规范并指导学生的学习和自己的教学。就校本课程而言,教师必须依据学校教育哲学,在评估学生的课程需求与可获得的课程资源后,一致性地设计某门校本课程的目标、内容、实施与评价。"课程纲要"有别于"教学进度表",前者是学校层面课程发展的具体体现,也是教师作为专业人员的重要标志,而后者只是教教材的具体安排,无法体现教师对本班级学生学习的个性化设计。借用建筑来比喻,课程纲要相当于一幢教学楼的设计图纸。

第三层,微观层面是单元或主题或课时的教学方案。即教师在开展专业实践之前,依据国家课程标准中的内容标准要求以及对应的课程纲要,对某一课时或某几课时、某一知识点、某篇课文、某个单元或主题后续的具体教学进行专门的设计。或是按照校本课程的纲要,进行单元或主题或课时的教学设计。这就相当于一幢教学楼里的一层楼或一间教室的装修设计图纸。

这三层课程方案自上而下逐步分化,自下而上不断整合,充分体现了学校课程发展的专业性,也体现了课程育人的复杂性与一致性。

方案编制是教学专业实践的第一步,是学校课程建设的重要组成部分。接下来,就是专业的实施、评估、反思与完善。方案是教学实践前的预设,在实际的教学过程中,当然会有调整甚至有时需要"推倒重来",但总的来说,方案规范或规定实施与评估的路径或方向。换句话说,有了合理的方案,实施与评估就是目标导向的,犹如GPS,实时监测实施、评估与目标的匹配性,体现教—学—评的一致性。教学、学习与评估必须围绕目标来展开,或者说,方案的实施与评估就是基于目标、为了目标、合乎目标。

发展课程、发展学生与发展教师三位一体以实现学校的发展

课程因学生而生。没有学生,无需课程。教师通常依据相关课程政策或文件,根据自己所面对的学生的实际需求,发展相应的课程,以提高课程教学的适应性,最终是为了学生经历更好的指导,实现更好的发展。教师就是在发展这样的课程过程中实现自己的专业成长的。这是差不多一百年前美国丹佛课程实验学校早已证明的结论,即教师研究课程问题是最好的在职培训形式。[①] 而汾湖实小的八年课程之旅为此提供了更有说服力的本土案例。

名校以何为名? 学校发展的内涵到底是什么? 这些看似简单的古老问题其实还存在种种误解。学校在硬件建设不是问题即教育输入基本公平的时代,其内涵应该是教师、方案与学生三要素及三者的互动(教师与方案的互动、教师与学生的互动、学生与方案的互动)。也就是说,教师、方案与学生这三个要素都要发展好,同时,三个互动的质量还必须高。学校围绕三要素及三互动开展的所有活动就属于学校发展的内涵建设。只有这样,学校内涵的发展才算是名副其实的。然而,当下还有许多校长没有意识到方案要素的重要性,把专家编写的面向几千万学生的教材当作本校的方案,没有把"教材内容"转化为"教学内容",他们只考虑到教师与学生的互动,意识到要"赢在课堂"、"聚焦课堂"、"决战课堂",却找不到课堂变革的专业路径,导致课堂"变而不革",甚至为变革而变革,苦了教师,害了学生。还有一些校长的观念依然停留在争抢资源的年代,一想到学校发展就想到抢生源、挖名师,或者过度延长教学时间、增加教学强度,抓分数绩效、搞指标问责,还有号称"以全面质量(分数)管理"、"军事化管理"为特色……现在看来,该到了需要厘清学校发展内涵的时候了。名校应以专业为名,应说得出自己在理念、精神、目标、课程、技术、路径等方面的专业故事。汾湖实小的八年课程之旅,围绕学校在推进新课程过程中的课程发展问题,采用分布式课程领导,"精确化、专业化"地发展不同层面的课程方案,深入研究有效教学的核心技术——"教—学—评一致性",丰富并聚焦每位学生的学习经验,实现每

---

① [美]丹尼尔·坦纳,劳雷尔·坦纳.学校课程史[M].崔允漷,等,译.北京:教育科学出版社,2006:210.

位教师的专业发展,为我们创造了一条乡村小学内涵发展的可行之路,也为学校发展内涵提供了一种清晰的解读。

当然,此案例在推广上也存在一些特殊性或局限性,如课程专家的全程参与,有些乡村小学教师对学科本质及学科育人价值的把握有一定的难度,学校规模发展过快,班级规模略大,代课教师比例偏高……但无论如何,此案例不仅是汾小人,更是中国学校课程建设的光荣与梦想!

前言

张菊荣

2009 年 9 月,汾湖实小开办。尽管是一所新生学校,但学校已经有了长远之虑,希望能够规避长途旅行职业倦怠的危险,寻找能够持续激发学校活力的途径。华东师范大学课程与教学研究所所长崔允漷教授给出了良方:分布式课程领导。于是,也就有了学校承担的江苏省"十二五"规划重点自筹课题"分布式课程领导:一项合作与赋权的学校变革行动研究"的研究成果,以及之后的省"十三五"规划重点资助课题"小学课堂'教—学—评一致性'的深化研究"。

"分布式课程领导"?"教—学—评一致性"?这些貌似一些新概念。但做概念游戏从来不是我们的爱好,我们不是因为喜欢玩弄概念才深度卷入"分布式课程领导"、"教—学—评一致性"研究的。说实话,"想当初",崔允漷教授给我们引入这两个概念的时候,我们还真是丈二和尚摸不着头脑,与其说我们相信概念,还不如说我们相信崔老师。就这样,我们跟着崔老师做了起来,无论是"分布式课程领导"还是"教—学—评一致性",我们都是"做"的。在"做"的过程中,我们逐渐地领悟到概念的涵义、理论的魅力,从就课论课到课程之思,从教学安排到课程规划,从教学进度表到学期课程纲要,从关注"教"到关注"学会",从关注学习结果到丰富学习体验,从听评课到课堂观察,从关注名师到发展团队,我们经过了一所学校课程发展的美丽之旅。本书可以说是旅途心得。

上篇"八年之旅",以叙事加心得的方式全程讲述了汾湖实小这所乡校学校的课程发展历程。中篇"课程三景",呈现了专业课程方案的完整内涵:指向核心素养的学校课程规划、基于课程标准的学期课程纲要、体现"教—学—评一致性"的课堂教学设计。下篇"沿途拾趣",我们选择了关于分布式课程领导、学期课程纲要、"教—学—评—致性"、课堂评价、课例研究等五个专题进行深度探讨,其中有观点论述、故事讲述与课例呈现。

学校全体教师参与、卷入了整个研究过程,在发展课程的过程中发展自己,成长学生。在这一过程中,相关的研究成果在《人民教育》、《中小学管理》、《当代教育科学》、《江苏教育》、《江苏教育研究》、《教育视界》、《教育研究与评论》、《中国教师报》、《江苏教育报》等报刊发表,本书中的课例、专题论文是其中的一部分。感谢全体教师的投入,感谢相关报刊的厚爱!

八年间,我们得到了省教科院、苏州市教育局、吴江区教育局及相关部门的大力支持,得到了汾湖高新区党工委、管委会、社会事业局的大力支持,得到了省内外兄弟学校的大力支持,在此一并表示感谢!

特别要感谢崔允漷教授与他的专家团队,八年间,他们为这所学校的课程发展付出了巨大心血!在紧密型学术合作的过程中,我们也建立了深厚的情谊。没有崔教授专业团队的全程指导,一所普普通通的乡村小学,在八年间取得这样的成果是难以想像的。大学如何与中小学建立伙伴关系,或许您也可以从本书中获得启迪。

当我从冰如那里拿到校对稿的时候,我心头的震动是巨大的,那些夹在中间的纸条,那些各种颜色的标注,还有无穷无尽的已经没有了痕迹的修订,冰如身上体现出来的华东师范大学出版社出版人的专业与敬业让我深深折服与感动。本书的顺利出版,离不开华东师范大学出版社的专业支持,感谢社长王焰女士、教心分社社长彭呈军先生和编辑王冰如。

上篇

八年之旅

一所学校的课程是如何发展的？

这是一个问题，但却没有标准答案。这是课程原理在学校真实情景中的创造。

没有标准答案不等于没有规律可循。

透过汾湖实小八年的课程之旅，我们可以看到：课程因学生而生，发展课程即发展教师，课程发展没有最好，只有更好，永远在路上……

1. 一所乡村小学的课程故事

2017 年 6 月 6 日,苏州市义务教育学校特色与文化建设 10 所项目学校的总结活动在平江实验学校落下帷幕。江苏省教育学会会长杨九俊说:"我建议大家一定要去看看汾湖实小,看看他们的课程。"而这样的建议,他已做过已经好多次。杨会长为什么要强烈推荐大家看我们的课程? 在我们学校,能够看到怎样的课程形态呢? 这项任务,让我回忆起我们八年的课程之旅来。

与"课程"结缘

与很多以"高新区"、"开发区"冠名的学校一样,我们江苏省汾湖高新区实验小学(汾湖实小)硬件建设一时尚算一流,但其实质是典型的乡村小学:四周非繁华都市,举目是绿色农田。汾湖高新区与别的开发区不同的是,它虽然离苏州城区远了一些,虽然地处江苏最东端,被称为"江苏的浦东",但因为在苏浙沪交汇点上,与国际大都市上海毗邻,所以又有机会接受海派文化的影响,而其本身是古吴越交界处,海派文化与吴越文化如何交融,也成为了一件迷人的事业。

远离城市的喧嚣,安静,简单,正是教书读书的好地方。我非常喜欢这样的学校,再加上被一种"创业"的激情激荡着,2009 年,我放弃了城区悠闲的生活来到这里,与 36 位老师一起开始了一所学校从无到有、不断丰富的创业之路。6 月 5 日,我受命来到这里的时候,除了工地,学校什么都没有,包括校名,也还在批复之中。

但就在这个暑假,我们开始在一张白纸上勾画蓝图。老师们陆续来了,我们就分三批召开"学校愿景描述会",畅想"理想中的汾湖实小",无数次地设计理想中的汾小学子形象,无数次设计实现理想的可行路径。我们调动了所有的教育经验,形成了正儿八经、洋洋洒洒的《从现实基础出发,向理想境界迈进》,这是学校历史上第一份关于学校整体建构的"文献"。8 月 12

日,酷暑,我们在开发区的一间会议室举办第一次学校发展咨询会,论证这一个构想。后来,有记者说,在有形学校建设之前,汾湖实小已经开始建设无形的学校,说的就是这一份"文献"。

无疑,这份"文献"是学校创办之初最重要的"文献",我们也迅速地以"不拖拉"的精神将文献中的设计落地。如果没有之后与华东师范大学课程与教学研究所的相遇,没有与崔允漷教授专家团队的紧密合作,也许,我们就会一直这样凭着经验去慢慢摸索。但我们并不满足于这份"文献",更希望学校发展尽可能不走弯路,于是我们找到了华东师大课程与教学研究所,找到了崔教授,开始了一所乡村小学八年的课程之旅。

2010年1月17日,下午2时,崔允漷教授、胡惠闵教授、朱伟强博士等一行结束了无锡的一个活动,第一次走进汾湖实小。在那间教室布置成的会议室里,我向崔老师悉数罗列汾小"启航"以来做出的努力。这是我们与崔老师、课程所的第一次接触。他们说,四个半月的时间,汾湖实小所做的工作,可能是一些老校几十年来未曾做过的,学校建立了发展愿景,但仅有愿景,而无规划,汾湖实小的整体规划还要细细打磨。其时,我其实并不懂得何为"规划",我心里甚至在想,我们这个不就是规划了吗?而真正意义上的"做规划",要到几年之后,此是后话。

与崔老师的"第一次握手",无疑是愉快的,我们急于寻找学术"高参",崔老师则对新生的汾湖实小发生了兴趣。时隔9天,1月26日,崔老师带着课程所的专家团队来到汾湖实小,与老师们进行深度对话,大学文化与中小学文化在这里碰撞。在这次对话中,我们将这9天中形成的《学校发展规划》向这个团队作了汇报,我记得印象特别深的是钟启泉老师对"让每一位师生拥有成长的感觉"的肯定与认同。当我们将"让每位师生拥有成长的感觉"作为学校的核心价值时,也听到了一些质疑的声音:"感觉"?感觉这东西,很虚啊,成长,要看得见啊。但我们觉得,成长不等于"成长的感觉",对于师生来说,成长是必须的,而更重要的是要拥有成长的感觉,这种感觉是师生精神生活的重要内涵。我清晰地记得,那天,钟老师举起我们的这份规划稿,说他非常欣赏"成长的感觉"这个追求,而且好就好在"感觉"两字上,因为现在很多人都是"失败的感觉",而好的教育应该要帮助人拥有成长的感觉。他说:"这个基调非常好!"

虽然,其时,我们还没有开始想到制订"学校课程规划",但这些探讨为后来制订学校课程规划奠定了良好的基础。

有必要记一下这个豪华学术团队的成员：钟启泉、崔允漷、张华、赵中建、吴刚平、胡惠闵、孔企平、沈晓敏、李雁冰、杨向东、安桂清、王小明、柯政。

这个阶段，我们一直在思考寻找合作，思考合作的内容与方式，希望早日与华师大课程所、与崔老师建立正式的合作关系，但崔老师对于合作，一直抱着极其审慎的态度，正如有人所说的"找合作者比找对象还苛刻"。4月16日，崔老师团队三临汾湖实小，开始就合作事宜进行商谈；8月31日，崔老师应邀来校作题为"有效教学：一种观点"的报告，下午，就合作事宜进行深入探讨。终于，9月28日，我们举行"合作协议签订仪式"，无意之中，十分巧合的是，这个日子，正是伟大教育家孔子诞生2561周年的纪念日，我们的合作项目是"课程领导"。那天，崔老师说："从今天起，我们建立了伙伴关系，我们的愿景是一起创造，孕育中国特色的教育实践，创造中国式的课程领导。"他说，中国的课程改革已经进入了深化时期，深化时期就是田间管理，就要精耕细作，而我们的合作就是在这样的背景下展开的。

从"就课论课"到课程之思

回忆与崔老师开始合作的过程，我想说的是，从教育之思到课程之旅，我们是从与崔老师的合作开始的：如果说，我们之前的思考更多的是关于教育的思考，那么，我们之后的旅程更多的是在教育观照下的课程之旅。

那天签约仪式结束，崔老师问我："今天有没有教研组活动?"我们的教研活动是错开进行的，因此每天都有。我说："有啊。今天是低语组的活动。"崔老师说："我们一起去参加。"我有些意外，后来想想，这就是崔老师说的"田间管理"、"精耕细作"吧?

在一间普通的教室里，老师们围在一起，正在讨论一篇课文的教学设计，是沈丽莉老师的备课，《云雀的心愿》。老师们根本没有想到崔老师会突然出现，有些意外吧，甚至来不及鼓掌欢迎。大家谈些什么具体的内容，我已经不是记得那么清了，崔老师具体说了些什么，我也不是那么记得清了，但我清清楚楚地记得，在听完了大家的发言后，崔老师问的第一个问题就是"我们这节课的目标是什么呢?"——就这一问，就这轻轻的友好的一问，把我们以前总是先研究教学再研究目标的思路"打乱了"。崔老师并不仅仅问,而是与我们一起,尝试研制教学目标。

研究课程,就要从研究目标开始。这一常识性的问题,总是成为课程实践领域的"常忘"。在八年的课程研究中,我们无数次地研究目标问题,而我们这种研究课程从研究目标开始的思路,在与崔老师第一次一起研究课堂时就打上了深深的烙印,或者可以说,这就是汾湖实小课程研究的首因效应。

大概就也是这从个时候开始,我们走上了专业化的课程思考之路。

关于课程,一直觉得是一个很大的概念,甚至是一个很远的概念,好像只是泰勒们才会去思考的问题。虽然新课程改革以后,我们也去过无数的地方看过其他学校的课程改革实践,但看过之后,往往会陷入更深的困惑。

最初我们看到的是课堂的变革。新课改伊始,各校在"自主合作探究"学习方式变革的指引下进行课堂改革,我们看到很多课堂变了花样,座位被排列成各种各样,课堂也呈现出各种各样的活跃场面,学生的讨论多起来,课堂热闹起来了。可是,学生在讨论些什么呢?却常常找不到主题。学生们通过讨论、探究获得了什么进步呢?也难以估量。有一次,我连续几天听了几所学校的"课改课堂展示课",我终于越来越困惑,这样的课堂,活跃是活跃了,热闹是热闹了,可是,下课之后,老师们还得重新上过,因为这样上课,学生们的考试肯定要出问题。

再几年之后,我们又看不到这种"课堂变革"了,于是,课堂教学回到老路,学生依旧被老师牵着走,教师只管"教了",不管学生是否"学了",更不管学生是否"学会了"。于是,人们在呈现、介绍"学校课程"的时候,首先不再说"课堂",首先不再说"国家课程"了,而是首先就呈现出令人眼花缭乱的校本课程来。

当我们去一所学校观察课程的时候,学校首先给你推出的就是"我们有多少门校本课程","我们的校本课程有多精彩","我们的学生有怎样的各种各样的特长"。我每每被很多精彩纷呈的现象惊艳,但惊艳之后又感觉非常惊慌,因为我们缺少这样那样丰富多彩的课程。随之而来的感觉是困惑,因为他们在谈及"国家课程"的时候,好像就立马觉得无话可说了,或者说"这个么,大家都差不多",或者拿几个精英教师的公开课来说事。

学校在呈现或者介绍"学校课程形态"的时候,国家课程往往一笔带过,校本课程则一定浓墨重彩。而学校实际的课程形态,毕竟不是如此,学校实际的课程形态是:绝大部分时间在进行国家课程的有效教学,一小部分时间进行校本课程的合理开发。那么,为什么学校的"介绍"与学校的课程实况会有如此大的反差呢?我觉得这与我们对"学校应有的课程形态"的把握不准有关。

那么,学校应有的课程形态是怎样的呢?或者说,我们可以用什么样的"证据"来说明我们进行的课程改革呢?八年来,我们对这个问题的认识不断地清晰起来。所以,当 2017 年 7 月 2 日,苏州市义务教育项目组来到汾湖实小"看课程"的时候,我们设计了这样的讲述场景:

- 吴晓亮老师讲述学期课程纲要的编制与使用;
- 顾颖颖老师讲述"教—学—评一致性"课堂教学设计;
- 蒋银华老师讲述基于评价信息的课堂教学实践;
- 徐兰老师讲述"剪竹"课程开发;
- 顾嫣宏老师讲述我们是如何做课堂观察的;
- 张菊荣校长讲述"汾湖实小的课程形态"。

这样的讲述框架,体现了我们对"一所学校应有的课程形态"的基本把握:

从哪里体现一所学校的课程形态?

是否有课程的专业设计?

是否有课程的专业实践?

是否有课程的专业评价?

是否有教师专业发展(教师课程领导力提升)?

是否有学生学习力提升?

第一,要有课程的专业设计。判断一所学校的课程是否专业,首先在于这所学校的课程设计是否专业。"专业"与"业余"的区别,第一标志就是是否经过"专业设计"。比如,专业的建筑,总是要先设计专业的建筑图纸;专业的医生,总是要先设计专业的治疗方案;专业的装修,总是要先设计专业的装修方案。从专业方案的角度来说,一所学校首先要有的课程方案,因此一所学校的课程形态是否专业,首先要看他们有没有专业课程方案的设计。这个专业课程方案的设计,在我们学校,就包括以下三项:

指向核心素养的学校课程规划
基于课程标准的学期课程纲要
"教—学—评一致性"的课堂教学设计

第二,要有课程的专业实践。课程的专业实践,应该符合课程的基本原理,在基本原理的基础上,学校可以有各具特色的课堂实践。八年来,我们的课程专业实践概括起来可以这样表述:

我要做的工作,就是引发学生的学习信息,然后收集、处理它们,以正确地推进学习。一个无视学习信息的教师是在蒙着眼睛上课!(《汾湖实小课堂誓词》第5条)

第三,要有课程的专业评价。专业的试卷编制与运用,是专业评价的一种,这基本上属于"终结性评价",或者说"阶段性评价"。而八年中,我们探索得更多的是"促进学习的课堂评价",即"课堂观察"。我们用课堂观察的方式促进学生的学习,提升课程的实施质量。

第四,要有教师的课程领导力,即教师专业发展。教师的课程领导力,主要包括教师课程专业设计、专业实践与专业评价的能力。这种能力不应该集中在几位精英教师身上,应该体现出"分布式"的状态。

第五,要有学生的课程学习力。要有足够的证据证明学生的课程学习力在不断提升,否则,我们不能说我们已经拥有了良好的课程形态。当然,这种课程学习力一方面固然可以通过学生的课程产品来证明,更重要的仍要通过课堂观察去发现与证明。

如果我们这样来理解"一所学校应该有课程形态",我们就可以明白在课程改革"乱花渐欲迷人眼"的今天,如何保持我们的专业定力,去进行我们的课程之旅。

从"教学安排"到"课程规划"

当我在整理与反思八年的课程之旅的时候,我又一次发现了学校课程探索的复杂性:其一,一所学校的课程形态很难用一种静止的、分割的方式去描述,它一直处于生长之中,很难将我们的探索分出"阶段"来,似乎一切都处于"过程"之中;其二,专业设计、专业实践、专业评价……一所学校的课程形态,也是错综复杂地交织在一起,你也很难说什么时候是"设计",什么时候是"实践",什么时候是"评价",但为了表述的方便,我只能采用"花开几朵,各表一枝"的方式来进行。

学校课程规划方案的制订,同样是一个过程,一个艰难的过程。我们从2011年上半年启动,到2015年7月召开"学校发展咨询会",对规划进行完整的论证,四年半时间的努力,终于形成一份相对满意的《学校课程规划方案》。在形成这份规划的过程中,我感慨良多。

第一,规划的制订,是一个寻找核心的过程。一开始,我们总是把制订规划的重点放在开设哪些校本课程、学校课程结构图如何制作等事情上,但是,崔老师一直在提醒我们,学校课程规划的核心工作乃是"毕业生形象设计",即经过六年的学习,汾小毕业生应该具有怎样的素养。可以说,这是课程规划的核心,这个问题不解决,什么问题都不能解决。但这个问题,绝不是某几人拍脑袋拍出来的,于是,我们在全校师生及家长中开始征集建议,全校总动员,请大家来描绘"理想中的汾小学子"。

当时,我曾经给崔老师写过这样的一封信:

崔教授:

5月3日一天,于我是一场头脑风暴,引发了很多思考,厘清了很多观念。

学校课程规划,是我们一直想好好去做的一件事,但我们对于课程规划的理念与技术,还十分缺乏。

我十分明白,没有关于"培养目标"的清晰定位,是无法设计出一个合理的课程规划的。在教师层面,4月份的时候,我们做了一个"毕业生形象描述"——其实,早在2009年暑假,我们还没有入驻校园的时候,我们也曾经做过。

现将 4 月份我们做的"毕业生形象描述"的一个汇总发给您,请您提些建议。

紧接着,我们想迅速启动学生、家长、社区相关人士问卷调查,我想关于"汾小毕业生形象"的描述中,应该包含有汾小学生、家长与社区人士的期待。这些问卷怎样制作,有些什么内容,期待崔老师的指导!

菊荣

2011 年 5 月 8 日

"毕业生形象"是课程规划的核心所在。这个核心,我们找得好苦,用"辗转反侧"来形容绝不过分,描述来描述去,总是觉得个性化不强,校本性不足。而核心找不到,一切都凝聚不了,一切都处于离散的状态。2014 年 12 月 18 日,学校第 10 届成长课程研讨会课堂研究部分结束,我们又一次组织老师修订"规划",静静的会议室似乎可以听到大家大脑的转动,忽然有一位老师说:我们学校不是以"恒"为校训吗? 不是以"让每一位师生拥有成长的感觉"为价值追求吗? 那我们的"毕业生形象"不是应该打上这些烙印吗?

远在天边,近有眼前。我们豁然开朗。在这之前,我们一直用"培养内外兼修的汾小学子"为核心,但我们也一直觉得"汾小味"不足。我们怎么就没有想到我们已经有了的宝贝呢? 对啊,"恒"与"成",这不就是我们的核心吗? 怎样把"恒"与"成"放在一起表述呢? 接下来的几天,我走路也会嘀咕,"能恒乐成",对,就是这四个字! 与之前的"内外兼修"放在一起,不就构成了汾湖实小的八字追求吗? 后来,有老师建议把"内外兼修"表达为"内修外炼"。于是,我们就形成了"学校的愿景、使命与目标":

学校愿景:通过六年的努力,把学校发展成为拥有坚持品质、充满成长气息的学习乐园。

为了实现上述愿景,我们将履行以下使命:

构建适性而有特色的课程体系;

追求"教—学—评一致"的课堂教学;

形成分布式课程领导的教师共同体;

涵养以"成长"为核心价值的学校文化。

学校的育人目标：

通过六年的努力,把学生培养成内修外炼、能恒乐成的汾小学子。

毕业生意象：竹娃

(引自《江苏省汾湖高新区实验小学课程规划方案》)

第二,课程规划的研制,是"汇智"的过程。说实话,一开始研制课程规划的时候,我想这还不简单,参照几个模本就行了,但细细深究起来,却越来越感觉到哪里有这般容易! 就比如"学生的课程需求",我们开始也是"大而概之",可是崔老师说,我们现在开设的校本课程,学生到底是不是满意,这个要有证据的啊。于是,我们吴晓亮老师就设计了一份学生课程需求的调查问卷,从 664 份回收的问卷中发现问题,寻找启迪。另外一方面,我们也从教师那里挖掘课程资源,通过"一师一品"的项目尝试,将教师的特长资源转化为学校的课程资源。

第三,课程规划的研制,是寻找独特性的过程。一开始,我们觉得课程规划就是"八股文",就是套路,可是当"套路"遭遇"学校独特性"的时候,我们才发现,原来套路之中有真谛。比如"课程结构",我们分为"国家课程"与"恒成课程"两大部分,就是一种独特性;比如"课程的实施"中"国家课程实施"这一部分,我们提出编制校本化的学期课程纲要、探索"教—学—评一致性"的课堂教学等都是具有学校独特性的;就连"组织与保障"都完全可以有自己的独特性:建立"恒成课程开发中心"、"教—学—评一致性课例研究中心"。独特性,使八股式的规划成为了真正能够指导校本实践的关键文本!

从教学进度表到学期课程纲要

从我参加工作的那时起,开学伊始,学校都会制订一份教学进度表。而在我们学校,所有的学科都有一套"学期课程纲要"。每学期开学前,老师们会修订这份"纲要"。新学期第一课,老师们会和同学们一起分享纲要。分享纲要,就是让同学明白通过一个学期的学习,他们将学会些什么,怎样去学,如何来评。我称这个纲要为"为一门课程作一学期预算"。

学期课程纲要? 我们上有国家课程标准,下有每个学期的进度表,要这学期课程纲要干嘛？2011年2月15日，开学前的教师学习，崔老师把这个概念与"样张"抛给我们的时候，我们时而感觉新奇，时而感觉迷惑。一个学期，一门课程，还是"目标"、"内容"、"实施"、"评价"四要素，还是四要素的"一致性"，还是最基本的课程原理，可是这一回，是要用这个原理去把握"一学期的课程"。

想想也是，我们以前只做"进度表"，只关注"教"的进度，从来没有整体上思考过这一系列的问题：通过一个学期的学习，学生们将学会些什么？用什么去学？怎样实施？如何评价？

听了崔老师的报告，看着崔老师带来的"样张"，好像也不难，可是，这真叫是"见人挑担不吃力，自上肩膀嘴也歪"，这简简单单的"格式"，每一项都需要我们对一学期的课程进行细致的考量。每一种专业设计，都需要"磨"，于是在我们学校多了一项叫作"磨纲要"的研究。

当顾嫣宏老师的《数学课程纲要（六年级下）》终于得到大家的认可，成为第一份"过关"的作业时，她说，为了研制这四条目标，数学课程标准都翻烂了！经历了这样的过程，突然对一学期的教学一片敞亮，以前的教学只看到树木不见着森林，以前的教学只知道赶路不明白方向，学期课程纲要让一学期的教学了然于心。数学组的年轻老师看了，纷纷认她做"师傅"，而顾老师，也乐意分享心得，与他们一起"打磨纲要"。

潘洁琴老师说，她一直觉得三年级美术教材内容有问题，可是"不敢动它"，但研制了学期课程纲要之后，她的胆子大了，根据学情，删减、增补、整合，满满的专业自信！她说："大刀阔斧的专业勇气来自于学期课程纲要。"

期末试卷怎么出？顾颖颖老师与团队成员"磨试卷"的过程也可堪回忆。她说："以前出试卷几乎跟着感觉走，但现在，从试卷的结构到每一道试题的编制，我们都可以从学期课程纲要中找到对应的阐述，试卷编制也是一种专业活动，而不再是随意地找几道题目来拼拼凑凑了。"

所有学科的课程纲要放在一起是什么？崔老师说，这就是国家课程标准在你们学校如何去落地，这就是"国家课程校本化"！

当我们为了这个"国家课程校本化"在专业外围忙忙碌碌找不着北的时候，不妨好好把每门课程的学期纲要做好！

从关注"教"到关注"学会"

好长一个阶段,这个问题一直萦绕在我的脑际:我们辛辛苦苦的教,是否转化成了学生的学,我们又如何知道学生是否已经学会?换言之:教了,就是学了吗?学了,就是学会了吗?这些问题弄不明白,我总感觉我们就没有进入课程的自由王国。

而这一切,要从如何设计一节课开始。

看上去这不是一个问题,我们几乎每天都在做这样的设计。可是,我们真的进行了"专业设计"吗?我们的设计真的是专业的吗?

道理总是简单的,但无论怎样复杂的教育情景都离不开那些简单的道理。课程的道理在哪里?我一直记得崔老师的一次提问,他问:"谁还记得课程的四要素是什么?"大家都答不出来,崔老师随意指了一下陈老师,陈老师笑笑答不上来。崔老师上次来的时候,就课程的基本问题作了非常精彩的讲述,但这些精彩我们听了也就听了,在繁忙的工作中很快就忘记了。原理啊,你只有刻骨铭心地经历过,你只有每天都在理性地实践,才会真正成为思维方式的一部分。——话说远了,话说崔老师看着大家都答不上来,也不让大家难堪,友善地笑了笑,说:"我可是教过了啊。"顿了顿,说出了下面这句我们一直以为极其经典的"大白话":

"这就说明:教了,不等于学了;学了,不等于学会了。"

为什么我说这是"极其经典"呢?因为这就是"教—学—评一致性"教学的核心所在。

我们从这样的角度思考过课堂教学吗?——所教即所学,所学即所评,教了要转化为学了,学了要保证学会了,教、学、评要一致。

"教—学—评一致性"的专业设计与专业实践,始终是同时推进的。但从"花开几朵,各表一枝"的角度,我先讲述"教—学—评一致性"的专业设计。

如果一定要给我们的"教—学—评一致性"专业设计的研究历程分几个阶段的话,那么大致可以分为这样三个阶段:

第一阶段:主要关于目标设计的研究;

第二阶段：主要关于评价任务设计的研究；

第三阶段：主要关于教学活动设计的研究。

当然，其实，这三者的研究是同时进行，不可分离的。说是"阶段"，只是回顾起来，侧重点有所不同而已。关于"目标"，我们一直在研究，也一直把它作为课堂设计的首要任务，专业地设计一节课，首先是学习目标的设计要专业。"教—学—评一致性"的核心与前提是学习目标要精确。之前，我们设计教学，首先总是直奔"教学"，首先想的是"怎样教"、"用什么方法教"，现在想想也奇怪，还没有想好"教什么"怎么能够先思考"怎样教"呢？还没有确定去哪里，怎么就在讨论用什么样的交通工具了呢？而事实正是如此，老师拿到一篇教材，首先就说"我想用小组合作"、"我想要设计一个游戏活动"，殊不知一切的方法都应该为目标服务。

第一，学习目标的设计是课堂教学设计的前提与核心。那是一件十分重要而艰巨的工作。现在，我们拿到一篇教材，首先考虑的是如何设计学习目标。当然，原理总是简单的：通过课标解读、学情分析、教材研究，设计学习目标。空洞地谈论目标总是容易的，但具体到每一节课，总是纠纠结结的，而这种纠结的过程也正是专业研究的过程。韦添老师在设计《理想的风筝》一课的学习目标时，实在太纠结了："语文课总是这样，能学的东西太多了，怎么办啊？"同事便建议说："索性把能够想到的可以作为目标的内容都列出来，我们再一起讨论选哪几个吧？大家七嘴八舌，居然列了这么多：

（1）生字生词。本文中出现的轻声字、难读难写字，本文的6个生字，理解由生字组成的词语，可以在第一课时完成；

（2）品味词语的方法。通过揣摩作者用词的精妙，学生能学会品味字词的基本方法：联系上下文体会词语、联系人物体会词语、查找工具书比较相似词语；

（3）细节描写。本文多处出现细节描写，例如"油亮的圆木拐杖"、"粗壮的粉笔字"、一句话中描写了学生三次情感变化的词语、刘老师写板书的动作词语等等都是教点。

（4）景物描写。本文在构思上下了功夫，两处景物描写不仅不显得突兀，还起到了画龙点睛的作用，写事与写景相得益彰；

（5）拟人的修辞手法。盎然的春景不仅勾起作者的回忆，在写法上还多次运用了拟人。巩固学习拟人的修辞手法也是一个教点；

（6）外貌描写。本文的第四自然段前两句是外貌描写，尤其是对刘老师特征的描写——身患腿疾；

（7）朗读。本文感情真挚，是很好的朗读教材，正确流利有感情地朗读课文可以更好地让学生体会文章的内涵美；

（8）省略号的作用。通过课后练习的研读，发现本文中出现了三次省略号，所代表的含义与表达的思想感情都不相同，这是值得细细揣摩的地方。

然后，教研组的老师们一起坐下来，选择、取舍、整合，将教材解读与学情分析、课程标准综合起来考量，最终形成了这样的学习目标：

（1）通过揣摩作者用词的精妙，学生能学会品味字词的基本方法；

（2）有感情地朗读课文相关段落，感受刘老师的人格魅力；

（3）研读文中省略号，能说出省略号的具体作用。

目标设计，常常会经历这样的过程。有一次，张勤老师在阐述《一路花香》一课的目标设计后，感慨地说："这正是一个'如切如磋，如琢如磨'的过程。"从2009年建校起，我们的教研活动就开始"盯"着目标，苦苦摸索，开展"目标分析研课"，到后来与崔老师合作，逐渐见到目标研究的正道，登上了目标研究的大雅之堂。但即使到今天，"目标设计"依然是我们课程研究的重要任务。

第二，评价任务设计要先于教学过程设计。目标是回答"去哪里"的问题，目标设计之后，不要急于设计教学过程，"评价任务"的设计要先于教学过程设计。什么是评价？评价乃是一项学习任务，通过观察学生完成这项任务的过程与结果，我们才可以知道学生已经达成或者还没有达成目标。所以，有目标就要有评价。

逆向设计？对，"评价任务设计先于教学过程设计"就是逆向设计。几年之后，我们对这种设计思路已经耳熟能详。我们的教研活动，把更多的智慧用于设计评价任务，并且越来越深刻地认识到，评价任务设计好了，课堂的质量就有了保障,"教"才能变成"学会"。

评价任务当然要指向目标,检测目标是否达成。而好的评价任务,还应该能帮助学生达成目标,并在达成目标的过程中学得更有趣,更有深度。沈骏杰老师设计的《用数对确定位置》一课,目标很清晰:

1. 经历由具体生活场景抽象成用列与行表示的平面图的过程,认识列与行的含义,知道确定第几列、第几行的规则。

2. 会用数对表示平面中物体的位置,知道数对表示第几列第几行,感受数对的有序性,体会生活与数学的联系。

怎么证明学生达成目标呢? 就要设计评价任务。书上有很多题目啊,沈老师拿来用就是,还设计什么呢? 这些习题固然也可以证明学生是否达成目标,但真实性不强,学生学起来,总觉得在做题目,而不是在进行创造性的智力活动。我开玩笑说:"为什么一定要用数对表示'小军'的座位呢? 为什么不去用数对表示我们班上同学的?"我们的评价任务能不能更真实一些呢,能不能在更真实的情景中去证明学生学会了呢?

小组讨论的结果是这样的评价任务:

1. 说说指定学生的位置,理解列和行的含义,确定列和行的规则。(检测目标1)

2. 在教室中用数对表示自己的位置。(检测目标1)

3. 完成学习单第1、2小题。(检测目标2)

4. 在教室中用数对设计图形。(检测目标2)

5. 寻找生活中的数对。(检测目标2)

评价任务一变,教学活动全变了。第一稿"做题目"的味道很浓,修订稿"解决问题"的味道更浓,特别是"在教室中用数对设计图形",效果喜人。学生们纷纷用数对系列设计尽可能复杂的图形,设计出来之后请"数对同学"站成各种图形,有报错的,有站错的,教室里充满了智力活动的气息。

第三,评价任务要嵌入教学过程。按道理讲,评价任务设计好了,嵌入教学过程便是简而又简的事了。但事实上,一种思维方式的建立不是一件容易的事,老师们是非常容易"迷失在现象的丛林里"的。顾老师已经多次执教公开教学展示"教—学—评一致性"了,可还是常常犯病呢。这不,已经做几年了,可是 2017 年 5 月,当我拿到《灰椋鸟》教学设计的第一稿,从目标设计看到评价任务设计,又看到教学活动设计的时候,不禁要摇头了:好端端设计好了的"评价任务",怎么在"教学活动"中丢失了呢?"评价与教学的整合"、"评价任务嵌入教学活动",这些理念,怎么到了具体的情境中,会一次次地弄丢呢?我这样问顾老师,顾老师也笑了,是啊,怎么就弄丢了呢?所以,我们一直说,课程改革决不是一件一蹴而就的事。我们叶雪娟老师有一句"名言":"只有经过长久的努力,才能带来些微的变化。"我信。

评价任务如何嵌入教学活动?我们总结了如下的基本结构,当这个结构得到强化后,绝大部分老师都能够设计出"教—学—评一致性"的教学方案。

如何呈现评价任务
如何组织学生围绕评价任务学习
如何组织学生交流与分享学习信息

当然,这每一个"如何"都有很多的技术与细节需要研究。但正如老师们所说的,有了这个结构,教学设计的大方向就差不了!

"教—学—评一致性"的教学设计,在课程原理的观照下,让课堂教学真正成为"专业设计",即不仅仅设计教学,还要设计评价,以保证学生"学会"。

所有的专业设计为专业实践提供了必要的前提,但"教—学—评一致性"的教学设计,如何在课堂上实施,"上课"如何真正成为专业的课程实践,从而让国家的课程理想最终成为课堂里的现实故事?这才是我们最终感兴趣的重大关切。

如果说,"教—学—评一致性"是教学设计的专业特征,那么,"教—学—评一致性"课堂最关键的专业特征又是什么呢?或者说,怎样才能保证"教—学—评一致性"在课堂上成为现实呢?

2012 年 9 月 25 日,崔老师专家团队给我们带来了一个新概念:评价信息。那天,研究团队人手一份关于"评价信息"的观察量表,走进了吴晓亮老师的数学课堂。崔老师说,由评价任务引出的学习信息,即评价信息。那天,崔老师的团队递交了6份观察报告,我们数学组的老师也递交了4项观察成果,开始探寻"评价信息"的秘密。大家开始这样去关注课堂:孩子们说了些什么,做了些什么,完成了些什么,参与了些什么?大家开始这样去思考课堂:孩子们的这些表现,说明了什么?与目标的关系是什么?如果没有达成目标,怎么办?发生了"意外",怎么办?……

11月15日,在观摩了肖月仙老师《长方形和正方形的周长计算》一课后,大家就讨论开来了:

"那评价信息与评价任务的关系非常密切,要有好的评价任务才能引出好的评价信息啊!"

"那我们上课就是不断地研究这些信息喽?"

"对,我们要研究这些信息是否能够证明学生的学习达成了目标,说到底,评价信息与学习目标相关。"

"那教师的工作,其实就是要处理好这些信息,处理这些信息的过程,其实也就是教学的过程呀。"

……

整个的一个学期,我们因"评价信息"这个概念兴奋着,几乎所有的教研活动,都围绕"评价信息"这个主题展开,连课间和餐桌上都有很多老师在谈论"评价信息"。是啊,只有"评价信息"才能保证"教—学—评一致性",才能最终落实有效教学。12月13日,学校第六届成长课堂研讨会的主题是"基于学习视角的评价信息",这次研讨会也是苏州市典型课题研究与管理现场会。在听了三节观摩课与我们的现场研究之后,与会者说:"汾湖实小把主题定格在'基于学习视角的评价信息',一种显然的追求是,他们越来越坚定地把研究的目光落在课堂现场发生的那些事儿上了!"

12月20日,第六届成长课堂研讨会余温尚在,崔老师就赶到学校,与老师们一起讨论"基于学习视角的课堂评价信息"一组文章的撰写,这组文章几经修改,在2013年第6期《江苏教育(小学教学)》隆重推出。

为了在教学现场研究评价与评价信息,崔老师当年的一位博士生赵士果住在学校两个星期,与数学教研组的老师朝夕相处。他带来了"课堂评价模型",肖月仙老师提供了五节研究课,肖老师在第一次看到这个"模型"的时候,觉得莫名其妙,太神秘,更不知道这个模型与我们的课堂有什么关系,但两个星期过后,肖老师兴奋地告诉大家:"我现在发现,这个模型在我的课上是'转'的,是'活'的!"我听着也兴奋:"恭喜你,答对了!"这个"答对"的过程痛并快乐着的。

关于这个"模型",后来我们几经修订,就成为了这个样子:

这是围绕着"目标"与"评价"的循环模型:(1)教师呈现、学生理解评价任务,以催生评价信息;(2)教师组织、学生参与围绕评价任务的学习,在这个过程中,学生"生产"评价信息,教师收集与研究评价信息;(3)教师处理、学生交流评价信息,以有效地推进教学。

图1　课堂评价模型

在我们看来,专业的课堂实践,就是专业地催生、收集、处理评价信息。

从关注学习结果到丰富学习体验

学生的课程学习,应该是一个完整的过程,从过程中获得结果,而不是简单地、直接地记住结果。学生的课程学习能力,这可不是简单的分数与奖状所能够说明的。学生如何经历课程,他们的课程学习力是如何提升的,说到底,考虑这些问题才是探究学校课程问题的王道。

而这一切,与教师的课程能力息息相关。教师专业发展与学生学业提升,就是如此美好与神奇的"伙伴关系"。

2017年5月的一天,沈骏杰老师磨课,《解决问题的策略:转化》。课上下来,课上的问题基本解决了,学生能够将那些复杂的不规则图形,通过转化成规则图形来计算它们的周长啦、面积啦,但总觉得学生的学习不是那样的饶有兴致,课堂上没有智力活动的气氛。大家都不满意,一帮人又到我办公室来讨论课程问题。

有人说:"我看目标没有什么大问题,关键是评价任务,评价任务都用书上的,就像做作业一样,不好玩。"有人说:"我们能不能用课外的题目做评价任务呢?"沈老师则皱着眉头,一副无奈之状……我看着他的教学设计,听着他们众说纷纭,想,为什么不能让孩子们多一些创造呢,为什么一定要被动地"做题目"呢?于是我"突发奇想"地说:"这样,我们能不能让学生自己创造不规则图形呢?让他们去出题目,去画那些不规则图形,然后让同桌来解答,最后全班展示那些图形,越刁钻越好。我想学生肯定会穷尽他们的思考的……"可是老师们不同意,说:"这太难了,不行的。""我估计学生画不出来的。"

我说:"你们怎么知道他们就不行呢?我们不是一直说要了解学情吗?学情的了解要到学生中间去。我看这样,现在就去,到班级中间去找几个同学试试,试试不就有数了吗?"老师们一听,这对啊,马上就走。我急忙叮嘱了一句:"慢啊,你们在找同学的时候,不要去找那些顶尖的同学啊……"

过了一会儿,老师们回来了,兴致勃勃:"张校长,还真行的!还真行的!"他们拿了一叠纸,都是在不同的班级抽样"了解学情"所得的"成果"。

于是,这节课变了!课上,在老师举例说明之后,同学们就开始"挖空心思"创造他们的"不规则图形",以难倒同学,显示自己的水平。课堂充满了创造的安静,充满了智力活动的气氛。

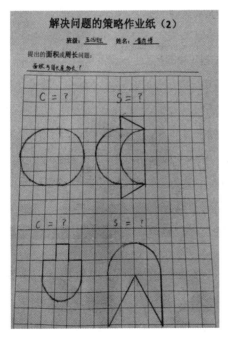

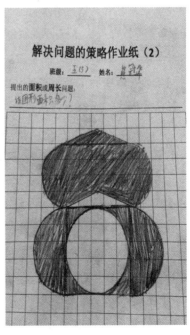

在课程变革中,发展学生不是一句口号或空话,而是要通过课程研究实实在在地提升学生的课程学习力。沈骏杰老师的这一节课让我想起几年前蒋银华老师上的《小松树和大松树》。我们的目标是努力为创生学习信息而设计,但到了课堂上却总是回到"短兵相接"的老路上去,为此我们不断地修改教学设计,到第三次上课的时候,整节课终于呈现出令人欣喜的景像,学生的朗读水平达到了令人惊叹的地步。而这一切,都是因为我们打开了学习空间,把学习机会还给了学生。蒋老师在讲述这节课时,这样说:

4月17日上午第一节课,这是我第三次执教《小松树和大松树》这一课了。在期待与忐忑中,我和学生一起上完了这难忘的一课。课堂上学生的表现让我惊讶,原来,很多知识老师不教他们也会,更高兴的是,每个学生都是那么投入学习中。下课后,松了口气,时间很充足,我也很从容,我的三个教学目标全部完成了,心中的大石头总算落下了。

下课之后,我们在操场上进行大课间活动。张校长走过来,问我:"自我感觉怎么样?"我答道:"我感觉自己非常轻松。"清楚地记得那时张校长说:"对,教师轻松了,而学生在学习了,而且学得很积极。我们原来的课堂,教师为什么累?就是因为我们总是'替学生学','替'得很累,我们不是心累而是'嗓子累',说得太多了。"张校长还告诉我他观察的五个样本学生的学习状态都很好,他们的学习非常投入,表现出来的水平也非常好……这一刻,我心中的小激动和小兴奋是无法言语的,因为张校长的五个样本学生中,两个可是学困生。而听课的同伴也难掩兴奋之情,费老师和倪老师说:"蒋老师,这节课明显比之前的好,很大气,做到了张校长所提倡的'大开大合',没有零散的东西,真是做到了该教的教,不该教的就不教。"

困惑也在此时被解开:有"空间感"的语文课,一定要给予学生充分的学习空间,也就是学习机会,教师的任务是提供帮助,而学习,一定是学生自己的事情,谁也不能替代。当我们把学习空间打开,当我们把学习时间还给学生,学生一定会把精彩呈现给我们。

学习空间就这样被打开了!这一步走得很累、很慢,用张校长的话来说,那是从3月27日到4月17日22天的变化,更是从2009年9月到现在才发生的变化,来得虽然慢了点,但来得慢的才是扎了根的。他跟我说:"蒋银华，我相信你再也不会回到老路上去了。"那一刻，我点了点头……

这次课例研讨足以影响我对语文课堂的全部理解，课例研究活动虽然已经结束，但是我们的课堂研究却刚刚开始！

而我想说的是：学生学习力的提升，就是在教师课程实施能力提升中实现的！

学校课程的应有状态，首先要有国家课程的实施策略，当然也应有校本课程的一席之地。但国家课程与校本课程的取向与路径，真的是不一样的，千万不能"混淆"。关于两者的区别，崔老师有一个绝妙的比喻：国家课程是"男人购物"，校本课程是"女人逛街"。男人逛街，直奔目标；女人逛街，重在体验，逛了半天，什么都没买到，但很开心。那天，崔老师说完，我们一位老师笑得差点把茶都喷出来。笑过之后，大家对校本课程似乎有新的理解。我也发现，我们常常会像做国家课程一样地去做校本课程，在做校本课程时，太多的结果导向，把学生原有的兴趣也破坏了。我们有一位老师说："校本课程其实是玩玩的，在玩的过程中，有收获，最好。"

徐兰是一位美术老师，在剪纸方面略有一点"三脚猫"的基础。那一年，学校倡导"一师一品"，利用老师自己的特长开发校本课程，吸引学生参加。徐老师说，我就开个剪纸课程吧，于是招募了一帮想学剪纸的五六年级学生，开始剪纸课程之旅。徐老师说，我有一个梦想，就是一年之后，要有一个剪纸展。我一听，又是欢喜又是忧。欢喜的是，老师有梦想，当然，我也相信这个梦想也是孩子们的梦想；忧的是，千万不要为了这个"成果"把孩子们折腾了。

校本课程可不是一次想走就走的旅行，同样需要进行专业设计。崔老师说，开发校本课程，首先就研制校本课程纲要，那些基本问题，要在校本课程纲要里尽可能想清写明。所以早在讨论课程纲要时，我们就商量怎样做这个剪纸展。我说："我们校本课程最重要的'成果'究竟是什么？"大家开始思考这个问题。是啊，一场展出固然重要的，但更重要的是孩子们在参与课程建设中的体验。体验什么呢？对，大家不约而同，想起了《学校课程规划》中我们的"八字目标"：内修外炼，能恒乐成。我们设想这样的场景：一个孩子，有一幅作品，临近完成的时候，一刀，刻断了一根线！会不会有这种情况？当然会有。好，他是放弃呢，还是从头再来？这就是考验，也是体验。

我说:"徐老师,让孩子们把这些类似的体验记下来、写出来,我们在校报上发表,你在成果展的时候,也要把这些过程性成果展出来,作品好一点坏一点不是最重要的,最重要的恰好是这些体验!"

一年之后,徐老师果然办了个"剪纸展",除了展出了孩子们的作品之外,果然也讲述了他们甜酸苦辣的学习体验。徐老师说:"孩子们用一把小小的剪刀刻划了一个'恒'字。"

徐老师在建设这门校本课程的时候,还遇到过一个困惑,就是如何"有特色"。带着这个困惑,我们召开了一次小型研讨会,研讨会的重要结论是:以学校文化为载体,从剪纸走向剪竹。因为我们学校的校训是"恒",学校的 logo 就是"恒"字的形状,将"恒"的竖心旁设计成"竹子",于是竹就成为了学校的文化意象,学校的卡通"恒恒"、"成成"都是竹笋的形象,校园内遍种竹子。当然,一般性的剪纸与以学校文化为载体的剪纸完全不一样,"临摹"马上就变成了"创作"。最后"剪纸课程"发展成后来的"剪竹课程"。

课程经验需要总结与分享。我们请徐老师讲述她开发剪竹课程的经历与故事,并通过研讨与对话,帮助徐老师形成了她的"校本课程观":《体验取向:校本课程建设的基本价值》。

这篇论文不是写出来的,而是做出来的。徐老师的"校本课程观"影响了学校的校本课程建设,数学老师叶叙英看了很受启发,她说要建设一门"衍纸课程"。其实她只是在别的地方看到过,自己也不会,但没关系啊,她把衍纸的作品给孩子们看,孩子们都喜欢,于是,一门课程又开始了。他们用衍纸制作竹子,创作"校训墙",创作"恒恒"与"成成",彰显学校文化,他们经历其中的甜酸苦辣,但始终向着"恒"的精神。一年之后,他们举办了一届"竹文化衍纸展",洋洋大观!

从听评课到课堂观察

课堂的专业评价,是一个问题。是终结性地给结果一个评判,还是在评价的过程中促进课堂质量的提升?我们选择以后者为主要的研究主题,而课堂观察就是这样的一种评价方法。八年来,我们完成了这样的转变:从研究课堂观察到运用课堂观察。

八年中,我们接待了大量的观摩团队,他们会花上一整天的时间,看我们老师怎样做课堂观察。这一天的安排大致是这样的:

上午:第二节课,观察课堂;第三节课:参观校园。

下午:第一节课开始:听取我们老师的课堂观察报告,通常是两个主题,一个观察小组负责一个主题;来宾与老师们进行互动;校长做关于课堂观察研究的主题报告。

从第二节课下课到下午第一节课上课,在这段不长的时间里,我们的老师能完成一个"挺有学术范儿"的课堂观察报告来。这"台上十分钟",没有日常的磨炼可不行啊。

经常有观摩团队好奇地要求去看观察小组的老师是如何汇总信息形成报告的,我因为生怕影响老师们的研究,都婉言谢绝了,我说这有点像看母鸡是怎样下蛋了。我们的老师知道了,对我说:"张校长,没关系,以后谁要看,让他们来看好了。"年轻老师啊,这就是专业自信。

我们的课堂报告,通常的结构是这样的:

标题
——副标题

一、研究背景与观察主题

二、工具说明与研究过程

三、结果分析与讨论

(张菊荣《课堂观察:从主题选择到报告发布》,发表于《教育研究与评论(课堂观察)》2016年第6期)

看上去,并不复杂。但涉及具体的主题与具体的课堂,则内涵可以极其丰富。我们的数学组,几乎所有的老师都能够在这样短的时间内形成课堂观察报告,成为"报告人":

费晓燕老师的报告数多达9个,一开始大家都没有发现,结果一统计,费老师就被大家封为"课堂观察专业户"!

表1 数学教研组老师汇报课程观察报告情况统计

报告人	报告次数	报 告 主 题
费晓燕	9	1. 教—学—评—致性：行为与内容纬度（结合目标分析）
		2. 课堂评价模型的实施
		3. 评价任务引领下的教学一致性
		4. 任务引领下的课堂评价与教学的整合
		5. 目标、评价、设计的一致性
		6. 基于目标的"教—学—评—致性"的课例研究
		7. 课堂结构在数学课堂上的实施与运用
		8. 课堂结构在数学课堂上的实施与运用
		9. 数学课堂上如何促进学生的探究性学习
朱晓燕	2	10. 行为与目标维度（结合目标分析）
		11. 评价与教学的整合
张美娟	1	12. 基于评价信息的教学决策
叶叙英	1	13. 评价视角下的课堂理答
潘琴娟	1	14. 基于评价信息的教学决策
顾嫣宏	1	15. 目标视角下的课堂教学
朱红秀	3	16. 评价与教学的整合
		17. 评价任务的预设与实施
		18. 课堂学习活动的有效性
王芳燕	2	19. 目标视角下的课堂教学
		20. 从学习信息分析目标的达成
肖月仙	2	21. 从学习信息分析目标的达成
		22. 让目标、评价、教学的一致性引领课堂教学
沈骏杰	2	23. 学生真的在投入学习吗
		24. 从评价信息处理分析目标达成
沈金花	1	25. 指向学生深度学习的"教—学—评—致性"研究
吴彧婷	1	26. 学生自主性学习如何实现

课堂观察不是对课堂的终结性评价，而是通过主题研究的方式促进教学的改进，每一次课堂观察，都是如此。比如，从学生学习信息处理的角度观察蒋银华老师执教的《我应该感到自豪才对》，在观察报告中，我们这样阐述：

信息处理要促进学习的提升

师生处理信息的过程，就是教学的过程，这一定是学习提升的过程，是"登山"的过程而不是"平移"的过程。正是从这个意义上说，信息处理即是学习。信息处理的全过程，应该包括三个方面：信息的收集、研判与处理。因为这三个环节环环相扣，而且需要课堂现场即时的判断与决策，所以我们在讨论的时候通常可以一起进行。

在任务一的学习过程中，教师有两处信息处理不够精准。一是关于"眼皮上长着两层睫毛"一句，学生说重读的是"两层睫毛"，教师没有发现问题，没有追问"应该重读'两层'还是'睫毛'"，这个很重要，涉及学生的语感与语言理解。因为这处信息没有处理好，在任务三的续编中，就有学生没有强调"两层"而是强调了"睫毛"的用处。二是学生交流重读处是"怎么拔得出来呢？"学生找到的是句子，教师板书的是词语"怎么"，教师的板书与学生的交流不一致，教师没有追问"哪个词"而直接把自己的理解进行了板书，替代了学生的思考。

在任务二的学习过程中，教师指名两位同学进行了交流，即把他们写的句子进行当堂交流。这个环节是很考验教师的，这里的信息处理直接影响到课堂的质量——课堂的质量不在于学生一开始就能学得很好，而在于通过学习有新的进步，而这就与信息处理是否实现提升有关。

第一位同学的交流是这样的："多亏我的脚掌又大又厚，在茫茫的大沙漠里就不会陷进沙子里了；多亏我有睫毛，风沙来了就不会进一点儿沙了；多亏我有驼峰，沙漠里走多远不会饥饿，啊，我应该感到自豪才对！"教师的点评是这样的："好，说得非常好，不但句子说得很整齐，而且她说出了小骆驼怎样的情感。"这样的点评在"促进学生思维的提升"上就有欠缺。如果把"多亏我有睫毛"改为"多亏我的睫毛有两层"，把"多亏我有驼峰"改为"多亏我驼峰能贮存很多养料"，句子的表达就更通顺、正确。

第二位同学的交流是这样的："幸亏我们的脚掌长得又大又厚，如果我们的脚掌长得像小红马那样，陷进沙子里就拔不出来了；如果我们没有驼峰，在路上就会又渴又饿；多亏我的眼睛有两层睫毛，不然眼睛里进了沙子怎么办呢？啊，我真应该感觉自豪才对啊！"老师的评价是这样的："很好，你不但用上了'多亏'，而且还用上关联词，话说得更加清楚、明白了。"教师用肯定、表扬的方法处理信息，这是可以的，但不能替代必须的提升。比如在这段话中,可以在学生交流的过程中相机指导、讨论:幸亏我们的脚掌长得又大又厚,如果我们的脚掌长得像小红马那样(这个句子可以去掉),陷进沙子里就拔不出来了(这个句子前面应加"否则"两个字);如果我们没有驼峰,在路上(那可不是一般的路上啊,把"在路上"改成"在茫茫的大沙漠里")就会又渴又饿;多亏我的眼睛有两层睫毛,不然眼睛里进了沙子怎么办呢(眼睛里进几粒沙子又有什么关系呢?但问题是在沙漠里,"怎样抵挡得了铺天盖地的风沙呢")?啊,我真应该感觉自豪才对啊!

看上去这节课已经结束了,但在课堂观察研究后,我们却完全可以上好更多的课,这样的研究比给某一节课一个优良中差的等次要重要得多!

从关注名师到发展团队

一所学校的课程形态,最终还得反映在做课程的"人"身上。这个"人",应该包括教师与学生。也就是说,一所学校的课程状态如何,要看教师专业发展状态如何,要看学生的学习状态如何。我们学校追求的师生生活的愿景,或许从某种程度上可以看出我们追求的课程形态:过一种饶有兴致的校园生活。这句话起码包括两层含义:一是教师要过一种饶有兴致的专业生活,二是学生要过一种饶有兴致的学习生活。

要让教师过一种饶有兴致的专业生活,我们得把课程研究与教师生活整合起来思考。如果教师把课程研究视作外在于生命的"别的事",那么教师的整个生命质量不会高,他的专业生活不可能饶有兴致。

课程研究虽然"苦",但对于沉醉其中的人,会获得很多的幸福体验。这个"人",不应该仅限于学校的精英教师,而应该是学校的整个研究团队。团队一起琢磨专业问题,会让人乐此不疲。姚晶晶,一个在新上岗期间被评为区教坛新秀的老师,是目前全区体育教师中最年轻的教坛新秀。有一年,她上了一节体育课《掷轻物抛远》,我也去听了。上完课,"教—学—评一致性研究中心"的老师们一起聚在我办公室进行小型研讨。讨论来讨论去,最后我们聚焦在了她的"评价要点",即怎样来评价"掷轻物抛远"的动作要领。她是这样来讲解的:"两脚左右开立,如果你是右手投掷,那就左侧对投掷方向,右手持毽子向后引伸,投掷物毽子在背后稍高于肩,就是'背后过肩',然后右脚蹬地,转体,挥臂经肩上、头侧把毽子投过障碍物。"作为一个专业体育教师来说,这样的讲解无疑是专业的,可是就课程实施来说,这样的讲解却并不专业,因为课程面对的是学生,他们怎么听得懂这些术语呢? 难怪,听得云里雾里的孩子们只好不得要领地凭着感觉走。怎么办?"能不能把这些要点提炼一下?""对对对,是不是编成顺口溜?""是不是说成一什么二什么三什么?""一转二什么三什么?"……讨论没有最后的定论,姚老师离开办公室后仍若有所思,在体育办公室,手机铃响了,她居然还没有听到。"晶晶,你的手机……"同事提醒后她才回过神来,一看来电,是朱旭东老师的电话:"晶晶,你看'一转,二屈,三挥臂'行不行?"太好了! 这节课,因为"评价要点"的变化,在第二次上的时候呈现出来的学习情况完全不同! 后来,姚老师在她写的课程故事《回归简单》中称朱旭东老师是"体办的男神"。继续从中进行专业领悟,很快,她写出了论文《试谈体育课堂教学中表现性评价技术的运用》,其中第二点是:"评价要点:为课堂构建明白的评价标准"。我总以为,一切从实践中获得的理性思考,一定会反哺实践,理性思考与实践探索一定会良性循环。过了一个学期,我看到了姚老师的新课《蹲踞式跳远》。当看到她将动作的评价要点归纳为"双脚落地,屈膝缓冲"8 个字时,我笑了:"晶晶啊,沿着这个路子下去,你关于体育课程的再开发一定会形成有效的经验的。"果然,又是一个学期,姚老师又给我看了一份教案,这一次,她把《原地踩球》一课的评价要点提炼为"前脚掌,正上方,轻踩球,重心留在支撑脚。"我就想象着,这样的课程,学生的学习再也不会漠然;我就想象着,这样的老师,一定是处于良好的课程状态、专业状态之中的,一定是在过一种饶有兴致的专业生活的。

八年中,我们在课程研究的过程中,不断地有这样的故事发生,这令人相信,专业研究具有精神的意义。有人说,教师专业发展包括教师的专业知识、专业技能、专业信念等等。其实,当我们的团队致力于课程研究之中的时候,所有的一切都同时达成了。

一所学校良好的课程形态是怎样形成的? 这是一个事关学校文化的课题,因为用怎样的方式,就会有怎样的团队文化。在追求良好的课程形态中,我们没有走捷径,而是一步一个脚印,慢慢走来,其中着力最多的就是"成长课堂研讨会"。

2016 年 12 月 15 日,第 14 届成长课堂研讨会,我写了一首七律记述之:

"岁末天寒心底暖,穿林看竹客临园。崔师话白明真学,周博才高出妙言。小径徜徉知得失,课堂沉醉忘晨昏。若无似有相迷此,七八年来始入门。"年底的时候天气寒冷,但研究的乐趣让我们心底暖暖,校园翠竹间,又是贵客临。崔老师"大白话"式的课程理论恰恰是真正的学问,周文叶博士才华横溢、妙语联珠。七八年的努力,我们终于开始有了"入门"的感觉。

每学期一届的成长课堂研讨会总是那样安安静静、踏踏实实。2017年5月27日,第15届成长课堂研讨论会,我依然"有诗为证":"竹叶丛中百啭鸣,届临十五日趋清。空间舒展安然学,学业分明着意评。海阔才看鱼纵跃,天高得见鸟横行。深谈慢论人三两,远避喧嚣杂闹声。"第二联是讲我们用"大任务"打开学习空间,让学生能够"安然学",评价任务明明白白,以评导学,这也是"教—学—评—致性"课堂的重要特征。

关于成长课堂研讨会,可说是"说来话长"。2010年6月3日,学校创办的第二个学期,我们举办了首届"成长课堂研讨会",之后,每个学期一届,雷打不动。八年来,15届,15个主题,如下:

表2　汾小成长课堂研讨会系列

届次	时　间	主　题
1	2010年6月3日	探索成长课堂的基本特质
2	2010年12月3日	教学目标的设计、观察与分析
3	2011年5月3日	课堂教学中核心任务的设计与展开
4	2011年11月25日	促进学习的课堂评价
5	2012年6月4日	"教—学—评一致性"的课堂教学
6	2012年12月13日	基于学习视角的课堂评价信息
7	2013年6月4日	课堂评价任务的设计与运用
8	2013年12月10日	"教—学—评一致性"的课例研究
9	2014年6月5日	评价任务的预设与实施
10	2014年12月18日	"教—学—评一致性"的课型研究
11	2015年6月9日	"教—学—评一致性"框架下学习方式的变革:学生成为评价主体
12	2015年12月3日	"教—学—评一致性"的课堂结构
13	2016年6月14日	指向深度学习的评价任务
14	2016年12月15日	成长课堂与"教—学—评一致性"
15	2017年5月27日	成长课堂的价值取向

"不轻易开启,不轻言放弃",这是我们对"汾小恒文化"的诠释,而这15届成长课堂研讨会,也可以说是对"不轻易开启,不轻言放弃"的注脚。

这每一届成长课堂研讨会,这每一个主题的研究,我们都全力以赴地贯穿一个学期:

(1) 前期:各教研组、学校"恒成课程研发中心"、"教—学—评一致性课例研究中心"的主题研究。

(2) 当天:课堂观摩;成果发布;观察报告;专家点评;闭门研讨。

(3) 后续:"主题组文"的修改与发表。

这其中的每一环节、每一节课、每一个报告、每一篇论文、每一个细节,都要用巨大的努力去做。譬如"主题组文",既要有关于这个主题的总体阐释,又要有不同角度的讲述,互相呼应,才能把主题做丰富。八年中我们发表了十余个"主题组文",作为一所普通的乡村小学确乎有些令人惊艳。但关于这种惊艳,我们可以自豪地说:我们的文章都是做出来的,不做,我们一行也写不出来。

从某种意义上说,汾湖实小老师的课程能力,就是通过成长课堂研讨会这个平台发展起来的;汾湖实小的课程样态,就是通过成长课堂研讨会逐步形成的;汾湖实小以"恒"为特征的学校文化,也与一届一届成长课堂研讨会紧密相关。而每一届成长课堂研讨会,都是在团队的共同努力下完成的,因此,也必然造就了团队的课程领导力。

2010年10月23日,"课程领导"通识培训,崔老师给我们讲解"课程领导"理念的时候,我们都是第一次接触这个概念。当我们明白了"课程领导"的内涵时,我们希望学校能够把"课程领导"的内涵"做出来"。2012年2月5日,我校承担的省十二五重点课题"分布式课程领导:一项合作与赋权的学校变革行动研究"开题论证会,在开题报告前面,我们写了这样几行字:

如果最后没有形成"分布式课程领导"的生动景象与美丽格局,如果学校没有因此而具有使整体活力得以可持续发展的力量,那么,无论我们发表了多少研究论文,哪怕我们出版了媒体热推的研究著作,我们都只能遗憾地认为,我们的研究没有真正的成果可言。

几年过去了,我们是否形成了"分布式课程领导"的生动景象与美丽格局,是否拥有了使整体活力得以可持续发展的力量,我们不敢说一定,因为我们总觉得离理想境界的距离很远,但我们的确一直朝着这个方向努力。

2009年7月7日,我们第一次召开行政会的时候,学校的一切才刚刚开始,建设工作紧锣密鼓,我们还没有沉于"近忧"之中,就开始了"远虑":新校建起之后,老师们都会拥有初创的激情,但更远更大的困难是激情期过后,学校如何拥有可持续的活力? 那天,我带了一本绘本《犟龟》,我们的第一次行政会就是从读《犟龟》的故事开始的,我说:"我们必须具有犟龟的精神,不因为任何原因放弃前行,一直往前走,一定会遇见隆重的庆典。"当时还真没有想到,这第一次行政会就奠定了学校"恒"字校训的文化种子。

犟龟精神是一种精神,但仅有精神是不够的,持续活力的拥有要靠内涵。内涵是什么? 内涵就是大家一起做专业的事,就是一起做课程。我们是一所新学校,老师们都很年轻,没有名师大咖,但我们有热情,我们要把精力投入到课程建设中去,我们希望我们中以后会出现"精英教师",但我们更希望每一位老师都成为"课程领导者"。——这也就是崔老师给我们带来的新概念:分布式课程领导。第一次听到这个概念的时候,虽然觉得很陌生,但是又分明感觉这就是我们所要的。我们的愿景,正是希望每一位老师成为课程领导者!

于是,我们的一切课程研究都是在"合作"之中的,无论哪一位老师,都可以成为课程领导。教研活动、课堂观察、课程会议……我们都采用"轮流执政"的方式,学校所有的平台,属于每一位老师。校报上、校刊上,教师轮流做"专栏作家";"汾小讲坛",谁都有机会成为报告人。八年来,我们还做了一件浩大的工程:"土书著述"。

"土书"谓何物? 2009年创业之初,我跟老师们有一个约定:"我们要把创业的激情记录下来,不要让这段日子就这样过去,记下来,以后等到我们退休的时候,可以自豪地告诉我们的孙子孙女,爷爷奶奶曾经参与过一种事业,叫创业!"我建议每一个人到学期结束的时候,都能够写一本书,这些书,就是"我在汾小丛书"。

其实老师们听了,还不是很上心。几个月后,当我们把关于"土书"的编排要求在论坛发出通知的时候,大家才真正明白我的话,他们说:"是每个人一本？我以为是一起写一本，汇编一下啊？""我们，行吗？""每人都写书？这可能吗？"——怎么不可能？所有的老师，都已经在博客与论坛上做了大量的工作，专业研究的素养已经在日常工作中不知不觉地积累下来，现在我们要做的工作是"整理"。

于是，第一批36位老师，全部都参与了"土书著述"。"不轻易开启，不轻言放弃"，有了第一辑，就会有第二辑、第三辑，到2017年6月底，我们已经拥有了10辑共444本"土书"。这些土书，让每一位老师成为"写作者"、"思考者"、"探索者"。有不少老师，从大杂烩式的"杂书"走向了主题式的"土专著"：顾嫣宏的《为发展思维而教》，徐兰的《我和名画有个约会》《大剪刀，大世界》，吴晓亮的《促进学习的课堂评价》《我的课堂教学观》，叶叙英的《衍纸的魅力》，周建国的《如何做一名科学老师》……

"土书发行仪式"也成为了汾湖实小的美丽庆典，在第9辑土书发行仪式上，潘洁琴老师说："汾小的发展史就是土书的发展史，土书的发展史就是汾小的发展史，土书的发展史就是我们自己的精神发育史，又是汾小送给我们最好的礼物，是我们在汾小的一次精神洗礼、文化洗礼，也是我们送给汾小的一件幸福的礼物。"成尚荣老师赶来祝贺我们，对"汾小土书"进行了精彩阐释，他称老师们为"伟大的作者们"。他说："'不轻易开启'是说我们要有很多的积淀，有非常充分的准备，因此从某种意义上说，不轻易开启就是我们要勇敢地开启，同时不轻言放弃，要坚持下去。于是'我在汾小'告诉我们汾小的文化精神，这个精神叫什么，叫'恒文化'，坚持到底，坚持不懈，这种文化培育着汾小的每一位老师。""坚持'土书'这个名字，是叫我们坚持在田野中，坚持一种乡土情怀，坚守一种家国情怀，带着这个乡情，或者是乡愁，你无论走到苏州哪个地方，走到中国的某个地方，走到世界的某个地方，你都知道我是从哪里来的，永远不要离开乡土，永远保持着乡土的，踏实的，朴素的品质，坚韧不拔的意志，有了这种情怀，有了这种品质，有了这种精神，会让自己成长得更好。"

从36位老师开始的"土书著述"，承载着汾湖实小的历史之初，也是"分布式课程领导"的重要平台与有力见证。一所学校的课程与一所学校的文化，如何真正成为一体，课程如何保证文化的形成，文化如何丰富课程的内涵，就像我们八年的努力，正在以一所乡村小学的课程之旅，回答这样的问题：如何通过课程的力量培育"内修外炼、能恒乐成"的汾小学子，如何在育人的过程中造就分布式课程领导的生动场景,让学生过一种饶有兴致的学习生活,让教师一起过一种饶有兴致的专业生活,师生一起过一种饶有兴致的校园生活。

这是一次难忘的旅行,这是一段难忘的旅程。

2009年下半年至2017年上半年,回顾学校八年的课程之旅,我们越发认识到课程现场的复杂性。课程理论只有符合学校实际的才是有生命的,才会焕发出活力来。课程理论在实践土壤中开花,不是简单的线性演绎,也没有一成不变的模式。也许,有的学校的课程发展可以沿着"课程规划——课程纲要——教学设计"的线路逐一展开,但在汾湖实小的课程发展线路呈现出一种交错发展、互动推进、不断深化的特征来。一开始,我们做的是教学设计,当然,这个项目一直在继续,2010年上半年之后每一届成长课堂研讨会上的主题也都与此相关;2011年、2012年,我们完成了课程纲要的编制;2011年到2015年,我们完成了学校课程规划方案的编制。什么项目先做,什么项目用力"猛"一点,按照学校的复杂性逻辑进行。如果把课堂教学设计、学期课程纲要、学校课程规划喻作课程景点的话,汾湖实小八年的课程之旅,是在不同的景点上来来回回地驻足观赏,并不是某一项内容做了也再不做了。这也应了一句老话:专业发展没有完成时,永远在路上,没有最好,只有更好。

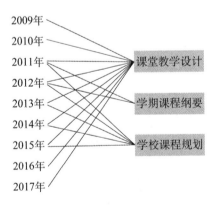

发展课程必然发展教师。教师、学生与课程,是一所的学校"三要素"。这三要素是紧密联系在一起的,教师的专业发展,就是在课程发展的过程中实现的。老师们改革教学设计,研制课程纲要,参与学校课程规划的编制,

这一个过程既是学校课程发展的过程,也是教师专业发展的过程。我们在学校课程发展的过程中,不走"个别精英化"的线路,而是发动全体教师参与,让学校呈现出"分布式课程领导"的格局。课程之旅,也是教师专业发展之旅。

课程因学生而生。学校为什么要编制学校课程规划方案?国家课程为什么要校本化?为什么要编制学期课程纲要?为什么进行基于学情的教学专业方案的设计?为什么要开发校本课程?这一切都是因为课程发展是情景之中的,这个情景就是"这所学校"、"这个班级"、"这些学生"。离开这个情景,课程发展就是一句空话。课程之旅,本质上是学生的成长之旅。

这是一次没有终点的旅行,我们享受着旅行的过程。在这个旅程中,我们也不断地遇见困难,比如校本课程的空间还嫌太少,课程视角下教师的学科素养还有待不断提升,学校规模不断扩大,在教师流动性带来团队课程能力持续发展的挑战性较大……

好在我们已经在路上,一直往前走,一定可以遇见美丽的庆典!

(张菊荣)

中篇

课程三景

课程是需要设计的。

分布式课程领导,首先意味着:大家一起来设计。

设计什么呢?

一个孩子,在这所学校,经过六年的校园生活,应该成为怎样的人? 要成为这样的人,我们应该提供怎样的课程,如何来实施,怎么来评价——这就是"学校课程规划"。

一门课程,经过一学期的学习,要达成怎样的目标? 达成这样的目标,需要怎样的内容,如何来实施,怎样来评价? 为一门课程做一学期的预算,这就是"学期课程纲要"编制。

保证一节课的质量,首先得考虑"去哪里",设计好目标,目标不对,一切的努力都没有价值;第二得考虑"怎么知道到那里了呢",设计好评价,有了评价才能保证"学会";第三是考虑"怎样去",设计好教学过程。这项我们称之为"教—学—评一致性的课堂变革"的行动,始于"教学方案设计"。

学校课程规划、学期课程纲要、"教—学—评一致性"教学方案,这三者,构成了一所学校的"课程三景"。

2. 指向核心素养的学校课程规划

内修外炼，能恒乐成

——江苏省汾湖高新技术产业开发区实验小学课程规划方案（2015—2021）

江苏省汾湖高新技术产业开发区实验小学(以下简称"汾湖实小")地处苏浙沪交汇处,于2009年7月建制成立。学校设计规模60个教学班,2400名学生,现有教学班28个,学生1260人。在编教师57人,代课教师20人。市级以上骨干教师11人,其中苏州市学科带头人1人,吴江区学科带头人2人、教学能手3人、教坛新秀5人。为了深化课程改革,推进学校的持续发展,培养内修外炼、能恒乐成的汾小学子,特制定本规划方案。

一、学校课程规划的依据

（一）学校的愿景、使命与目标

学校愿景：通过六年的努力,把学校发展成为拥有坚持品质、充满成长气息的学习乐园。

为了实现上述愿景,我们将履行以下使命：

构建适性而有特色的课程体系；

追求"教—学—评一致"的课堂教学；

形成分布式课程领导的教师共同体；

涵养以"成长"为核心价值的学校文化。

学校的育人目标：通过六年的努力,把学生培养成内修外炼、能恒乐成的汾小学子。

毕业生意象：竹娃。

（二）学生的课程需求

为进一步了解学生对现有校本课程的满意度,学校特进行全校三至六年级学生无记名问卷调查,共收到问卷664份。由学校"学校发展深度团队"成员汇总各班问卷后,再由教科室汇总情况作出数据统计。结果显示:选择满意的学生有96%,选择不太满意的有4%,从数据可以看出学生对现有校本课程的满意度很高。

同时,我们还调查了学生的课程期待。从调查结果来看,学生希望开设的校本课程,主要包括运动类,如武术、游泳、溜冰等,以及技能类,如乐器、食品制作等。

（三）社区期待

通过对社区领导与居民的访谈与座谈,我们了解到社区对学校的课程建设充满期待,一是希望提高课程实施质量;二是希望不断开发有利于学生个性发展的兴趣类校本课程。

（四）学校的课程资源

学校资源:首先,学校拥有高素质师资队伍,在编教师57人,开设校本课程43门。这也充分说明了学校大部分教师具有课程开发基础;其次学校各种多功能教室和先进设备,为各门课程开设提供了有利条件。

社区资源:学校附近有"大渠荡生态公园",有"康力电梯"、"欧普照明"等各类全国知名企业,有"柳亚子故居"等名胜古迹等,为学校课程开发提供了丰富的生态资源、人文资源。

家长资源;由于外来务工子女就读比率的增长,家长来源复杂,这种"复杂"所带来的丰富性也给学校课程建设带来丰富的资源。

二、学校课程结构与计划

（一）学校课程结构

学校课程体系由国家课程与"恒成课程"两大部分组成。国家课程研究校本化实施问题;"恒成课程"系校本课程,包括恒成德育课程、学科拓展课程、技能兴趣课程、竹文化课程四部分。

恒成德育课程,包括"我爱我校"、"汾湖八贤"、"大话天下"。"我爱我校"课程,分别在一年级、五年级开设,一年级开设"汾小校园 ABC"、五年级开设"汾小校园欣赏与理解";"汾湖八贤"课程在四、五年级开设;"大话天下"课程则在一至五年级开设,通过晨会课实施。

学科拓展课程。语言文学类,包括一、二年级的"读写绘"课程与三至六年级的"儿童文学名著"课程,根据学校《必读绘本/必读儿童文学名著指南》以"单元"的形式安排课时,同时开设选修类的语言文学类拓展课程,包括竹园诗韵、经典诵读、竹林听音、小小书虫、小故事大道理、小小故事王、天天诵读;数学思维类,包括一、二年级的数学游戏课,三、四年级的"生活中的数学"课程,五、六年级的数学综合实践,同时开设珠心算、七彩拼图、玩转数学等供学生选学;英语兴趣类,包括一、二年级的英语歌曲,三、四年级的英语朗读模仿秀,五、六年级的英语剧,同时开设小小金话筒、英语话剧社、英语绘本、英语讲故事等供选学。

技能特长课程。艺术爱好类,包括红舞鞋、小百灵、清彩神笔、水墨欢歌、小剪刀大世界(剪纸)、硬笔书法、简笔画、妙趣儿童画等。体育运动类,包括绿茵小将、追风少年、围棋、象棋;工艺制作类,包括风铃制作、编织技术初步、创意手工、趣味折纸、缤纷网花、小制作等。

竹文化课程。竹文化课程包括竹理、竹艺、竹品。竹理,主要以竹子的相关知识为载体,开展研究性学习竹艺,整合劳技与技术教育,主要以竹为材料,制作相关竹制品竹品,结合相关学科教学,如语文、音乐、美术等,欣赏以竹为题材的文艺作品,并进行相关的创作。

综合实践活动的实施分为两个部分。一部分作为国家课程的组成部分进行校本化实施,如信息技术;另一部分与校本课程开发相整合,特别体现在与竹文化课程的整合上。

学校课程结构图如下:

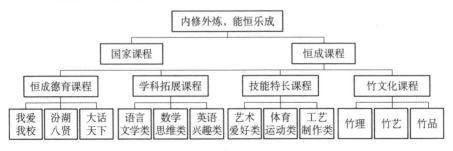

（二）学校课程计划

课程类型	类别/科目	一	二	三	四	五	六	说明
国家课程	品德类	品德与生活			品德与社会			
		2	2	2	2	2	2	
	语文	9	9	7	7	6	6	
	数学	5	5	4	4	5	5	
	英语	2	2	3	3	3	3	
	体育与健康	4	4	3	3	3	3	
	音乐	2	2	2	2	2	2	
	美术	2	2	2	2	2	2	
	科学			2	2	2	2	
	周课时数	26	26	25	25	25	25	
综合实践活动 与恒成课程	恒成德育课程							三至六年级开设地方与校本课程2课时(包括班会课1课时、英语拓展1课时),校园活动1课时,综合实活动3课时。
	学科拓展课程							
	技能特长课程							
	竹文化课程							
	晨会	每天10分钟						
	广播操、眼保健操、大课间活动	每天约40分钟						
	周课时总量	26	26	30	30	30	30	

说明:

1. 每学年上课时间35周。机动时间2周,学校视具体情况调整。复习考试时间2周,每周按5天安排教学。一、二年级每周26课时,三至六年级每周30课时,每课时40分钟。

2. 英语课程:一、二年级每周2课时;三至六年级每周3课时(每周另有1课时校本课程用于英语拓展课程,实际共计4课时)。

3. 体育与健康课程:一、二年级每周4课时;三至六年级每周3课时。每天大课间活动30分钟,没有体育课的当天安排30分钟的体育校园活动,保证学生每天1小时的体育锻炼时间。

4. 综合实践活动课程:三至六年级每周3课时,将劳动技术、研究性学习、社会实践与竹文化课程整合,信息技术单独开设。

5. 地方和校本课程:三至六年级每周2课时,其中1课时为班会课,1课时为英语拓展课程。开学第一周的班会课,以明确本学期班级基本工作为主要内容;学期中一周的班会课、学期末一周的班会课,用以班级工作的阶段总结;其余的班会课,用于校本课程的选修。

7. 学校结合实施省市教育行政部门"五严"、"三项规定",广泛开展课外文体活动、"2+1"工程(2项体育运动技能+1项艺术特长)活动,充分利用每天3点30分至4点钟的校园活动时间。

（三）专题教育

学校专题教育活动的开展。学校组织开展相关主题的教育活动:物品整理习惯培养,基本礼仪教育(包括"学会用您")、文明就餐教育、消防逃生演练等。相关教育结合品德与生活、品德与社会课程进行(如禁毒、健康、国防、安全、民族教育、人口等),学校统一安排活动时间(如消防逃生演练、五年级以军训为形式的国防教育、各年级的春游远足等)。

三、课程的实施与评价

(一) 课程的实施

1. 国家课程的实施与管理

(1) 编制校本化的学期课程纲要。每学期编写、修订各学科的课程纲要,整体设置学期学习目标、内容、实施与评价,形成《汾湖实小课程纲要》汇编,此文本将成为学校国家课程校本化实施的基础。要求教师在国家课程框架内开发教学内容,作为国家课程校本化的内涵,在语文课嵌入儿童文学名著课程、读写绘课程、小巴掌童话课程等,音乐、美术课分别嵌入名曲欣赏课程、名画欣赏课程。

(2) 探索"教—学—评一致性"的课堂教学。学校将继续开展目标导向"教—学—评一致性"的课堂教学,落实《汾小课堂誓词》。目标的确定应基于课程标准,课堂教学应确保目标始终在场、评价全程跟进、在教学过程中创造丰富的学习机会,确保学生"在学习"、"真学习"。

(3) 研究作业设计与试卷编制。基于课程标准、学期课程纲要及各教学内容的学习目标设计作业,编制试卷,实现课程标准、作业评价、考试评价的"一致性"。

(4) 开展旨在课例建构的课堂观察。将课堂观察作为研究课堂的常用方法,聚焦"教—学—评一致性",建构多样化的、主题式的课堂观察课例,提升校本教研的专业化水平。

(5) 加强过程性的学业监测。建立教师、教研组、学校各司其职的学业监测体系,课任老师立足课堂监测目标达成情况;教研组立足学期课程纲要与作业命题设计,监测学期教学质量;学校教务处依据学期课程纲要,抽样监测各学科的学业质量。

2. 恒成课程的开发与实施

(1) 开发一定数量的校本课程。根据学生需要,挖掘教师与社区资源,不断增加校本课程科目,丰富学生的选择。

(2)集中力量开发竹文化课程。充分利用学校遍植的竹子,建设竹文化资源馆,充分挖掘竹的品质,开发竹文化课程。

(3)重点打造校本课程纲要。校本课程的质量首先取决于课程纲要的编写质量。学校将以校本课程纲要的编写来促进校本课程开发的专业化,逐年组织校内外专家审议每门校本课程的课程纲要。

3. 学校传统活动

学校每年设置四个专题节:阅读节(九、十月份)、体育与健康节(十一、十二月)、科技节(三、四月份)、文化与艺术节(五、六月份)。每次专题节活动都由学校设计方案,不同年级学生选择性参加。

(二)课程的评价

1. 对本规划方案的评价

在本规划方案实施的过程中,学校将按学年度收集相关的信息以评价本规划的合理性,每学年末开展阶段性的课程评价,并视需要决定是否调整或修订此课程规划方案。

2. 对国家课程实施的评价

学校将加强对实施过程的监控,教研组用课堂观察方法评价教师的课堂是否体现"教—学—评一致性"的思想;教研组内每周进行一次作业(每次选择一种作业)互评;每个教学单元由教师依据学期课程纲要进行自主调研;每学期组织一次期末考试,进行全面系统的评价;学校不定期组织相关阶段性学业质量监测及专题性评价。

3. 对综合实践活动与校本课程的评价与管理

学校将从方案评价、实施过程评价与学生满意度调查三个方面,加强对综合实践活动与校本课程的评价与管理。每个学期结束前,学校相关部门会收集上述信息;学年结束时,学校将组织专业力量集中研讨这些信息,并采用投票的方式,决定每一门课程是否保留、修订或淘汰。

四、组织与保障

组织保障。成立学校课程发展委员会,由学校领导与教师代表、社区代表、家长代表、学生代表、校外专家组成,负责学校课程规划方案的审议;成立"恒成课程开发中心",由学校领导与教师代表组成,总体负责学校校本课程开发;成立"教—学—评—致性"课例研究中心,由教师代表组成,负责研究"教—学—评—致性"的课堂教学。

师资保障。充分挖掘教师的课程开发潜能,并对教师进行持续的培训,通过内容丰富的培训,为国家课程的有效教学与校本课程的合理开发提供师资保障。

资源保障。借助与华东师范大学课程与教学研究所深度合度的机会,利用好专业资源;借助学校历史资源与环境资源、社区资源与家长资源尽可能为学生的发展需要开发更多、更好的课程,将欧普照明、康力电梯、宝明材料等企业作为学校的课程基地,拟建竹文化资源馆,拟建"教学评一致性课例库"。

制度保障。每学年进行课程发展回顾与咨询会,发布学校课程建设年度报告;每学期开展以"教学评一致性课例研究"为主题的"成长课堂节";每学期以"创新成果评比"为载体,评选优秀的课程成果。

3. 基于课程标准的
学期课程纲要

3.1 语文课程纲要（一年级下）

课程名称：语文

课程类型：国家课程

教材来源：《语文（一年级下册）》，江苏教育出版社，2014 年版

授课对象：小学一年级

授课时间：136 课时

设计者：沈静

【背景分析】

经过一个学期的学习，一年级学生的语文学习能力提高不少，习惯还需继续培养，具体表现为：已经能够借助拼音认识生字和进行简单的阅读，并具有初步的识字能力，大部分同学能够按笔顺书写一百多个独体字，但是不能自觉纠正书写姿势；大部分同学喜欢阅读，但自觉性较差。而本册教材正是基于学生的实际情况，仍把识字、写字、朗读、背诵作为重点，但是较上册有所增加，注重基础知识的教学和基本能力的训练。教材八个专题的选文贴近儿童生活，体现时代特点，蕴含教育价值，把知识、能力、方法、情感融为一体。

【课程目标】

1. 通过识字写字学习，至少能准确认读 483 个生字，按笔顺正确、规范书写至少 298 个生字，掌握基本笔画和常用的偏旁部首。

2. 能正确、流利、有感情地朗读课文，背诵指定的课文。结合上下文和

生活实际了解课文中词句的意思,想象课文所描绘的情境,知道课文的大意。

3. 能借助拼音阅读浅近的童话、寓言、故事,喜欢阅读,感受阅读的乐趣,初步培养自主阅读的习惯。

4. 能运用普通话进行简单的口语交际。在与他人交流时,学习倾听别人的话语,乐于表达自己的想法,提高口头表达能力。

5. 能用一两句话写自己想说的话,写自己对周围事物的认识和感想。学习正确使用逗号、问号、句号、感叹号。

【课程内容】

教学主题	单元教学目标	教学内容	课时
课程纲要学习	采用教师范读,学生提问,小组交流等方式分享本册课程纲要。	课程纲要	1
习惯篇	培养学生乐于倾听、勇于发言,认真写铅笔字的好习惯。	培养良好的学习习惯(2)	2
第一单元识字篇	1. 认识偏旁,学会本单元的生字,两条绿线的生字只识不写,能在田字格内正确美观地书写生字。 2. 借助插图理解词语。 3. 有感情地朗读词语,感受春天的美;教育学生从小热爱体育运动,锻炼身体;体验猜字谜的乐趣。	识字 1	2
		识字 2	2
		识字 3	2
		识字 4	2
		练习 1	2
		单元检测	2
第二单元春光篇	1. 认识偏旁,学会本单元的生字,两条绿线的生字只识不写,能在田字格内正确美观地书写生字。 2. 正确、流利、有感情地朗读课文,背诵课文。 3. 了解课文内容,从中受到热爱大自然的思想教育。	1. 春笋	3
		2. 雨点	3
		3. 小池塘	3
		4. 春到梅花山	3
		5. 草原的早晨	3
		练习 2	2
		复习检测	2
第三单元明理篇	1. 认识偏旁,学会本单元的生字,两条绿线的生字只识不写,能在田字格内正确美观地书写生字。 2. 能正确流利地朗读课文;会分角色朗读对话;能读出陈述、疑问语气;能正确读出长句子中的停顿。 3. 在理解内容的同时,使学生明白一些基本道理。	6. 蘑菇该奖给谁	3
		7. 骑牛比赛	3
		8. 小松树和大松树	3
		练习 3	2
		复习检测	2

（续表）

教学主题	单元教学目标	教学内容	课时
第四单元 亲情篇	1. 认识偏旁,学会本单元的生字,两条绿线的生字只识不写,能在田字格内正确美观地书写生字。 2. 能正确、流利、有感情地朗读、背诵课文。 3. 通过朗读、背诵课文,理解课文内容,知道老一辈革命家为后辈人付出的艰辛、劳苦。懂得要尊重长辈,做个孝敬长辈的好孩子。 4. 培养学生观察、说话能力。	9. 吃水不忘挖井人	3
		10. 他得的红圈圈最多	3
		11. 奶奶的白发	3
		12. 陈毅探母	3
		13. 好学的爸爸	3
		练习 4	2
		复习检测	2
期中复习	对知识进行梳理复习,完成期中测评。	期中复习与评估	2
第五单元 识字篇	1. 本单元通过图文结合进行识字。 2. 学会本单元的生字,能够运用生字组词,积累词汇。 3. 初步了解会意字的特点和形声字的构字规律,培养主动识字的兴趣。 4. 能够正确、流利、有感情地朗读和背诵课文。培养观察能力、想象力、识字能力及口语表达能力。	识字 5	2
		识字 6	2
		识字 7	2
		识字 8	2
		练习 5	2
		复习检测	2
第六单元 自然篇	1. 认识偏旁,学会本单元的生字,两条绿线的生字只识不写,能在田字格内正确美观地书写生字。 2. 能正确流利地朗读、背诵课文。 3. 学习仿写句子,学习 ABB 式的词语。 4. 引导学生入情入境,感受生活的乐趣和大自然的美好,渗透环保意识。	14. 鲜花和星星	3
		15. 放小鸟	3
		16. 这儿真好	3
		17. 世界多美呀	3
		18. 月亮和云彩	3
		练习 6	2
		复习检测	2
第七单元 劳动篇	1. 认识偏旁,学会本单元的生字,两条绿线的生字只识不写,能在田字格内正确美观地书写生字。 2. 能正确、流利、有感情地朗读课文,背诵课文。 3. 理解课文内容,懂得在遇到困难的时候大家要密切合作,才能把事情做好的道理。	19. 三个小伙伴	3
		20. 蚂蚁和蝈蝈	3
		21. 古诗两首	3
		练习 7	2
		复习检测	2
第八单元 创新篇	1. 能正确、流利、有感情地朗读课文和背诵课文。 2. 认识偏旁,学会本单元的生字,两条绿线的生字只识不写,能在田字格内正确美观地书写生字。 3. 理解生字组成的词语,积累"ABB"式的词语,学会运用"终于""渐渐"等词。	22. 司马光	3
		23. 鲁班和橹板	3
		24. 乌鸦喝水	3
		25. 咏华山	3
		26. 小松鼠找花生果	3
		练习 8	2

教学主题	单元教学目标	教学内容	课时
	4. 在熟读课文、理解课文的基础上，引导学生学习面对困难沉着镇定的心理素质以及用多观察、多思考的态度去解决问题。同时激发学生去研究、探索大自然的奥秘。	复习检测	2
期末复习	对知识进行梳理复习，完成期末测评。	期末复习与评估	4

【课程实施】

一、课程资源

1. 《语文(一年级下册)》，江苏教育出版社，2014 年版。

2. 《语文补充习题(一年级下册)》，江苏教育出版社，2014 年版。

3. 课内资源：文中插图、多媒体。

4. 课外资源：工具书，生字生词卡片，课外绘本读物。

二、学习活动

1. 识字与写字：运用形声字、会意字的识字规律，自主识字。通过举办"生字超市"、"我当小导游"等各种识字游戏巩固运用所学生字词。

2. 阅读：借助汉语拼音阅读 26 篇课文，背诵 14 篇指定课文。采用多种方式朗读，如分角色朗读、演一演课文等。学会自悟自得，讨论文中的思考题，质疑问难、发表自己的见解。

3. 课外阅读：选择感兴趣的、适合自己的读物阅读，并和同学交流课外阅读成果。通过阅读存折、讲故事比赛、读写绘活动，展示阅读成果。

4. 口语交际：开展 8 次口语交际的活动，主题包括"说说我的家"、"春天来了"、"指路"、"学会道歉"、"大家来讨论"、"我在'六一'这一天"、"学会做客"、"小苹果树请医生"，利用在阅读时得到的启示与同伴交流，调动自己的知识积累，发展想象力和创造力，规范口头语言。

5. 写话：结合教材内容相机安排 8 次看图写话练习。在写话教学中，能看图写几句完整连贯的话，做到拼音拼写正确、标点符号使用恰当。

【课程评价】

一、评价方式

学期总评成绩（100 分）= 过程性评价成绩（30 分）+ 结果性评价成绩（70 分）

1. 过程性评价（30%）

过程性评价成绩（30 分）= 课堂表现（10 分）+ 语文实践活动表现（10 分）+ 平时检测表现（10 分）

评价项目	评价要素	评价标准
课堂表现（10 分）	1. 能在课前做好预习工作；上课积极思考教师提出的问题，主动发言并能完整表达想法。	A. 好（4—5 分）　B. 较好（2—3 分）　C. 一般（1 分）。
	2. 按时并独立完成书面练习，不懂就问，书写认真，字迹清楚，写字姿势正确，错题少。	A. 好（4—5 分）　B. 较好（2—3 分）　C. 一般（1 分）。
语文实践活动表现（10 分）	1. 识字评价：利用生活中的商标、剪报、课外读物等展示并认读自己识得的字，评选出识字小能手。	A. 好：读错 5 个字以内（4 分） B. 较好：读错 6—20 个以内（3 分） C. 一般：超过 20 个字（1—2 分）
	2. 阅读评价：每学期检查阅读存折 2 次，完成读写绘作品 2 幅，评选出阅读小能手。	A. 好（3 分）　B. 较好（2 分） C. 一般（1 分）
	3. 写话评价：根据 8 次写话练习的质量情况，评选出写话小能手。	A. 好（3 分）　B. 较好（2 分） C. 一般（1 分）
平时检测表现（10 分）	1. 能正确、流利、有感情地朗读课文，正确背诵指定课文。	A. 好（4—5 分）　B. 较好（2—3 分）　C. 一般（1 分）。
	2. 每个单元以试卷的形式，针对本单元的字词和课文的掌握情况以及对所学知识的灵活运用，进行调研测试。	A. 优秀（5 分） B. 良好（4 分） C. 及格（3 分） D. 需努力（1—2 分）

2. 结果性评价（70%）

结果性评价主要以综合纸笔检测评分为准。

结果性评价成绩（70 分）= 期中调研成绩（20 分）+ 期末测试成绩（50 分）

期中调研与期末测试满分均为 100 分，分别以其成绩的 20% 与 50% 计入总评。

二、评价结果呈现

学期总评成绩以等第呈现,共分为四个等第。等第与分值的换算如下:
优秀(≥90分),良好(75—89分),及格(60—74分),需努力(<60分)。

3.2 语文课程纲要（三年级上）

课程名称： 语文

课程类型： 国家课程

教材来源：《语文(三年级上册)》,江苏教育出版社,2011年版

授课对象： 小学三年级

授课时间： 126课时

设计者： 凌洁

【背景分析】

三年级上学期处于小学第二学段的开端。学生通过第一学段的学习已经具有了一定的识字、写字、朗读、写话能力,这一学期需要强化巩固这些能力,并强调自主学习,培养学生自读自悟的能力,为之后的学习做好准备。本册教材所编选的课文内容丰富,体裁多样,在小学语文教材系统中起着承上启下的作用。

【课程目标】

1. 通过查字典等方法,巩固汉语拼音。准确认读至少372个生字,正确书写、默写至少226个生字。能把字写端正,写匀称,培养对汉字的热爱。

2. 能认真听别人讲话,听懂别人说的一段话和一件简单的事,能转述基本内容。能讲述课文所写的故事。乐于表达自己的想法,提高口头表达能力。

3. 正确、流利、有感情朗读并背诵指定篇章,会分角色朗读,学习默读,理解常用词,理解课文内容,知道课文大意,体会课文表达的情感。

4. 留心观察,开始学习习作,乐于书面表达,感受习作的乐趣。能把所见、所闻、所想、所做写明白,能够正确使用逗号、句号、问号和感叹号,初步学习使用冒号、引号。学会写"留言条"、"请假条"。

5. 通过汉语拼音、汉字的学习,了解中华文化的博大,培养热爱祖国语言文字的情感。

【课程内容】

教学单元	教学内容	课时	教学内容	课时	教学内容	课时
准备阶段	分享纲要	1	—	—	—	—
	习惯篇	2	—	—	—	—
第一单元	课文 1—4	12	习作一	2	练习测试一	1
第二单元	课文 5—7	10	习作二	2	练习测试二	1
第三单元	课文 8—10	10	习作三	2	练习测试三	1
第四单元	课文 11—13	10	习作四	2	练习测试四	1
期中	期中复习	4	期中调研	2	期中讲评	1
第五单元	课文 14—16	10	习作五	2	练习测试五	1
第六单元	课文 17—19	10	习作六	2	练习测试六	1
第七单元	课文 20—22	10	习作七	2	练习测试七	1
第八单元	课文 23—24	8	习作八	2	练习测试八	1
期终	期终复习	8	期终调研	3	期终分析	1

【课程实施】

一、课程资源

1.《语文(三年级上册)》,江苏教育出版社,2011 年版。

2.《语文补充习题(三年级上册)》,江苏教育出版社,2011 年版。

3. 课内资源：文中插图，多媒体。

4. 课外资源：工具书，课外读物。

二、学习活动

1. 识字与写字：准确认读至少 372 个生字，正确书写、默写至少 226 个生字。

2. 阅读理解：结合课后要求，通过朗读、默读等多种形式理解课文，并完成相关的背诵。

3. 小练笔：3 次小练笔分别是围绕"一到节假日，街上就热闹起来"写一段话；品尝一种水果，并仿照课文写一段话；为航天飞机写一段自我介绍。

4. 习作：8 次习作分别是写自己做过的、看见的、听到的、想到的，把经过写清楚；抓住自己的特点把自己介绍给大家；按照一定的顺序描写景物；写下自己感兴趣的东西或者是别人没有发现的东西；为动物设计名片，写出动物的特点；写一写自己最喜欢的文具，写出特点和用途；发挥想象，编写一个童话故事；选择两句诗，进行探索，把学习收获写下来。

5. 口语交际：6 次口语交际分别是小小读书交流会、当有人敲门的时候、学会求救、说笑话、介绍我的小制作、小小展销会。

6. 留言条与请假条：掌握留言条这种应用文的基本写法，能在生活中运用。知道请假条的格式，了解在什么情况下要写请假条。

【课程评价】

一、评价方式

学期总评成绩（100 分）= 过程性评价成绩（30 分）+ 结果评价成绩（70 分）

1. 过程性评价（30%）

过程性评价成绩（30 分）= 课堂表现（10 分）+ 语文实践活动表现（10 分）+ 平时检测表现（10 分）

评价项目	评价要素		评价计分
课堂表现	课前预习的充分程度 表达想法的完整程度	课上回答问题的积极程度 字词临写抄写的认真程度	10分
语文实践活动表现	大习作的综合评价 小习作的综合评价	读书笔记、读后感的完成情况 钢笔字、毛笔字书写的认真程度	10分
平时检测表现	指定课文的背诵情况 日常小练习的总体情况	听默拼音、字词的整体表现 单元调研的综合评价	10分

注：评价计分采用教师评价和学生自评相结合的方式进行。

2. 结果性评价(70％)

结果性评价主要以综合纸笔检测评分为准。

结果性评价成绩(70分) = 期中调研成绩(20分) + 期终测试成绩(50分)。

期中调研及期终考试满分均为100分,分别以其成绩的20％与50％计入总评。

二、评价结果呈现

学期总评成绩以等第呈现,共分四个等第。等第与分值的换算如下:优秀(≥90分),良好(75—89分),及格(60—74分),需努力(<60分)。

3.3 数学课程纲要（二年级上）

课程名称：数学

课程类型：国家课程

教材来源：《数学(二年级上册)》,江苏教育出版社,2014 年版

授课对象：小学二年级

授课时间：80 课时

设计者：费晓燕

【背景分析】

从学生特点看：本册教材的授用对象是二年级,天性活泼好动、积极开朗、模仿能力较强,而且经过一年的学习后,具备了一定的观察分析、比较探索、总结归纳的能力。

从学习内容看：本册教材包括 100 以内的加减法、平行四边形的初步认识、表内乘除法、厘米和米、观察物体等内容和两次实践活动,计算教学仍占了很大的比例,尤其是表内乘除法的计算,它是以后学习多位数乘法的基础,也是小学生必须掌握的基本技能之一,必须达到计算正确、迅速。

本学期的教学重难点是表内乘除法的计算,但也不能忽视加减法的训练和其他基础知识的教学,同时也要继续加强学生合作探索的实践活动,让学生在具体情境中愿学、乐学,主动用课堂中学到的知识解决生活中的问题。

【课程目标】

1. 能正确计算百以内的连加、连减和加减混合运算;能联系具体情境,初步认识乘、除法的含义;探索、理解、熟记乘法口诀,能熟练地口算表内乘、除法。

2. 通过操作、观察、比较和交流等活动,认识四边形、五边形、六边形以及平行四边形;认识线段的一些基本特征,建立1厘米、1米的长度观念,会用厘米和米作单位测量线段或物体的长度;能辨认从不同位置观察到的简单物体的形状。

3. 通过观察、操作、对比、实践等活动,综合运用所学数学知识解决简单的实际问题,体会学习数学的乐趣与价值。

4. 通过主动参与编制乘法口诀、观察平面图形的特征、测量物体或线段的长度等实践活动,获得一些成功的体验,感受数学与生活的联系,感受数学活动的探索性和数学结论的确定性。

【课程内容】

课程内容	学习内容	课时
开学第一课	分享课程纲要	1
第一单元 100以内的加法和减法(三)	连加、连减	1
	加减混合	1
	练习一	1
	简单的加减法实际问题	2
	练习二	1
	⊙ 知识归纳、梳理并进行第一单元测试	2
第二单元 平行四边形的初步认识	四边形、五边形和六边形的初步认识	1
	认识平行四边形	1
	练习三	1
	⊙ 有趣的七巧板(综合与实践)	1
	⊙ 知识归纳、梳理并进行第一、二单元测试	2

课程内容	学习内容	课时
第三单元 表内乘法(一)	乘法的初步认识	1
	练习四	2
	1—4 的乘法口诀	1
	练习五	1
	5 的乘法口诀	1
	乘加、乘减	1
	练习六	1
	6 的乘法口诀	1
	练习七	2
	复习	2
	⊙ 知识归纳、梳理并进行第三单元测试	3
⊙ 口算比赛	1—6 的乘除法以及加减法运算	1
第四单元 表内除法(一)	认识平均分	3
	除法的初步认识	1
	练习八	1
	用 1—6 的乘法口诀求商	1
	练习九	2
	复习	1
	⊙ 知识归纳、梳理并进行第三、四单元测试	2
第五单元 厘米和米	线段的初步认识	1
	认识厘米	1
	认识米	1
	练习十	1
	⊙ 我们身上的"尺"(综合与实践)	1
	⊙ 知识归纳、梳理并进行第三至五单元测试	2
第六单元 表内乘法和表内除法(二)	7 的乘法口诀和口诀求商	2
	练习十一	2
	8 的乘法口诀和口诀求商	2
	练习十二	2
	9 的乘法口诀和口诀求商	1
	练习十三	1
	乘法口诀表	1

（续表）

课程内容	学习内容	课时
	连乘、连除和乘除混合运算	1
	练习十四	1
	复习	2
⊙ 口算比赛	1—9 的乘除法以及加减法运算	1
第七单元 观察物体	⊙ 从前、后、左、右观察物体	1
	练习十五	1
	⊙ 知识归纳、梳理并进行第六、七单元测试	2
第八单元 期末复习	期末复习	4
	⊙ 各单元知识点归纳、梳理并进行自主测试	4
期末考试		2

备注：⊙ 是指课程计划中补充的内容，主要包括"整理与复习""综合与实践""口算比赛"，其中"从前、后、左、右观察物体"中也增加从"上面"观察物体的教学内容，在单元测试时对于一些有联系的课时内容或该课时内容较少时采用整合测试方式。

【课程实施】

一、课程资源

1. 《数学(二年级上册)》，江苏教育出版社，2014 年版。

2. 《口算、心算本(二年级上册)》，江苏教育出版社，2014 年版。

3. 《数学补充习题(二年级上册)》，江苏教育出版社，2014 年版。

4. 教具与学具：学具盒、尺、自制的平行四边形。

二、实施建议

1. 本学期继续采用"教—学—评一致性"引领的课堂教学模式，需要你根据具体的评价任务给自己的课堂表现打分，以此帮助教师了解你对于学习目标的掌握程度。

2. 数学学习不但注重结果，更注重过程，要求你能在具体的学习任务下进行自主探索与合作交流，能有理有据地表达自己的观点，能互帮互助地进行自评与互评。

3. 本学期有两次实践活动，一次是"有趣的七巧板"，要求你能利用七巧板拼出美丽的图案并展评，以作品的质量、数量、创意进行评分；另一次是

"我们身上的尺",要求你走出教室在户外进行,以小组活动参与度,活动的积极性、总结出的结论进行评分;希望你在实际的综合实践活动中积累相关的活动经验,体会数学与生活的紧密联系。

4. 本学期的教学重难点是表内乘除法的计算,因此你在日常学习中要特别注重计算能力的发展和积累,坚持每天一页口算本,记录下完成时间和正确率,在学期中旬和下旬举行相关的口算比赛,以你在规定时间内的计算正确率评出一、二、三等奖。

【课程评价】

一、评价方式

学期总评成绩(100 分) = 过程性评价成绩(30 分) + 结果性评价成绩(70 分)

1. 过程性评价(30%)

过程性评价成绩(30 分) = 课堂表现(10 分) + 作业表现(5 分) + 实践活动表现(5 分) + 口算比赛(5 分) + 单元测试(5 分)

评价项目	评价要素	评价等第(分值)
课堂表现 (10 分)	认真听讲、回答表现	根据上课听讲、参加数学活动、思考问题和主动发言的情况分为三个等级:好(5 分)、较好(3 分)、一般(1 分)
作业表现 (5 分)	作业质量、态度	根据完成作业是否及时、态度是否认真、作业的质量和纠错情况分为三个等级:好(5 分)、较好(3 分)、一般(1 分)
实践活动 表现 (5 分)	有趣的七巧板	根据动手能力、创造表现分为三个等级:好(5 分)、较好(3 分)、一般(1 分)
	我们身上的"尺"	根据是否能在小组中积极与他人合作、提出有价值的观点,能否通过活动有所结论分为三个等级:好(5 分)、较好(3 分)、一般(1 分)
口算比赛 (5 分)	速度和正确性	在规定的 10 分钟内根据算对的题数可分为三个等级: A. 准确率≥90%(5 分) B. 准确率 75%—89%(3 分) C. 准确率<75%(1 分)
单元测试 (5 分)	等第、态度	根据每次单元调研的等第及是否能认真纠错分为三个等级:好(5 分)、较好(3 分)、一般(1 分)

2. 结果性评价(70%)

结果性评价成绩以期末考试(满分 100 分)卷面成绩的 70%计入总评。

二、评价结果呈现

学期总评成绩以等第呈现,共分为四个等第。等第与分值的换算如下:
优秀(≥90 分),良好(75—89 分),及格(60—74 分),需努力(<60 分)

3.4 数学课程纲要（六年级下）

课程名称：数学

课程类型：国家课程

教材来源：《数学(六年级下册)》,江苏教育出版社,2014年版

授课对象：小学六年级

授课时间：77课时

设计者：顾嫣宏

【背景分析】

本学期是小学数学学习的最后阶段。从学生的学习能力来看,六年级的学生抽象思维能力有了一定的发展,具备了一定的对比分析、抽象概括、归纳总结的能力。同时,经过近6年的学习,学生积累了一定的生活经验和合作学习的经验,加之我们已经有了一年多的预习经验,为本学期自主学习的展开奠定了坚实的基础。

从学习的内容来看,本学期教材共安排了7个学习单元:"扇形统计图"、"圆柱与圆锥"、"解决问题的策略"、"比例"、"确定位置"、"正比例和反比例"、"总复习"及4次实践活动。其中第六单元"总复习"是小学阶段数学内容的整理复习。即本学期的数学学习,除完成前面5个单元的学习任务外,还要对小学阶段的数学内容进行全面的梳理和概括,使学生所学的知识系统化、条理化,为学生顺利进入初中学习打下扎实的基础。

因此,本学期一方面应继续加强基础知识的学习,把各个知识点真正落

实到位,另一方面,还要通过学生的自主回忆、自主整理、合作交流等方式,引导学生对小学所学的内容进行系统的归纳整理,通过教学目标的有效落实和课堂教学的有效启发,发展学生的总结概括能力和中利内容进行全面的梳理和概括,形成小学阶段的数学知识网络综合运用知识分析和解决问题的能力,努力提高学习的学习质量。

【学期总目标】

1. 通过生活情景完成对正比例、反比例的量的认识并能找出生活中的实例,充分与他人合作、探究、交流给定实物隐含的规律和变化趋势,解决生活中的实际问题。

2. 通过测量、观察、对比、探究等活动,能按给定的比例进行图上和实际距离的计算,并能准确确定方位,能迁移旧知探究圆柱的体积、表面积和圆锥体积的计算方法,灵活地转化各组合图形,发展空间观念和逻辑推理能力。

3. 通过丰富的实例,看懂扇形统计图并能选择适当的统计量表示和分析数据,从数据中选出中位数和众数并解释它们的意义,体验数学与生活的密切联系。

4. 通过知识梳理,建立小学阶段各知识领域的知识树,感受数学知识间的密切联系,提升系统思考能力。

【课程内容】

课程内容	学习内容	课时
课程纲要	分享本纲要	1
扇形统计图	扇形统计图	1
	选择统计图	1
	统计图应用练习	1
	知识归纳、梳理并进行测试	2
圆柱和圆锥	圆柱和圆锥的认识	1

（续表）

课程内容	学习内容	课时
圆柱和圆锥	圆柱的表面积	3
	圆柱的体积	2
	圆柱的表面积和体积练习	2
	圆锥的体积	2
	知识归纳、梳理并进行测试	3
解决问题的策略	解决问题的策略——从不同角度思考	1
	解决问题的策略——假设	1
	解决问题的策略练习	1
比例	图形的放大和缩小	1
	比例的意义	1
	比例的基本性质	1
	解比例	1
	比例尺	1
	比例尺的运用	1
	知识归纳、梳理并进行测试	2
实践与运用	面积的变化	1
确定位置	用方向和距离描述位置	1
	在平面图形上确定位置	1
	描述简单的行走路线	1
期中复习	各单元知识的整理与复习及归类练习	4
	期中考试	2
正比例反比例	认识成正比例的量	1
	正比例图像	1
	认识成反比例的量	1
	知识归纳、梳理并进行测试	3
实践与运用	大树有多高	1
总复习	数的世界	14
	图形世界	9
	概率统计	3
	实践与运用	2
	期末考试	2

注：由于圆柱的表面积和体积可以衍生许多拓展知识，故在练习时增加了一个课时进行对比练习和拓展练习。

一、课程资源

1. 《数学(六年级下册)》,江苏教育出版社,2014 年版。

2. 《数学练习与测试(六年级下册)》,江苏教育出版社,2014 年版。

3. 《数学补充习题(六年级下册)》,江苏教育出版社,2014 年版。

4. 教具与学具:圆柱、圆锥模型,量杯、量筒、直尺、三角尺、量角器、硬纸板做的不规则图形等。

二、学习活动

1. 新知学习前回家先预习 10 分钟,预习后写出你的收获与困惑,课前交流后学习新知。

2. 课前三分钟进行口算训练,按要求完成且全对三次的同学可以免做一次。

3. 实践活动:

活动内容	活动准备	活动形式
面积的变化:探究图形放大前后对应边的比与面积比之间的关系。	每人一把直尺,放大前后的 4 组图形(长方形、正方形、圆、三角形)。	同桌两个人一组合理分工、完成操作记录,根据结果讨论放大前后各图形对应边的比与面积比的关系。
大数有多高:探索物体实际高度与影子长度之间的关系。	每组准备 2 把卷尺和 4 根不同长度的竹竿,事先量好长度并标注,每组准备 1 个计算器。	4 人 1 小组分别测量竹竿与对应影子的长度,并通过计算器求出相应比,找到物体实际高度与影子间的关系。
绘制旅游计划:制定可行的家庭旅游计划并预算费用。	课前选择国内一处景点,收集、了解往返交通方式、票价、食宿费用等相关信息。	根据例题的学习和收集到的信息制定一份旅游计划并预算好出游费用和时间。
绘制平面图:综合运用图测比例尺等知识绘制平面图。	卷尺、标杆等测量工具以及直圆规等绘图工具及数据记录表。	小组分工合作,根据测量的数据及比例绘制出学校操场或食堂的平面图。

注:在与他人的合作活动中,要求互换分工角色。

4. 能在总复习时根据知识间的联系,以小组为单位,每组选择"数与代数"、"空间与图形"、"统计与可能性"、"实践与综合应用"中的任一领域制作一张知识树,全班交流补充后形成本学期完整的知识树。

5. 选择任意一个你喜欢的本学期的数学知识,说说它在生活中的具体运用。可采用不同形式完成,如数学日记、数学小报、数学小论文等,期末民主投票选出三个最佳作品。

【课程评价】

一、评价方式

学期总评成绩(100分) = 过程性评价成绩(30分) + 结果性评价成绩(70分)

1. 过程性评价(30%)

过程性评价成绩(30分) = 预习与口算(5分) + 实践活动(20分) + 阶段性学习成果(5分)

评价项目	评价要素	评价等第(分值)
预习与口算	能在课前做好预习工作,能根据导学单发现问题或提出数学质疑;能按时完成课前三分钟的口算练习(30题),并保证准确率,规定时间内未完成题的算错题。	A. 口算准确率≥90%,预习且有有自己的想法(5分) B. 准确率75%—89%,能根据导学单预习(3分) C. 准确率<75%,能看懂导学单(1分)
面积的变化	同桌两个人一组合理分工、完成操作记录,并能根据结果讨论放大前后各图形对应边的比与面积比的关系。	A. 分工合理,有完整记录单,并有正确的发现。(5分) B. 分工合理,有记录单,但未正确发现(3分) C. 能开展合作,但未完成操作(1分)
大树有多高	4人1小组分别测量竹竿与对应影子的长度,并通过计算器求出相应比,找到物体实际高度与影子间的关系。	A. 能根据评价要点展开活动,并找到物体实际高度与影子的关系(5分) B. 分工合理,有记录单,但没有发现(3分) C. 合理分工,人人有事干(1分)
绘制旅游计划	根据例题的学习和搜集到的信息制定一份旅游计划并预算好出游费用和时间。	A. 计划完整且时间与费用合理(5分) B. 基本完整且有预算(3分) C. 计划和预算均有待完善(1分)
绘制平面图	小组分工合作,根据测量的数据及比例绘制出学校操场或食堂的平面图。	A. 根据小组测量数据及比例知识完成一幅平面图(5分) B. 基本完成平面图的制作(3分) C. 合作测量数据未完成平面图(1分)
阶段性学习成果	小组合作完成4张知识树整理;完成一篇数学日记或小报等;认真对待每一次单元测试,能分析错误原因并在纠错本上对同一类型题进行纠错。	A. 认真完成并得到同伴认可(5分) B. 及时完成。(3分) C. 部分完成。(1分)

2. 结果性评价(70%)

结果性评价成绩以期末考试(满分100分)卷面成绩的70%计入总评。

二、评价结果呈现

学期总评成绩以等第呈现,共分为四个等第。等第与分值的换算如下:
优秀(≥90分),良好(75—89分),及格(60—74分),需努力(<60分)

3.5 英语课程纲要（六年级上）

课程名称：英语

课程类型：国家课程

教材来源：《英语(六年级上册)》，译林出版社，2013 年版

授课对象：小学六年级

授课时间：64 课时

设计者：吴晓芳

【背景分析】

《英语课程标准》规定，义务教育六年级结束时要达到英语课程二级目标要求。五、六两个年级的目标要求是一致的，只是难度呈螺旋式上升，所以六年级上册的教材将起到承上启下的作用。

六年级学生在前五年的学习中，已经能听懂简单的配图小故事，能就日常生活话题做简短叙述，能正确朗读所学故事或小短文，能根据图片词语或例句的提示，写出简短的语句，能在教师的帮助下表演小故事或小短剧。本学期将继续巩固与提升这些语言技能，还要了解包括连续、节奏、停顿、语调等语音现象，掌握有关二级话题范围的至少 116 个单词和 30 个左右的习惯用语；理解一般将来时、一般过去时的意义和用法；了解英语国家中重要的节假日。学生掌握基础知识和基础技能是重点，形成有效的学习策略、一定的文化意识和积极向上的情感态度价值观是难点。

【课程目标】

1. 通过课堂听力练习,能听懂经典故事、假期等 8 个话题的故事,提高对关键信息的理解和判断能力。

2. 以角色扮演、小组合作等形式,运用本学期所学交际用语和语言结构,能就经典故事、假期等八个话题进行至少 5 句话的讲述,提高口语表达能力。

3. 借助图片和多媒体资源,能读懂并正确朗读 16 个故事,养成按意群阅读的习惯。

4. 在教师的帮助下或小组讨论的基础上,能独立运用本学期所学的词汇、句型和时态等语言知识就不同话题编写 60 个词左右的小短文,提高书面表达能力。

5. 对所学内容进行归纳总结,能在具体情境中理解和运用一般过去时和一般将来时;了解连续、节奏、停顿、语调等现象;掌握至少 116 个新单词和 30 个左右的习惯用语。

6. 借助网络资源或课外读物,了解重要节日等简单的中西方文化知识。

【课程内容】

单元	题目	话题	课时
		分享本学期《课程纲要》	1
Unit 1	The king's new clothes	A classic story	6
Unit 2	What a day!	Weekend activities & Weather	6
Unit 3	Holiday fun	Holiday	6
Unit 4	Then and now	Technologies	6
Project 1	A holiday album	1—4 单元整合、复习和期中测验	4
Unit 5	Signs	Public signs	6
Unit 6	Keep our city clean	Environmental protection & Making suggestions	6

（续表）

单元	题目	话题	课时
Unit 7	Protect the Earth	Environmental protection & Reusing and recycling	6
Unit 8	Chinese New Year	Festivals & Talking about plans	6
Project 2	Reuse and recycle	5—8 单元整合、复习	4
总复习	1—8 单元	复习	6
考试		期末考试	1

【课程实施】

一、课程资源

1. 学习材料：教材、练习与测试。

2. 工具材料：多媒体设备、教学光盘、卡片、头饰等。

3. 网络资源：牛津中小学英语网 http://www.njzxxyy.com/forum.php? gid=226;牛津英语教研网 http://www.njyyjy.com/。

二、学习活动

1. 词汇：本学期要求你学会至少 116 个单词。两个月组织一次词汇默写比赛,在规定的时间内,把字写得正确、美观。

2. 阅读理解

课内阅读：学习 8 个精读故事和 8 个略读故事。阅读中着力培养边听边思考、边默读边思考的习惯,模仿语音语调,领会故事表达方式并尝试运用也是阅读教学中的重点。

课外阅读：开学初举行英语绘本推荐会。每周完成一份"阅读存折",每两周举行一次好书交流会,分享课外读书的乐趣。

3. 口语交际：根据教材的安排,选择口语交际的话题,活动安排如下：讲故事比赛、"我的一天"、"我的假期乐趣"、"过去与现在"、"公共标志"、"保护地球"、"保护城市卫生"、"中国新年"主题演讲比赛。

4. 写作：每个单元都根据教材安排,选择写作的话题,根据评价标准,通过自评互评的方式提高写作能力。

5. 综合性学习：本册教材安排两次综合性学习。

"中西方饮食文化"活动安排：搜集资料,办"中西方饮食文化"主题手抄报,办"中西方饮食文化"主题交流会等。

"我是宣传大使"活动安排：搜集资料,制作某国的宣传册,办"我是宣传大使"主题交流会。

【课程评价】

一、评价方式

学期总评成绩(100 分) = 过程性评价成绩(30 分) + 结果性评价成绩(70 分)

1. 过程性评价(30%)

过程性评价成绩(30 分) = 词汇(5 分) + 阅读理解(10 分) + 口语交际(5 分) + 写作(5 分) + 综合性学习(5 分)

评价内容	评价标准以及分值	评价主体
词汇(5 分)	根据平时作业情况以及比赛成绩分为三个等级：5 分、3 分、1 分。	老师评
阅读理解 (10 分)	课内阅读(5 分)：根据上课听讲、思考问题、与同学交流谈论和积极表达的情况分为三个等级：5 分、3 分、1 分。	自评、互评、老师评
	课外阅读(5 分)：根据阅读量、交流课外收获以及完成"阅读存折"的情况分为三个等级：5 分、3 分、1 分。	自评、互评、老师评
口语交际(5 分)	根据交际过程中倾听的态度以及语言正确表达的情况分为三个等级：5 分、3 分、1 分。	自评、互评、老师评
写作(5 分)	根据完成习作的质量和修改情况分为三个等级：5 分、3 分、1 分。	老师评
综合性学习(5 分)	根据参与活动积极性、搜集整理资料以及展示交流学习成果的情况分为三个等级：5 分、3 分、1 分。	自评、互评、老师评

2. 结果性评价(70%)

结果性评价主要以综合纸笔检测评分为准。

结果性评价成绩(70 分) = 期中调研成绩(20 分) + 期末考试成绩(50 分)

期中调研及期末考试满分均为 100 分,分别以其成绩的 20% 与 50% 计入总评。

二、评价结果呈现

学期总评成绩以等第呈现,共分四个等第。等第与分值的换算如下：优秀(≥90分),良好(75—89分),及格(60—74分),需努力(<60分)。

3.6 体育与健康课程纲要（三年级下）

课程名称：体育与健康

课程类型：国家课程

教材来源：《体育与健康(水平二 3 年级)》，科学出版社，2010 年版

授课对象：小学三年级

授课时间：64 课时

设计者：姚晶晶

【背景分析】

小学三年级体育教材以实践教材为主。根据学生的能力以及学校的条件，体育教材主要选择田径(跑、跳、投)、技巧、游戏、足球等基础项目，以便使学生跑、跳、投的基本技术得到提高；并挖掘生活中的实用技能。本学期的教学重点：教学队列队形走为主；掌握基本技巧、快速跑(站立式起跑、各种方式的起跑)；原地投掷垒球、足球比赛、武术等。

小学三年级的学生组织纪律性较强、情绪变化较大，运动能力有一定发展，上课喜欢玩，运动系统发育不成熟，肌肉力量和协调性较差，想象创造力丰富，学习兴趣易激发。应该努力培养学生主动进取的态度，掌握好学习方法，把握学习规律，让学生在学习过程中去探讨，去理解，去发现，去创造。将学生身心作为一个整体，通过合理的运动实践，不断克服困难体验运动乐趣；提高运动技能，培养健康和愉快生活的态度，通过从事适宜的运动，了解自己的身体变化，增强体质，培养坚强的意志。

【课程目标】

1. 能知道锻炼身体的一些基本常识及方法,懂得一些体育与健康的安全常识,初步树立环境保护和科学锻炼身体的意识。

2. 能学会本学期田径、技巧、小足球、武术等教学内容的基本动作,掌握简单的运动技能,有兴趣在课外运用这些基本技能,增强自身的体质。

3. 了解一些比赛项目的简单规则,能自觉遵守规则,初步形成勇敢顽强的体育品质。

【课程内容】

单元	板块	内容	课时
		分享《课程纲要》	1
第一单元	体育与健康基础知识	身高差别的原因	6
		肥胖的原因及控制	
		瘦弱的原因及控制	
第二单元	小足球	颠球	10
		脚背正面运球	
		脚背内侧传球	
第三单元	投掷	原地投掷垒球	8
第四单元	武术	组合动作练习	10
		正踢腿、侧踢腿	
		弹踢、弹踢冲拳	
		小套路	
	期中测试	脚背正面运球	4
		原地投掷垒球	
		小套路	
第五单元	走和跑	站立式起跑	9
		快速跑	
第六单元	技巧	跪跳起	6
		仰卧推起成桥	

（续表）

单元	板块	内容	课时
第七单元	跳跃	发展单脚跳能力的测试	6
		蹲踞式跳远	
	期末考试	快速跑	4
		跪跳起	
		蹲踞式跳远	

【课程实施】

一、课程资源

1. 器材资源：足球、垒球、垫子等。

2. 教材资源：义务教学健康教育课本、义务教育体育与健康指导用书等。

3. 其他资源：有关网络、视频、期刊杂志等。

二、学习活动

1. "体育与健康基础知识"与其他单元内容的学习在实际教学中，需要根据学生、学校、天气的情况因材施教、区别对待，灵活地调节与变化。

2. 队列队形和游戏以课课练的形式由体育教师安排穿插在学期的每节课中。教学内容采用复式单元安排，采用一个单元安排两项或两项以上的教学内容，符合小学生的身体、心理发展特点的需要。

3. 在课的游戏环节，要求你能把教学内容融入到游戏中，将游戏和比赛相结合，以便于教师监测你的掌握情况。

4. 对于抽象或者很难理解的技术动作与规则，教师会配上挂图或者幻灯片的生动演示，便于你看到正确的连续的动作。

【课程评价】

一、评价方式

学期总评成绩（100分）＝过程性评价（30分）＋结果性评价（70分）

1. 过程性评价(30%)

过程性评价成绩(30分) = 出勤率(5分) + 过程测试成绩(25分)

评价内容及要点		评价方式	评价等第(分值)
出勤率 (5分)		考勤记录	A. 好(5分) B. 较好(3分) C. 一般(1分)
知识 (3分)	与健康有关的知识　1分	课堂上的随机提问、即时评价	A. 好(3分) B. 较好(2分) C. 一般(1分)
	与技能有关的知识　1分		
	与方法有关的知识　1分		
技能 (7分)	队列队形练习　2分	1. 参考教育部体育艺术"2+1"项目评价标准 2. 以自评、互评以及师评为主	A. 好(7分) B. 较好(5分) C. 一般(3分)
	完成某项运动技术动作的质量　5分		
体能 (4分)	心肺耐力、力量、柔韧性、速度、灵敏性 4分	参考《国家学生体质健康标准》的测试方法和标准	A. 好(4分) B. 较好(3分) C. 一般(2分)
情感态度 (11分)	1. 困难条件下不断努力的表现　2分	1. 以师评为主,自评和互评为辅 2. 课堂上的随机提问、即时评价。	A. 好(11分) B. 较好(8分) C. 一般(5分)
	2. 与不同运动能力的同学一起参与体育活动的表现　2分		
	3. 在体育活动遇到挫折时的情绪状态　2分		
	4. 对体育道德的认识及其行为表现　3分		
	5. 体育活动中对待弱者的表现　2分		

2. 结果性评价(70%)

本学期考试内容由身体素质(体能)和技能项目两部分组成,身体素质练习重点突出速度素质和弹跳素质,技能练习重点突出足球和武术两个项目。

结果性评价成绩(70分) = 体能成绩(35分) + 技能成绩(35分)

体能和技能两部分满分均为50分,分别以其成绩的70%计入总评。评价标准参考《国家学生体质健康标准》中的测试标准。

二、评价结果呈现

学期总评成绩以等第呈现,共分为四个等第。等第与分值的换算如下:优秀(≥90分),良好(80—89分),及格(60—79分),需努力(<60分)。

3.7 音乐课程纲要（一年级上）

课程名称：音乐

课程类型：国家课程

教学材料：《音乐(一年级上册)》,江苏凤凰少年儿童出版社,2012 版

授课对象：小学一年级

授课时间：36 课时

授课教师：缪吉

【背景分析】

本册书主要针对一年级新生,因此在音乐活动方面以音乐游戏为主,所涉及的内容以学生掌握音乐基本素养为主。针对农村小学一年级新生参差不齐的现状,正确的演唱姿势及演唱方法是本学期的重点。

【课程目标】

1. 能够主动感受音乐,并用动作或打击乐器模仿,能针对二拍子、三拍子韵律做正确的体态律动。了解进行曲式。

2. 能够用正确的姿势,自然的声音,大方地独唱或参与齐唱,能够对教师的指挥作出正确反映。

3. 能够和他人合作,进行律动活动,认识简单的节奏,能够用声音、语言、肢体动作表现简单的节奏。

4. 通过集体舞、音乐活动,对音乐产生兴趣,喜欢唱歌,喜爱音乐。

【课程内容与实施】

课程内容	课时	实施建议
课程纲要	2	课程纲要分享,翻阅整书
第一单元 小手拉小手	4 课时	1. 音乐游戏《认识小手和小脚》 2. 音乐游戏《玩具进行曲》 3. 音乐游戏《我敲小鼓咚咚咚》 4. 唱游活动《快乐的音乐娃》
第二单元 听,谁在唱歌	4 课时	1. 律动《嘎嘎小鸭子》 2. 唱游活动《动物说话》 3. 学唱歌曲《你早》 4. 音乐游戏《你听,什么敲响了》
第三单元 唱吧,跳吧	3 课时	1. 认识手串铃 2. 唱游活动《娃哈哈》 3. 律动《唱吧跳吧》
第四单元 快乐的一天	4 课时	1. 有趣的音高 2. 情景表演《不能告诉你》 3. 欣赏活动《跳绳》 4. 唱游活动《上学歌》
第五单元 秋天的歌	4 课时	1. 创编活动《小树叶》 2. 唱游活动《雁儿飞》 3. 律动《摘苹果》 4. 欣赏活动《〈惊愕交响曲〉第二乐章（片段）》
第六单元 说唱童谣	4 课时	1. 欣赏活动《捏面人》 2. 说唱童谣《颠倒歌》 3. 唱游活动《牧童》 4. 童谣诵读《拉大锯》
第七单元 唱游森林	4 课时	1. 有趣的线条《野蜂飞舞》 2. 情景表演《狮王进行曲》 3. 唱游活动《小蚂蚁搬米粒》 4. 唱游活动《小猴子》
第八单元 隆咚锵	4 课时	1. 音乐游戏《劈劈啪啪过大年》 2. 情景表演《秧歌跳起来》 3. 唱游活动《隆咚锵》 4. 唱游活动《堆雪人》
期末评价	2 课时	1. 旋转舞台 2. 梦幻舞台

【课程评价】

一、评价方式

本学期的课程评价由过程性评价和结果性评价两个部分组成,成绩以星级计算,满分 10 星。

学期总评成绩 = 过程性评价(5 星) + 结果性评价(5 星)

1. 过程性评价(50%)

过程性评价成绩(5 星) = 常规评价成绩(3 星) + 单元评价(2 星)

(1) 常规评价(30%)

常规评价主要关注学生的课堂学习表现,共有 5 个项目(如下表),每项 1 星,由学生自评与教师评价组成,满分 10 星。

学期常规评价表

	项目	学生自评	教师评价
1	认真上课		
2	主动参与班级音乐活动		
3	能在课堂上大方地表演		
4	能流畅地演唱歌曲		
5	能背唱规定曲目		

此项成绩以 30% 权重计入总评。如生 A 在本表中共获得 9 星,则其常规评价得分为 2.7 星。

(2) 单元评价(20%)

教师在每单元复习与巩固课上随机挑选歌曲,通过提问、讨论、抽唱等方式检查学生学习达成度。每个单元满分 10 星,以 8 个单元平均成绩作为单元评价成绩。

此项成绩以 20% 权重计入总评。如生 A 在 8 个单元的成绩分别为 8 星、8 星、10 星、10 星、10 星、6 星、8 星、10 星,则其平均成绩为 8.75 星,其单元评价得分为 1.75 星。

2. 结果性评价(50%)

结果性评价成绩(5 星) = 旋转舞台成绩(3 星) + 梦幻舞台成绩(2 星)

(1) 旋转舞台(30%)

学生分小组完成课本 P54—55 页"旋转舞台"活动,由教师依据其表现评定。此活动共有 6 个项目,每项满分 10 星、合格 6 星,以 6 个项目平均成绩为旋转舞台成绩。

此项成绩以 30%权重计入总评。如生 A 在 6 个项目的成绩分别为 8星、8 星、10 星、10 星、6 星、8 星,则其平均成绩为 8.33 星,其旋转舞台得分为 2.5 星。

(2) 梦幻舞台(20%)

学生以同桌分组进行表演,依据表现进行学生自评、同桌互评和教师评价,共有 5 个项目(如下表),每项 1 星。

"梦幻舞台"评价规则表

编号	表演项目	表演者	评价要素					星数小计
			声音自然	姿势正确	表演大方	歌唱流畅	背唱乐曲	
1								
2								
……								
评价者:								

统计每位表演者星数,按公式计算,满分 10 星。

梦幻舞台成绩 = [学生自评(5 星) + 同桌互评(5 星)] ÷ 2 + 教师评价(5 星)

此项成绩以 20%权重计入总评。如生 A 自评得 5 星,互评得 4 星,教师评价得 4.5 星,则其成绩为 9 星,其梦幻舞台得分为 1.8 星。

二、评价结果呈现

学期总评成绩以等第呈现,共分四个等第。等第与星级的换算如下:优秀(≥9 星),良好(7—8 星),合格(6 星),需努力(<6 星)。

综上,在本学期的课程学习中,生 A 的学期总评成绩为 2.7 + 1.75 + 2.5 + 1.8 = 8.75 星,四舍五入后为 9 星,最终成绩为优秀。

3.8 美术课程纲要（三年级下）

课程名称：美术

课程类型：国家课程

教材来源：《美术(三年级下册)》，人民美术出版社，2014 年版

授课对象：小学三年级

授课时间：36 课时

授课教师：徐兰

【背景分析】

三年级的学生能结合自己的生活体验，理解从艺术作品中传达的信息，通过看、听、做等体验，提高美术素养。在一、二年级的基础上，可以以线条系列来加强训练，但对于色彩等知识的理解还不够深入，可以作为本册的重点。

本教材中"造型表现"领域占了一半的内容，作为小学阶段的中年级段，重点让学生体验和感知线条，尝试了解颜色带来的感受，初步接触水粉画。内容中的造型表现和设计应用与学生的生活相联系，注重与人的情感、理想的结合，体现美术的人文特点和丰富的人文精神。本册内容从游戏式的富有趣味性的内容开始，逐渐提高知识性，形成基础的各方面美术习惯和素养。

【课程目标】

1. 尝试水彩笔、水粉画等工具，用纸、树叶等媒材，通过画画、做做等方

法把所见所闻、所感所想的事物表现出来,体验造型活动的乐趣。

　　2. 尝试用彩纸、陶泥等各种媒材,用剪、卷等方法进行制作,体验设计制作活动的乐趣。

　　3. 观赏民间美术、设计艺术等作品的形与色,能用美术的语言表达自己的感受。

　　4. 结合其他学科知识,进行"变垃圾为宝"主题的创作、表演和展示,表达自己的创意,学会欣赏别人的作品。

【课程内容】

课程内容		课时	学习活动设计
课程纲要		1课时	本学期课程纲要分享
造型表现	我们的社区	2课时	了解社区的特点,画出人物的动态或小区的特色景物。
	恐龙世界	2课时	能了解恐龙的种类、习性、外形特点,能展现出不同种恐龙的特点及生活情境。
	画中的线条	1课时	能体会、认识画家作品中线条的魅力。
	会动的线条	1课时	能用线条表现画面的动感与美感。
	橙色的画	2课时	能用调配出的橙色画一幅橙色的画。
	绿色和紫色的画	4课时	能用不同的绿色或紫色表现一幅美术作业。
	彩墨游戏	2课时	学习使用毛笔、颜料、墨、宣纸等用具表现中国画的技法。
	娇艳的花	2课时	用中国画的形式画一幅花为主题的作品。
	大嘴怪	2课时	尝试运用划、刻、揉、撕、剪等方法,制作吹塑纸版画。
	人物与环境	2课时	尝试添加背景,改变服装、方向表现一幅作品的不同。
	别致的小花瓶	1课时	用泥条成型的方法捏制小花瓶。
设计应用	有趣的生肖邮票	2课时	制作一枚生肖邮票。
	卵石动物造型	2课时	能感受卵石动物造型的多种表现手法,能利用卵石及色彩进行动物造型创作。
	威武的盾牌	2课时	能以剪、贴或绘画的表现形式,创作各种新颖的盾牌作品。
	有趣的蛋壳造型	2课时	能以蛋壳为主体,进行人物或动物的创作。

	课程内容	课时	学习活动设计
综合探索	会变的盒子	2课时	了解纸盒的基本制作方法,研究纸盒的制作步骤,组合各种纸盒。
	变垃圾为宝	2课时	利用生活中的废旧垃圾物品,对其进行设计、包装、再创造。
欣赏评述	生活与艺术中的花	1课时	了解各种花卉,分析作品。
	清明上河图	1课时	通过对作品的介绍与欣赏,学生初步了解宋代绘画艺术的空前盛况。
	学期复习	1课时	复习本册知识和学习过的内容。
	期末评价	1课时	综合测试本学期所学内容,完成一幅美术作品。

【课程实施】

一、课程资源

1. 教材资源:《美术(三年级下册)》,人民美术出版社,2014年版。

2. 场地资源:多媒体美术教室、校图书馆。

3. 网络资源:中国美术教育网、中国美术教育信息网、中国美术网等。

4. 社会资源:艺术馆、博物馆。

5. 教具与学具:涂色工具、制作工具、水粉画用具、中国画用具、废旧材料(毛线、纸盒、挂历等)。

二、学习活动

1. 为自己设计一个个性化的美术学习档案袋,用以收集作业、资料等学习成果。

2. 按时完成作业,参与自评、互评活动,将每节课的资料、作业保存在美术学习档案袋中。

3. 六一艺术节期间举办一次美术作品展览活动,参展作品包括平时优秀作业和课外创作的优秀作品。

【课程评价】

评价内容		评价要求	评价结果
过程性评价	美术档案袋	1. 档案袋设计个性化。（5分）	
		2. 完成一学期16次课堂作业。（16分）	
		3. 有质量（良好以上）的作品8次以上。（12分）	
		4. 收集相关学习资料。（5分）	
	美术课堂表现	1. 带齐全美术用品（每课1分）。（16分）	
		2. 认真听课，积极主动参与美术活动。（16分）	
结果性评价	美术期末测评	按要求运用所学的知识创作一幅美术作品。（30分）	
等第认定		本课程成绩由过程性评价和结果性评价两部分构成，依据所得分值换算为相应等第：优秀（≥85分），良好（75—84分），及格（60—74分），需努力（＜60分）。	

3.9 剪竹课程纲要（六年级）

课程名称：剪竹

课程类型：校本课程

授课对象：小学六年级

授课时间：32 课时

设计人：徐兰

【课程简介】

"竹"是汾湖实小的精神意象，结合我校具体情况，选择"剪竹"课程进行研究和实践，将课程与校园文化结合起来，是具有校园文化特色有独创性的。剪纸的内容，特色性地指向校园文化(与竹的关系，例如笋娃)。剪纸艺术的创作、实践活动，它集绘画、手工的教育功效于一体，不仅锻炼了我校学生的动手能力、创造能力，而且还是培养这些学生细心、静心、耐心的极好方式。剪纸教学所蕴涵的这些积极的教育价值正是"剪竹"校本课程开发所追求的。

【背景分析】

本课程的开发主要基于如下考虑：

1. 满足学生需求

小学阶段的学生活泼好动，很难集中全部精力去完成一件事，往往虎头蛇尾。当学生尝试去专注剪纸，去专注做事，就是脑力劳动关于某个问题的深度聚焦。也能从竹子的高尚品格中升华,以此丰富自己的涵养。

2. 发展学校特色

剪纸与校园文化传统结合起来,可以帮助学生更好地理解我校培养"内修外炼,能恒乐成"的育人目标。当汾小的学生专注剪纸这件事情的时候,是饶有兴致的,他的精神世界会纯粹而丰富。这样的人,内心世界可以越来越强大,这样的学校也一定是越来越强的。

3. 传承传统文化

剪纸是我国历史悠久的民间艺术,流传地域广,深受各民族喜爱。它作为一种重要的传统文化,应予以继承和发扬。让小学生学习剪纸艺术,对于增强学生的传统文化意识和民族自尊心起到积极的作用。

4. 课程开发的可能性

我校学生多数来自农民家庭,经济不富裕,剪纸工具简单,材料便宜易找,人人都可参与,更适合农村小学开展教学。六年级学生身心发展更为成熟,适宜参与到本课程中来。美术老师徐兰有一定的剪纸特长,本地区有很多可以请教的民间剪纸艺人。我校栽有不同品种的竹子三十余种,学生可以更好地接受潜移默化的环境熏陶。通过每周1节课的学习,学生在本课程体验中收获专注,体验竹的品格。

【课程目标】

1. 欣赏和参观各种民间剪纸艺术作品,认识一些基本的民间剪纸艺术,学会运用剪纸的基本技法(阴剪、阳剪等)制作以"竹"为主题的剪纸作品。

2. 通过观察和写生,认识汾小校园里不同竹的品种,能说出三种以上不同竹的特征,如龟背竹的竹竿特征。

3. 依托"剪竹"来开展剪纸课程,理解和掌握剪纸的造型装饰手法(如卦纹、钱纹等)。

4. 体验剪纸创作的过程,以"笋娃"为剪纸内容,深入理解校园文化,能创造性地设计剪纸作品。

5. 了解装裱的几种形式和方法,会简单装裱自己的作品。

6. 结合学校"六一艺术节"开展"剪竹"作品展览,全程参与增长丰富的筹展经验,也感受到展览其综合性质的过程。

【课程内容】

本课程适合六年级学生,每学期大致分为三个部分：基础部分、临摹部分、创作部分,具体实施如下：

"剪竹"课程教学内容说明

		时间安排 （2课时连上）	具体内容	次数
上学期	第一单元	第1周	课程纲要分享,明确本学期学习的目标。	1
		第2周	走近剪纸 简单了解剪纸和剪纸的历史,能说出剪纸的几种形式、工具和步骤。	1
		第3—4周	汾小的竹 通过教学了解校园里多种竹的品种,了解不同竹的特征,并用线描写生的形式完成一丛竹枝。	2
	第二单元	第5—6周	美丽的窗花竹 学会用竹为主题创作窗花。	2
		第7—8周	二方连续竹 掌握竹主题的二方连续拉花制作方法。	2
	第三单元	第9—14周	对称的竹、单个纹样的竹、适合纹样的竹 在探究剪纸语言特点的过程中,学会对称剪竹、单独纹样的竹和适合纹样的竹。	6
		第15—16周	竹韵 了解竹的结构、竹节、竹叶等特征,在作品中体现竹的特色。	2
		第17—18周	竹与鸟兽 学生掌握卦纹、钱纹、球纹等制作方法,将竹与简单鸟兽结合起来。	2
下学期	第一单元	第1周	课程纲要分享,明确本学期学习的目标。	1
		第2—3周	现代剪纸艺术 简单了解国内外一些剪纸的名人和代表作品。欣赏大量不同剪纸语言的作品,开拓视野。	2
	第二单元	第4—5周	春天的竹笋 学生能掌握阳剪法的制作方法,提高对剪纸形式美的认识和感知。	2
		第6—7周	二方连续之笋娃 剪刻出带有阴镂法的二方连续笋娃作品。	2

（续表）

	第8—10周	汾小笋娃 学生掌握纹样添加法的制作方法。	3
第三单元	第11—13周	竹与人物 学生可以掌握衬色剪纸工艺的制作方法。	3
	第14—16周	装裱我的作品 了解装裱的几种形式和方法，会简单装裱自己的作品。	3
	第17—18周	评价和展览 结合学校艺术节开展"剪竹"作品展览。	2

【课程实施】

一、实施说明

为保证本课程实施，教导处将六年级每周一节的社团课开设为剪纸活动课，学生按照自愿参加的原则选修剪纸活动课，在六年级形成固定的剪纸班。

二、课程资源

1. 硬件设施：配备剪纸专用教室，购买师生使用的剪纸专用垫板、刻刀、剪刀和剪纸专用纸张。

2. 师资配备：安排有剪纸特长的教师担任剪纸教学工作。

3. 教材参考：

陈竟.《中国民俗剪纸技法》，江苏美术出版社，2011年版。

陈竟.《六十年中国剪纸经典》，江苏美术出版社，2009年版。

蔡卫东.《剪纸》，江苏美术出版社，2002年版。

中华人民共和国教育部.《义务教育艺术课程标准》，北京师范大学出版社，2011年版。

【课程评价】

一、评价方式

本课程评价由过程性评价和结果性评价两部分组成，成绩以等级形式计算。

学期总评成绩 = 过程性评价(50%) + 结果性评价(50%)

1. 过程性评价(50%)

学生根据实际学习表现进行自评,评分规则如表1。

表1 "剪竹"课程学生自我评价标准表

班级: 姓名:

项目	等级			自我评价
	A等	B等	C等	
对剪纸知识的认知能力	了解剪纸的基础知识,熟悉各种剪纸符号、阴刻阳刻等并流畅地剪出各种作品。	能够合理地运用刻剪纸符号,设计作品。	对剪纸知识了解不深。	
平时表现和作业完成情况	剪纸工具准备齐全,能认真、及时、独立地完成课堂作业。	课堂表现较认真,能独立完成作品。	在教师指导下能完成作品。	
对民间剪纸艺术文化的情感、态度、价值观	对剪纸的历史文化有所了解,喜欢民间剪纸艺术、会欣赏,能够设计简单的作品。	对剪纸的兴趣浓厚,会欣赏作品。	能够分析剪纸作品的优劣。	
创新情况	能创作以"竹"为内容的剪纸作品。	创作出的作品有一定的新意。	一般。	
过程性评价成绩				

备注:过程性评价共计4项,获得2个A或以上为A等;1个A+3个B(或4个B)为B等;1个B+3个C(或4个C)为C等。

2. 结果性评价(50%)

结果性评价以作品表现为准,由教师依据表2对学生作品做出评价。

表2 "剪竹"作品评分规则(教师用)

班级: 姓名:

项目	等级			教师评价
	A等	B等	C等	
课堂表现	剪纸工具准备齐全,能认真、及时、独立完成临摹或创作。	课堂表现较认真、独立完成作品。	需在教师指导下基本完成作品。	
出勤情况	参与课程活动30课时以上。	参与课程活动25—30课时。	参与课程活动不超过24课时。	

（续表）

项目	等级			教师评价
	A 等	B 等	C 等	
作品品质	作品契合本单元主题和要求，表现出一定的创意以及在活动中的综合表现，基本没有剪纸技巧的禁忌。	基本符合单元主题和要求，努力表达了自己的情感，有少量错漏。	一般，剪纸线条凌乱，有较多错误和断线。	
作品等级样例（笋娃图例）				
参展情况	1. 完成 2 张以上的竹展览作品，且质量为 A 等。 2. 能积极主动参与艺术节的剪纸展览，装裱作品，布置展板。	1. 完成 2 张竹展览作品，质量为 B 等。 2. 基本参与艺术节的剪纸展览，装裱作品，布置展板。	1. 完成 1 张竹展览作品，质量一般。 2. 偶尔参与艺术节的剪纸展览，装裱作品，布置展板。	
结果性评价成绩				

备注：教师评价共计 4 项，获得 2 个 A 或以上为 A 等；1 个 A＋3 个 B（或 4 个 B）为 B 等；1 个 B＋3 个 C（或 4 个 C）为 C 等。

二、评价结果呈现

学期总评成绩以等第形式呈现。如学生两项评价成绩合计为 2 个 A 等，则学生总评等第为 A；如获得 1 个 A 等＋1 个 B 等，则学生总评等第为 A－；如获得 2 个 B 等，则学生总评等第为 B，以此类推。

3.10 衍纸的魅力课程纲要（三年级）

课程名称：衍纸的魅力
课程类型：校本课程
授课对象：小学三年级
授课时间：32 课时
设计者：叶叙英

【课程简介】

衍纸，又称卷纸，是纸艺的一种形式，也是一种美术手工制作。小学生可爱而纯真，从他们的身上可以看到无限的开发潜力，开发衍纸校本课程，一是提高孩子们的动手操作能力；二是提高孩子们对生活的热爱、对美的无限追求；三是不断发展孩子们的特长和兴趣；四是帮助孩子们树立学习的信心、感受学校的美好、体会同学间的友谊。

【背景分析】

本课程的开发主要基于如下考虑：

1. 衍纸艺术独特魅力的召唤。衍纸，又称卷纸，是纸艺的一种形式。其雏形源自古埃及，而它成为一项比较成熟的手工艺，是在中世纪的意大利和法国。衍纸是用彩色的长纸条作为基础材料，运用卷、捏、粘等手法，将纸条制作成一个个形式多样的小元素，经过组合拼贴后形成的艺术品。其工艺简单、形式美观，想象空间大，可塑性强，深受人们的喜爱和推崇。因衍纸艺术独特的魅力，我们选择了衍纸作为我校的一门校本课程。

2. 学校文化特色发展的要求。江苏省汾湖高新技术产业开发区实验小学坚持以"能恒乐成,内外兼修"作为学生的成长目标,以"自觉觉人"作为教师的发展目标。在学生群体和教师群体中,存在着很多喜爱手工制作,动手操作能力强的人,推广衍纸艺术并不困难。并且,我们可以将衍纸与学校文化相结合,使之成为拓展学校"竹文化"的一部分。

3. 学生综合素质提高的需要。儿童的才智反映在他的手指尖上。只有让孩子在操作中动手,动脑,多种感官参与活动,才能使他们的智慧和能力得到最大限度的发展。而手工制作正是典型的手脑并用、手眼协调,有利于全面开发学生大脑,有利于全面开发学生创造力。衍纸艺术造型丰富、制作简单、作品精美,既能激发学生的学习兴趣,又贴近学生的生活,为学生提供了艺术创作和发挥想象力的空间,是提高学生综合素质的最佳选择,对学生身心的健康发展,对创造能力和创新精神的培养有着巨大的积极作用。

【课程目标】

1. 通过欣赏衍纸作品,了解衍纸的艺术表现形式和文化寓意,提高美术鉴赏能力。

2. 能积极参与社团活动,知道衍纸的基本方法和基本元素,表现出制作的乐趣。

3. 能在模仿范作的基础上有所创新,运用衍纸的基本元素进行色彩搭配和画面构成。

4. 能结合校园"恒"文化,自己确定一个主题,运用衍纸的基本方法与技巧创作一件作品。

【课程内容】

课程内容			课时
第一学期	开学第一课	分享《课程纲要》	1
	第一单元 欣赏评述	衍纸的起源与发展	1
		国内外衍纸作品欣赏	1

课程内容			课时
	第二单元 造型表现	衍纸材料与工具	1
		衍纸的基本方法	1
		衍纸基本元素类别	1
		衍纸的基本卷形	1
	第三单元 设计运用	跳芭蕾的女孩	3
		孔雀开屏	3
	学期测试	用衍纸制作一张贺卡	3
第二学期	第四单元 综合创作	各式各样的"竹"	4
		笋娃——"恒恒"与"成成"	4
		校训——"恒"	4
		衍纸装裱	1
	学期测试	自由创作一件衍纸作品	3

【课程实施】

一、课程资源

1. 基本资源：课件、视频、衍纸材料、工具、范作。

2. 场地资源：综合研究活动教室、校图书馆。

3. 网络资源。

二、学习活动

1. 为自己准备一个衍纸学习档案袋，用以收集作业、资料等学习成果。

2. 组成四人学习小组，开展组内合作研究，参与交流讨论，形成有形成果。

3. 学期末举办一次学生衍纸作品展，展出学生的优秀作业和自由创作作品并评奖。

【课程评价】

1. 每学期进行一次课程评价，由过程性评价和结果性评价两部分组成,成绩以百分制计算,并换算为相应等第呈现。其中,过程性评价占70%,结果性评价占30%。

2. 等第认定:A级(≥85分)、B级(75—84分)、C级(60—74分)、D级(<60分)。D级可申请补考一次。

评价项目	评价内容	评价标准
过程性评价(70分)	出勤率(10分)	每次都出勤者得10分;缺勤1—3次者得8分;缺勤4—6次者得5分;缺勤6次以上者不得分。
	携带衍纸材料、工具(10分)	每次都携带齐全者得10分;1—3次未携带齐全者得8分;4—6次未携带齐全者得5分;6次以上未携带齐全者不得分。
	课堂表现(20分)	从上课认真听讲(10分)、积极参与小组活动(10分)两个方面进行综合评分。
	作业上交(30分)	每次都按时完成并上交作业得30分;缺交一次作业者得24分;缺交两次作业者得15分;缺交三次和三次以上作业者不得分。
结果性评价(30分)	自由创作一件衍纸作品(30分)	从作品的完整性(10分)、美观性(10分)、创造性(10分)三个方面进行综合评分。

4. 体现"教—学—评一致性"的教学设计

4.1 乌鸦喝水（语文一年级下）

内容来源	江苏教育出版社 2014 年版《语文（一年级下册）》，第八单元第 3 课		
课时	共 2 课时，第 2 课时	设计者	费晓萍
课程标准	1. 学习用普通话正确、流利、有感情地朗读课文。 2. 阅读浅近的童话、寓言、故事，向往美好的情境，关心自然和生命，对感兴趣的人物和事件有自己的感受和想法，并乐于与人交流。 3. 掌握汉字的基本笔画和常用的偏旁部首，能按笔顺规则用硬笔写字，注意间架结构。初步感受汉字的形体美。		
教材解读	《乌鸦喝水》是一篇传统的寓言故事，讲的是乌鸦想办法喝到瓶子里的水的故事。课文内容浅显易懂，语言简洁，课文还配有两张插图，形象地再现课文内容。		
学情分析	学生通过朗读能把课文大致读懂了，但寓言故事背后的寓意，包含的"遇事要动脑"的道理，单靠学生的朗读是体会不到的，需要教师必要的指导。		
教学目标	1. 能正确地朗读课文、背诵课文，做到不漏字、不添字、不读错字，读出乌鸦心情的变化。 2. 理解寓言中蕴含的寓意。 3. 能说出三点水的字"渴、法、渐"的结构特点，并能正确书写。		
评价设计	1. 指名读、自由读、齐读、背诵课文，用以下标准导学并进行评价：做到不漏字、不添字、不读错字。 2. 讨论交流乌鸦的方法，说说乌鸦明白的道理。 3. 组织讨论，归纳三点水的字结构特点与书写要求，明确"左窄右宽，左右紧凑，笔画'相互谦让'，三点水要写出一定的弧度"的书写要求，并以此导学及组织评价。		
教学板块	教学过程		
板块 1： 正确、流利地朗读课文、背诵课文	1. 检查第一课时学习情况：(1)自由练读课文，要求：做到不漏字、不添字、不读错字；(2)指名分段读课文，根据不漏字、不添字、不读错字的要求进行互评。 2. 边读边想，体会乌鸦心情的变化，读出乌鸦心情的变化。 (1) 师范读，让学生明白怎么边读边想。 一只乌鸦口渴了，到处找水喝。(真着急!)它看见一个瓶子，里面有半瓶水，(开心)可是瓶口小，乌鸦喝不着。怎么办呢？(急死人了!)乌鸦看见旁边有许多小石子，终于想出办法来了。(太高兴啦!)它叼起石子，一颗一颗地放进瓶子里。瓶子里的水渐渐升高了，乌鸦就喝着水了。 (2) 学生练习朗读课文。		

教学板块	教学过程
	3. 指名朗读全文。 要点：(1)正确流利。(2)能读出乌鸦心情的变化。(3)倾听的学生仔细辨别朗读者的声音、表情，并能有自己的示范来纠正读法。
板块2： 讨论交流， 领会寓意	1. 讨论：乌鸦找到瓶子要喝水，刚开始为什么喝不到？后来为什么又喝到水了？ 归纳要点：刚开始是因为瓶子里只有半瓶水，瓶口又太小，乌鸦喝不到。后来乌鸦发现瓶子旁边的小石子，就把石子一颗一颗放进瓶子里，水升高了，乌鸦就喝到水了。 2. 你觉得乌鸦明白了什么？获得了什么经验？ 要点：(1)遇到问题要动脑筋想办法。(2)要仔细观察，才能有所发现。
板块3： 学习写字	1. 照着书上书写"渴、法、渐"的笔顺。 2. 教师讲解示范，明确三点水的字的结构特点与书写要点：左窄右宽，左右紧凑，笔画"相互谦让"，"三点水要写出一定的弧度"。 3. 在田字格中练习。 4. 展出，评点。 5. 学生再次练习书写。

4.2 小稻秧脱险记（语文三年级上）

内容来源	江苏教育出版社 2011 年版《语文（三年级上册）》，第六单元第 18 课		
课时	共 2 课时，第 2 课时	设计者	顾颖颖
课程标准	1. 能复述叙事性作品的大意，初步感受作品中生动的形象和优美的语言，关心作品中人物的命运和喜怒哀乐，与他人交流自己的阅读感受。 2. 积极倡导自主、合作、探究的学习方式，努力建设开放而有活力的语文课堂。		
教材解读	《小稻秧脱险记》是一篇科普性的童话故事，寓农业常识于生动的故事之中。全文采用拟人的手法形象地写出了杂草对于稻秧生长的危害，以及喷洒除草剂对保护稻秧所起的重要作用。故事的主角是小稻秧、杂草、喷雾器大夫。全文共有 5 个自然段，可以分为"遇险"和"脱险"两大部分。这两部分内容应该也是学生比较关注的：小稻秧到底遇到什么危险？又是怎样脱险的？纵观全文，课文有如下的特点：语言生动有趣，情节跌宕起伏，角色性格鲜明，犹如一部动画片映入学生眼帘，提示语的使用很有特点，适合进行朗读训练；用童话的形式表达科学知识，说明杂草在稻田里会跟小稻秧抢营养，而喷洒除草剂可以去除杂草，保护小稻秧；文章富有人情味，让人联想起人类，孩子的健康成长也需要成人的保护。		
学情分析	三年级的孩子，还是比较单纯幼稚的，他们更喜欢生动有趣的课堂。这篇课文生动形象的语言、有个性的对话、有趣的情节会让学生产生学习的兴趣。作为教师，要引领他们走进文本，入情入境地学习。		
教学目标	1. 能从文中的句子中学会相应的科学知识。 2. 能找出课文中的提示语，明白提示语的重要性。 3. 能正确、流利地朗读课文，读出不同角色的特征及其前后变化，理解儿童的成长犹如小稻秧的成长，需要成人的保护。		
评价任务	1. 根据教师提供的课文所写的 4 个科学知识点，学生从文中找出相关能体现这几个知识点句子。（检测目标 1） 2. 学生根据教师的示范，找出课文中的提示语，说说这些提示语的用处。（检测目标 2） 3. 学生根据朗读评分标准，在同桌互读互评的基础上个别学生展示朗读，全班学生进行评分。（检测目标 3） 4. 说说这篇课文给我们的启发。（检测目标 3）		

教学板块	教学过程
板块1：理解科学知识	1. 导入 2. 明确学习任务： 　这是一篇科普童话，用童话的形式生动地写出了科学知识，如， 　（1）杂草会与稻秧争营养； 　（2）稻秧缺少营养会病死； 　（3）除草剂可以杀杂草； 　（4）除去杂草后稻秧可以健康生长。 　聪明的你能从课文哪些句子中认识这些科学知识？ 3. 学生找相关句子，教师巡视，获得学习信息，进行个别指导。 4. 指名交流。相机进行朗读指导： 　（1）一群杂草把小稻秧团团围住，气势汹汹地嚷着："快把营养交出来！" 　（2）这群杂草不由分说，一拥而上，拼命地跟小稻秧抢营养。 　（3）杂草有气无力地说："完了，我们都……喘不过气来啦。"不一会儿，杂草纷纷倒了下去。
板块2：学习提示语的作用	1. 明确学习任务 　（1）教师示例：这篇有趣的童话故事描写了三个人物，三个人物性格很不同，从他们的说话中就可以看出来，而且说话时有表情、动作，这些语言叫做提示语。如， 　　一群杂草把小稻秧团团围住，气势汹汹地嚷道："快把营养交出来！" 　划线的部分就是"提示语"，提示语有时候放在说的话的前面，有时候在后面，有时候在说的话的中间，在朗读人物语言的时候，我们要将提示语所写的意思读出来。 　（相机板书：杂草　蛮不讲理） 　（2）布置学习任务，划一划：找出课文中的提示语 2. 学生完成任务：划出课文中的提示语。 3. 指名学生交流朗读（带提示语的句子）： 　（1）小稻秧望着这群蛮不讲理的杂草，说："我刚搬到大田来，正需要营养，怎么可以交给你们呢？" 　（2）一棵杂草警觉地抬起头，看了看天说："不对呀，大晴天怎么会下雨呢？" 　完成板书 　杂草　蛮不讲理　有气无力 　小稻秧　无奈　　　开心 　喷雾器　勇敢　　　正义
板块3：正确、流利地朗读全文，理解课文	1. 明确朗读要求：正确、流利 　（1）不读错字：3处错误以上★，1—2处错误★★，没有错★★★ 　（2）不读破句：3处错误以上★，1—2处错误★★，没有错★★★ 　（3）合理停顿：3处错误以上★，1—2处错误★★，没有错★★★ 2. 同桌互相练习，互相评价，比比谁的星多。 3. 小组推出朗读之星，指名朗读，全班评价，点评。 4. 说说读了这篇课文你有什么新的收获？

4.3 认识厘米（数学二年级上）

内容来源	江苏教育出版社 2014 年版《数学（二年级上册）》，第五单元第 2 课		
课时	共 4 课时，第 2 课时	设计者	叶叙英
课程标准	1. 结合生活实际，经历用不同方式测量物体长度的过程，体会建立统一度量单位的重要性。 2. 在实践活动中，体会并认识长度单位"厘米"。 3. 能估测一些物体的长度，并用厘米进行测量。		
教材解读	本课的教学是在学生初步认识线段的基础上进行的。本课的教学重点是通过多种活动方式，帮助学生建立正确而清晰的"1 厘米"的长度观念，教学难点是测量和估计较短物体或线段的长度。 认识厘米，不仅要知道厘米是常用的长度单位，更重要的是形成正确、清晰的"1 厘米"实际长度的表象。有了这样的表象，学生对厘米的认识才会有可靠的支撑，才有可能正确合理地用厘米作单位进行具体的测量和估计。 在组织教学时，应注重联系学生熟悉的生活现象，通过看一看、比一比、找一找、量一量等活动，帮助学生充分感知"1 厘米"的实际长度。加强实际测量和估计能力的培养，发展学生初步的空间观念和实践能力。为学生进一步学习长度单位"米"打好基础。		
学情分析	在日常生活中，学生对厘米这个长度单位有过一定的接触，学生一般都会有一把尺，从尺子上可以看出 1 厘米、2 厘米……的长度。可以联系学生已有的生活经验帮助学生建立"1 厘米"的长度观念。		
学习目标	1. 经历观察、比划等活动，认识长度单位"厘米"，初步形成"1 厘米"的长度表象。 2. 经历测量、比较等活动，会正确测量物体的长度，会用直尺画定长线段。 3. 能举出至少三个实例，说明长度单位厘米在实际生活中的广泛应用，感受数学的价值。		
评价任务	1. 估一估，1 厘米大约有多长。（检测目标 1） 2. 动手测量物体的长度，用直尺画已知长度的线段。（检测目标 2） 3. 举例说明长度单位厘米在生活中的应用。（检测目标 3）		
教学板块	学习过程	评价要点	
板块 1： 观察讨论， 认识厘米	学习活动 1：想办法测量课桌的长。 说一说你是怎么测量的，以及你的测量结果。	1. 学生能完整地叙述自己是怎样测量课桌的长的，选用的测量工具是什么，测量结果是多少。	

教学板块	学习过程	评价要点
	学习活动 2：观察直尺，同桌相互说一说，直尺上有什么？ 学习活动 3：用手指比划一下，1 厘米大约有多长？ 学习活动 4：小组内交流，在生活中有哪些物体的长度大约是 1 厘米？	2. 学生观察直尺后能说出：尺子上有很多长短不一的竖线；有很多数（0、1、2、3、……）；有字母"cm"。 3. 学生能用拇指和食指比出 1 厘米大约有多长。 4. 学生能列举出食指的宽、钉书针的宽、田字格一条边的长等生活中长度大约是 1 厘米的物体。
板块 2： 动手操作，用厘米进行测量和画图	学生活动 1：在直尺上找一找、指一指 2 厘米、5 厘米、10 厘米各有多长？ 学生活动 2：用直尺量一量蜡笔有多长？ 学生活动 3：画一条 4 厘米长的线段。	学生能说出测量的方法和注意点。如"测量物体的长度时，一般先把物体的左端对准"刻度 0"，再看物体的右端对着刻度几，物体的长度就是几厘米。"
板块 3： 及时反馈，巩固提高	练习 1：说一说哪种量法是对的？ 练习 2：照样子量出自己的手掌宽和一拃长。 练习 3：动手操作，量一量课桌的高大约是几厘米？ 练习 4：画一条 7 厘米长的线段。	练习 1：全班至少有 95％的正确率。 练习 2：全班至少有 90％的正确率。 练习 3：全班至少有 85％的正确率。 练习 4：全班至少有 95％的正确率。
板块 4： 总结收获，深化体会	学习活动 1：说一说，通过今天的学习，你学会了哪些新知识和新本领。 学习活动 2：举例说明，在生活中，长度单位厘米有什么用处。	1. 学生能正确说出对长度单位厘米的认识。 2. 学生能列举 1—2 个生活中应用长度单位厘米的例子。
板书设计	**认识厘米** 长度单位：厘米(cm) 0 刻度线：起点	

4.4 平均数（数学四年级上）

内容来源	江苏教育出版社 2014 年版《数学（四年级上册）》，第四单元第 5 课		
课时	共 6 课时，第 5 课时	设计者	张美娟
课程标准	体会平均数的作用，能计算平均数，能用自己的语言解释其实际意义。		
教材解读	平均数是统计学中常用的一个统计量。在传统的教材中，平均数是作为一种典型应用题加以教学的，其侧重点在于从算法的角度理解平均数，把平均数的学习演变为一种简单的技能学习，甚至是解题技巧的训练，忽略了平均数的统计学意义，导致只会算，不理解。现行教材把平均数安排在"统计"中，明显地加重了对平均数意义理解的分量，突出了平均数的统计学意义。 本节课教学平均数，包括平均数的意义和算法，它是在学生认识了可能性的大小、条形统计图，并能根据统计图表进行简单的数据分析之后进行教学的。这节课的教学可以从平均数的由来开始，让学生初步了解平均数的意义，再通过在具体情境中学会不同的方法求平均数，进一步理解平均数的意义及其在生活中的作用，最后通过本课的学习能举出一些生活实例，体会平均数的广泛应用。		
学情分析	学生经过低年级的学习，有了一定的统计观念，以及计算三位数除以一位数的计算能力，对生活中的平均现象也有一定的了解。但是他们在理解平均数的意义上还是有一定的困难，特别是学习基础较差的学生，可能更多地只是会计算。		
学习目标	1. 通过具体情境的探究，知道平均数的由来； 2. 至少学会几种求平均数的方法，计算简单应用题； 3. 至少举出生活中的三个应用实例，体会平均数在日常生活中的广泛应用。		
评价任务	1. 例 1（检测目标 1） 　观察男、女生套圈成绩统计图，思考：要比较哪一队套得准，你有哪些方法？ 2. 练习（检测目标 2） 　（1）小组探究计算平均数的方法。 　（2）说说平均数的意义。 　（3）解决相关简单实际问题。 3. 说说生活中平均数的应用，至少说 3 个。（检测目标 3）		

教学板块	教学过程
板块1： 知道平均数的由来	一、设疑引欲，提出问题 　　出示男、女生套圈成绩统计图。 　　提问：看了这里的统计图，你发现了什么？要比较哪一队套得准，你准备从哪个方面去比较？ 　　结合学生的想法，相机进行引导。 　　想法一：因为吴燕套中的个数最多，所以女生队套得准。（比最多） 　　想法二：先要求出每个队一共套中了多少个，再比较哪一队套得多。（比总数） 　　想法三：先要求出两个队平均每人套中了多少个，再比较哪个队套得准。（比平均数） 　　追问：这样比公平吗？（公平）我们就用这种方法试一试。
板块2： 求平均数的方法理解意义	二、解决问题，探求新知 　　1. 操作：男生平均每人套中多少个呢？下面请同学们仔细观察自己面前的统计图，先在小组里讨论怎样找出每个队的平均成绩，再试一试。 　　　学生可能出现两种方法：一是移多补少；二是先合后分。 　　2. 反馈。 　　（1）学生在实物投影上边操作，边讲解移多补少的过程，教师利用课件动态演示并介绍 　　　学生再说一说怎样用先合后分的方法求平均数，引导列式：6＋9＋7＋6＝28（个），28÷4＝7（个）。7个是不是表示男生每人都套中7个？ 　　（2）交流求女生队平均数的方法及所求平均数的意义。列式计算时注意让学生说说，为什么要除以5而不除以4？ 　　　提问：现在你能判断男生套得准还是女生套得准吗？ 　　3. 观察：图中的平均数与实际每人套中的个数相比，你发现了什么？（平均数比最大的数小，比最小的数大，有可能在数据中出现，也有可能数据中没有。） 　　4. 小结：通过刚才的活动，我们认识了什么？你能结合刚才的例子，说一说平均数表示的意义吗？
板块3： 计算平均数及平均数的生活实例	三、拓展练习，深入理解 　　1. 移一移、估一估、算一算。 　　（1）"想想做做"第1题。 　　（2）"想想做做"第2题。 　　2. 辨一辨，说一说。（想想做做第3题） 　　3. 利用平均数在最大值和最小值之间的特点判断平均数的计算结果是否正确。 　　4. 小林和小华进行了三场套圈比赛，每次每人都是套15个圈，下面是小林套中个数的统计： 　　　　　　　第一次　　第二次　　第三次　　平均成绩 　　小林　　　　12　　　　11　　　　？　　　　10 　　小林第三次套中的个数怎样呢？ 　　① 小林第三次套中的个数比10个多； 　　② 小林第三次套中的个数比10个少； 　　③ 小林第三次套中了10个。 　　小林第3次套中了几个？ 　　四、举例说明平均数在生活中的广泛应用。 　　1. 学生分小组讨论平均数在生活中有哪些应用，组长记录。 　　2. 学生分组交流平均数实例，分析作用。

（续表）

教学板块	教学过程
板块4： 总结提升	五、总结提升，质疑拓展 　　今天学习了平均数，请你们静静地想一想，你有哪些收获？ 　　今天，我们认识了平均数，知道平均数在生活中有很大的作用，希望你们在生活中学会利用平均数解决问题。
板书设计	平均数 移多补少 先合后分：$6+9+7+6=28$（个），$28÷4=7$（个）。 范围：最大数和最小数之间

4.5 Unit5 Our new home（英语四年级上）

内容来源	译林出版社 2013 年版《英语(四年级上册)》,第五单元第 1 课时		
课时	共 6 课时,第 1 课时	设计者	杜琳
课程标准	1. 能看图识词。 2. 能在图片的帮助下听懂和读懂简单的小故事。 3. 能学唱简单的英语儿童歌曲。 4. 能做简单的角色表演。 5. 在学习中乐于模仿,敢于表达,对英语具有一定的感知能力。		
教材解读	本单元主要学习如何谈论家居物品和物品的方位,要求学生能够掌握家中的一些居室名称,如 bedroom, living room, kitchen, bathroom,掌握家中表示物品的单词,如 a clock, a fridge, a sofa, a table。在句型方面,要求学生掌握"Where's/Where are . . . ?"及其回答"It's/They're . . ."通过各种游戏、活动,激发学生说的兴趣,让学生掌握该句型及其单复数的运用,从而能正确灵活地来表达物品的方位。		
学情分析	Story time 所涉及的新句型是"Where's/Where are . . . ?""It's/They're . . ."学生理解起来难度不大,但是这些句型的语调和涉及的单复数却是难点。经过听录音模仿、跟老师模仿等,大部分同学能说准其语调。但是要脱离书本加上动作表情表演是有难度的,尤其是对基础薄弱的学生,要体现教师的引导作用。		
学习目标	1. 通过与小猴子玩捉迷藏的游戏,能听懂、会说、会读单词 a clock, a fridge, a sofa, a table, bathroom, bedroom, kitchen, living room,能听懂、会说、会读、会运用句型"Where's/Where are . . . ?""It's/They're . . ." 2. 通过观看动画、课堂练习、小组合作,能理解课文内容、正确朗读课文、并能根据板书表演故事。 3. 通过帮助苏海、苏阳整理书房,能灵活运用句型,创编对话,形成"乐于助人、我爱我家、保持家里整洁"的情感。		
评价任务	1. 用句型 Where's/Where are . . . ? It's/They're . . . 问答,准确说出物品、房间,相关位置。(检测目标 1) 2. 根据板书表演故事。(检测目标 2) 3. 通过同桌合作,用所学句型创编对话。(检测目标 3)		

教学板块	教学过程
板块 1： Lead in 导入	Enjoy a song《on in under》 通过学唱歌曲,复习介词 on\in\under,引出 monkey 这个角色

板块 2：
Words and sentences
单词、句型
	1. 评价任务的呈现
	  (1) The monkey is very naughty. It is playing in Su Hai and Su Yang's new home. Yes, today, let's learn Unit 5 Our new home.
	  (2) The monkey is playing hide and seek with you. Now boys and girls, guess, where is the monkey? Is it in the...?
	  (3) 呈现任务要求：用句型"Where's/Where are...?""It's/They're..."问答,准确说出物品、房间,相关位置。
	2. 围绕评价任务的学习
	  (1) 通过捉迷藏的游戏,猜测小猴子在哪里,引出单词 bathroom, living room, kitchen, bedroom 的学习。通过单人开火车、双人开火车的活动,操练单词。
	  (2) The monkey runs. Now where is the monkey? It's...
	    出示句型"Where's...?" "It's..."
	    小猴子在苏海、苏阳家里跑,通过寻找小猴子,引出单词 sofa\table\clock 的学习。通过学生拼写单词、师生合作拼写单词、高低音的活动,操练单词。
	  (3) Another monkey comes.
	    Where are the monkeys? They're on the fridge.
	    引出单词 fridge 的学习
	    Game：quick response 快速说单词
	    出示句型"Where are...?" "They're..."
	  (4) Tips：问某个物品在哪里时,可以用"Where's...?"来询问,回答时用"It's..."。
	    问某些物品在哪里时,可以用"Where are...?"来询问,回答时用"They're...",物品用复数形式。
	  (5) 同桌合作,根据板书,运用句型谈论苏海、苏阳家里的物品。
	3. 交流与反馈
	  预设问题：学生对单复数容易混淆。比如在对话时,学生可能会说："Where's the sofas? It's in the living room."
	  教学补救：可以对学生进行引导。比如提示学生："There are two sofas. Not 'is'."

板块 3：
Story time
表演故事
	1. 评价任务的呈现
	  (1) Su Hai and Su Yang are looking for something. Let's help them. OK?
	  (2) 呈现任务要求：根据板书表演故事。
	2. 围绕评价任务的学习
	  (1) Watch and find. (看课文动画,勾出她们所要寻找的物品。)
	  (2) Listen and match. (自读课文,找出物品在哪,连线。)
	    Where's my bag? It's in the bedroom.
	    Where are my skirts? They're in the living room.
	    Where's my cap? It's in the kitchen.
	  (3) Read after the recorder. (Teach：come and look)
	    (Your cap is in the kitchen! It looks so funny! 体会语气)
	    Read in roles.
	    Read together.

教学板块	教学过程
	（4）Let's act. Work in group of four：Su Hai，Su Yang，Mum and the dog. 　　根据书本表演　★ 　　根据板书表演　★★ 　　脱离书本与板书表演　★★★ 3. 交流与反馈 　　预设问题：学生对个别单词的发音可能不是很准确。比如，可能会把 where's 读成 where is，skirts 读成 skirt. 　　教学补救：要对学生的错误发音加以纠正。
板块4： Consolidation 创编对话	1. 评价任务的呈现 　　（1）Show the picture of Su Hai and Su Yang's study. 　　（2）Help them clean up the study. Work in pairs and make a dialogue. 　　（3）通过同桌合作，用所学句型创编对话。 2. 围绕评价任务的学习 　　（1）Make a dialogue： 　　　　e. g. A：Where's the clock?　　　B：It's on the table. 　　　　　　A：Where are the books?　　B：They're on the desk. 　　　　　　B：Here you are.　　　　　A：Thank you. 　　（2）Emotional education：We should be glad to help others. We should love our home and keep our home clean and tidy! 我们要乐于助人。我们要爱家并保持家里整洁。 3. 交流与反馈 　　预设问题：学生可能会局限于一些很明显的物品的对话，比如，A：Where's the clock?　　B：It's on the table. 对于一些需要仔细观察的物品，洞察力可能不够。 　　教学补救：对于一些需要仔细观察的物品加以提示。比如，老师可以指一下角落里的一只小猪，让学生对话。A：Where's the pig?　　B：It's on the table.
板块5： Summary 总结	Summarize what we have learned in this lesson. （1）Words：a clock, a fridge, a sofa, a table, bathroom, bedroom, kitchen, living room （2）Sentences：Where's/Where are . . . ? It's/They're . . . 　　Emotional education：We should be glad to help others. We should love our home and keep our home clean and tidy!
板书设计	Unit 5　Our New Home 图片： Su Hai and Su Yang's home（monkey） bedroom(a bed\a clock\dolls)　　bathroom（T-shirts） living room(sofas\flowers)　　　kitchen (a table\bananas) Where's the . . . ? It's . . . Where are the . . . ? They're . . .

4.6 小足球——脚背正面运球
（体育三年级下）

内容来源	科学出版社 2010 年版《体育与健康（水平二 3 年级）》,第二单元第 2 课			
课时	共 8 课时,第 3 课时		设计者	朱旭东
课程标准	引导学生在足球活动中,体验到主动参与并获得成功的乐趣,初步掌握脚背正面运球技术要领,同时提高学生的灵敏、柔韧、协调等素质,激发学生体育锻炼的积极性。			
教材解读	小足球是深受学生喜爱的体育活动,有很强的集体性和趣味性,在活动中不仅可以全面锻炼学生的身体,还可以充分激发小学生参与活动的积极性和主动性,提高学生的综合素质,培养竞争意识和团结合作的精神。因此,本课选择了小足球作为主教材。其中《脚背正面运球》是小学足球教学中的主要内容之一。			
学情分析	小学三年级学生正处于迅速人体发育的童年时期,他们具有活泼好动、喜欢做各种游戏,喜欢比赛,尤其对小足球有特别兴趣爱好。但学生的足球的控制力差,足球的球性不是太理想,运用也不是很自如,其中特别是女学生,对小足球感兴趣的学生不多,运动能力也不强,所以要注意和培养一些无兴趣的学生,让这些学生也能开心的参与到足球运动中来,使每位学生充分调动积极性,从而实现本节课的学习目标。			
学习目标	1. 能够用脚背运球技术(一弯、二提、三压、四推)控制住小足球前进。 2. 能参与"直线运球"的游戏,在游戏中能正确运用脚背正面运球的动作。 3. 通过合作训练,发展合作精神。			
评价任务	1. 通过教师示范、讲解、学生展示,反复尝试动作,体会掌握脚背运球技术。 2. 用脚背正面运球,快速完成游戏任务。			

教学内容	1. 足球:脚背正面运球	学习重点	脚背正面运球
	2. 游戏:运球投足	学习难点	动作连贯

程序	学习内容	教师主导	学生活动	设计意图	组织队形	次数	时间
开始部分 8′	一、课堂常规与队列队形	1. 整队 2. 师生问好 3. 常规检查 4. 听口令组织队列队形	1. 整队 2. 师生问好 3. 常规检查 4. 认真听口令练习	课堂常规可以让学生更快进入学习状态	○○○○○ ○○○○○ ●●●●● ●●●●● ●●●●● ☆	1 8	20″ 30″

程序	学习内容	教师主导	学生活动	设计意图	组织队形	次数	时间
	二、专项准备活动 1. 伸展运动 2. 体转运动 3. 体侧运动 4. 手脚腕关节活动 5. 熟悉球性	1. 带领学生专项准备活动 2. 带领学生熟悉球性	1. 认真进行专项准备活动 2. 按教师的节奏，由慢到快地练习	让学生身体得到预热，预防运动损伤，同时熟悉球性。	○○○○○ ○○○○○ ●●●●● ●●●●● ☆ 成体操队形	3 4 4	1′ 2′ 2′
基本部分 27′	一、足球：脚背正面运球 技术要点：一弯、二提、三压、四推 口令："要让（足球）最听话，就用（脚背）去碰它，一脚（支撑）一脚（运），让它上哪就上哪。"	1. 组织学生分组体验各种运球方法 2. 教师讲解、示范脚正面运球的动作方法，口令练习 3. 组织分组练习，用实心球做运球模仿练习； 两人一组，用足球练习，交换练习。 4. 让学生进行动作示范练习，讲解纠正动作 5. 继续运球练习，教师巡视指导	1. 学生分组体验运球，讨论有几种方法 2. 学生认真听讲，听口令练习动作 3. 学生模仿脚背正面运球动作，体会动作的要领和节奏感 4. 学生观察示范，与自己动作进行比较 5. 学生练习	1. 让学生体验运球方法多样。 2. 学生明白"一弯、二提、三压、四推"的技术要点。 3. 让学生体验运球动作部位。 4. 纠正错误的动作，落实评价任务1。	○ ○ ○ ○ ○ ○ ☆ 学生散点 ○○○○○ ○○○○○ ●●●●● ↑↑↑↑↑ ☆ 10米 ────── ○○○○○ ○○○○○ ────── ☆ 10米 ●●●●● ●●●●●	2 3 6 6 3 3	1′ 1′ 2′ 2′ 1′ 1′

程序	学习内容	教师主导	学生活动	设计意图	组织队形	次数	时间
	二、游戏：看谁投得准，看谁掷得远	1. 讲解示范游戏规则和方法（分成四小组，运用脚背正面运球方法过 10 米距离，用掷界外球向球筐掷足球，多快为胜。）	1. 认真听教师讲解并记住游戏规则和方法	1. 把脚背正面运球运用于游戏中，落实评价任务。	四个篮筐 ○○○○ ↕5米 ↕10米 ○ ○ ○ ○ 组1 组2 组3 组4		
		2. 邀请学生进行示范演示	2. 认真看同学进行演示			1	30″
		3. 提示学生安全事项	3. 牢记安全注意事项				
		4. 组织学生进行游戏	4. 积极投入到游戏中去			2	1′
结束部分 5′	一、放松活动：击掌传球	1. 带领学生	1. 认真轻松地进行放松活动	放松活动的安排是想让学生针对自己较为疲劳的部位得到充分的放松。	○○○○○ ○○○○○ ●●●●● ●●●●● ☆ 成体操队形	1	1′
	二、本课小结	2. 组织学生对本课进行小结	2. 进行表演		○○○○○ ○○○○○ ●●●●● ●●●●● ☆	1	20″
	三、师生再见	3. 师生再见	3. 师生再见				
		四、收拾器材	4. 组织部分学生收拾器材	4. 帮助教师收拾器材			

注："时间"所示仅为部分学习活动所用时间。

| **4.7** | **游子吟（音乐四年级下）** |

内容来源	江苏少年儿童出版社 2014 年版《音乐（四年级下册）》，第五单元第 1 课		
课时	共 1 课时，第 1 课时	设计者	曾瑾
课程标准	1. 能用正确的姿势、自然的声音，深情地演唱歌曲； 2. 能边唱边随歌曲旋律做舞蹈律动。		
教材解读	《游子吟》是苏少版音乐教材四年级的学习内容。歌曲《游子吟》是一首亲切真挚的人性美颂歌，由唐代诗人孟郊的诗作谱曲而成。歌曲为四四拍子，七声徵调式，四个乐句和尾声构成一段体结构。第一、二乐句旋律深沉平稳，第三乐句在高音区回旋，情绪较为激动，第四乐句运用第三乐句的歌词，重复了第二乐句的旋律，结束句的旋律由一个长音构成，抒发了儿女对母亲的无限深情。全曲使人备感亲切、爱意绵绵。		
学情分析	对于小学四年级这个阶段的学生来说，他们有一定的诗歌基础，并对歌曲所表达的情感有一定的理解能力。因此，本节课将通过吟诵、吟唱、表演这一系列活动，一步一步引导学生将真挚的情感投入歌曲，不仅理解歌曲的情感特征，更能将它通过音乐淋漓尽致地表达出来。		
学习目标	1. 能用深情饱满的声音，连贯地演唱《游子吟》。 2. 认识波音记号，能够正确演唱，体会"密"字所蕴含的情感。 3. 通过吟诵与歌唱交融的学习，能体会歌曲中那种纯真、朴实的母子之情。		
评价任务	1. 学生深情演唱《游子吟》。 2. 学生边唱边做穿针引线的动作。 3. 与老师配合表演《游子吟》。		
教学板块	教学过程		
板块 1： 欣赏与感受导入	1. 聆听视音，导入新课 将《游子吟》歌曲作为背景音乐，让学生欣赏几组表达母爱的图片。 （请学生说一说这组图片表达了什么样的情感） 2. 学生朗诵古诗《游子吟》 在我们中国古代，有一位诗人写了一首歌颂母爱的诗，你们知道是哪一首吗？ （引出古诗《游子吟》） 全体学生齐声朗读古诗《游子吟》。 教师介绍《游子吟》背景，并引导学生根据作者所表达的思想感情再次深情朗读。		

（续表）

教学板块	教学过程
板块2： 学习歌曲	1. 按节奏朗诵 老师也想来朗诵一下这首诗，同学们听一听老师朗诵的和你们有什么不一样？（有节奏、最后一个音拉长） 一起按节奏来朗诵《游子吟》。 2. 聆听歌曲 学生听录音演唱这首歌，听听看录音演唱的和你们刚刚朗诵的又有什么不同？（最后一句重复了，临行密密缝节奏不一样。） 按歌词节奏朗诵。 3. 学唱歌曲 看简谱，唱歌谱。（唱两遍） 加入歌词，学唱歌曲。 跟范唱轻声哼唱歌曲。 跟伴奏大声唱歌曲。 4. 听音乐律动 教师随音乐做动作，生伴唱。 教师穿针、拉线动作。 （学生跟音乐律动一、二句穿针拉线，并通过动作感受"临行密密缝"节奏的不同）。 5. 解决难点 歌曲中哪一句是最能体现母亲对孩子的爱的？教师演唱这一句，学生听唱：哪个字发生了变化？（讲解波音记号） 最后两句歌词一样，旋律不一样，两句要对比。（最后一句演唱的时候要更加深情一些，声音扬起来。） 最后一句的"心"字一字多音，要把连绵的感觉唱出来，藕断丝连。 最后一句中的"报"字，上下两行都用了小附点的节奏型，唱的时候要感觉情感从内心迸发出来。 6. 完整演唱 7. 加上律动演唱
板块4： 拓展	由于这首歌曲的旋律非常的优美，情感非常的质朴，所以被众多的作曲家和音乐爱好者，改编成多种音乐形式来进行表演。接下来我们就通过一段视频来欣赏一下合唱版的《游子吟》。当你听到熟悉的旋律时，就轻轻地随着唱一唱，和他们一块感受这首歌曲。（播放《游子吟》童声合唱视频）
板块5： 小结	这节课我们学习了《游子吟》这首歌，那你们想对妈妈说些什么吗？请同学们回家后把今天学的这首歌唱给你们的爸爸妈妈听，并给爸爸妈妈一个大大的拥抱，来表达你对他们的感恩之情。
板书设计	∿∿ 波音

| | 4.8 | 猜猜我是谁（美术四年级上）| | |

内容来源	人民美术出版社 2014 年版《美术（四年级上册）》,第 7 课		
课时	共 1 课时,第 1 课时	设计者	潘洁琴
课程标准	第二学段"造型表现"领域的学习目标:初步认识线条、形状、色彩与肌理等造型元素,学习使用各种工具,体验不同媒材的效果,通过观察、绘画、制作等方法表现所见所闻、所感所想,激发丰富的想象,唤起创造的欲望。		
教材解读	《猜猜我是谁》是人美版美术教材四年级第 7 册的学习内容,是本套教材中线条系列的一部分,属造型表现学习领域内容。教材 P13 几幅学生背面头部的图片,旨在学习用不同的线写生人物背面。细细品读课程标准、教材内容,不断反问:我要教给孩子们什么?将答案聚集于——特征和线造型方法。背面人物特征有头型、发型、饰品、服装等;线造型方法主要体现于男女生不同的发型表现。		
学情分析	1. 学习能力分析:教材前后学习内容联系密切。本课《猜猜我是谁》是前一课《自行车局部写生》内容的延续。在前一课中,学生对线条的粗细、曲直、长短有一定的认识和理解,因此对于男生发型中体现的短、粗、密、直的线条形态,作延续认知;而将精力集中于女生长发线条的柔美与方向感的学习。 2. 学习内容分析:男女不同的发型特征为线条表现提供了研究对象。女生长发,线条柔美而具有方向感,画面疏密有序;男生的短发,线条短、粗、密、直,向着头旋作漩涡状有序发射。教学中通过"观察分析"学习背面人物特征;"教师示范""对比纠错"学习男女生发型线条的不同表现;"欣赏品读"发饰、服装等精细的细节表现方法。		
教学目标	1. 通过观看视频,说说线描表现背面人物头部的要素。 2. 结合评分规则的学习,尝试在评分规则指导下用线描表现背面人物头部。 3. 能用评分规则互评,加深表现要素的理解,感受创作的乐趣。		
评价任务	1. 提问:用线描表现背面人物头部的要素有哪些? 2. 学生在评分规则的指导下,用 15 分钟对座位前一位同学进行背面头部线描写生。 3. 开展游戏活动"猜猜他是谁",学生说说猜测理由。		
教学板块	教学过程		
一	1. 导入揭题 观看背面人物头部线描写生的视频(男生),说说背面人物线描写生可以从哪些方面入手?(头部外形、发型特征、服装发饰等)		

（续表）

教学板块	教学过程
	2. 教师示范 教师示范写生女生长发。从背面人物的头部外形、发型特征、服装饰品展开讲解演示。 3. 信息反馈：回答"背面人物头部的表现要素有哪些?"。

二	一、对比观察，师生共同研制评分规则
	  1. 头部外形：观察不同胖瘦人物的头部外形，说说有什么不同？（圆形或椭圆）;
	  2. 发型特征
	    （1）女生长发
	      ① 案例呈现
	        对比"线条僵硬和柔软"两张女生长发作品——线条柔软。
	        对比"线条有方向感和杂乱"两张女生长发作品——有方向感。
	      ② 小结：原来画女生长发，应注意线条柔软有方向感。
	    （2）男生短发
	      ① 案例呈现
	        对比男生女生头发的线描作品——短、粗、直。
	        对比"线条稀疏和密集"两张男生短发作品——密。
	      ② 小结：原来画男生头发，应注意线条——短、粗、密、直。
	  3. 服装发饰：观察不同人物的服装或饰品，说说有什么特点？（图案不同）
	  4. 信息反馈，呈现评分规则表。根据线描表现背面人物头部的表现要素，说说怎样的表现是好的?
	
	《猜猜我是谁》评分规则表
	
	  二、样例呈现，理解评分规则
	    用"优秀、良好、一般"三幅样例作品告诉学生："这样的"为优秀，"这样的"为良好，而"这样的"为一般。
	  三、学生绘画，实践评分规则（评分规则表于作业纸顶端呈现）
	    请参考这张评分规则表，写生座位前一位同学的背面头部。注意"评分内容"的表现，等会儿我们要对这些方面进行评价。

三	1. 游戏"猜猜他是谁?"
	  （1）作品展示
	  （2）猜一猜

《猜猜我是谁》评分规则表

评分项目	评分内容	表现程度		
		一般★	良好★★	优秀★★★
头部外形	椭圆或圆形圆润呈现			
发型特征	长发，线条柔软有方向感 短发，线条短、粗、密、直			
服装发饰	表现出图案			
整体感觉	构图饱满、线条流畅			
总评				

教学板块	教学过程
	（3）议一议：你从哪些方面猜出来？（根据评分内容逐一完成评分规则表的自评互评） （4）思一思：下次表现背面人物的头部时，你会注意哪些方面？ 2. 小结延伸 　（1）教师小结 　　　教师结合评分规则表与学生一起回顾：这节课我们学会了什么？ 　（2）课堂延伸 　　　大师作品欣赏：背面人物作品对人物性格的刻画与表现，探索背面人物表现的神秘。

下篇

沿途拾趣

这是一些写在旅途边上的心得。

这些年,我们确乎发表了不少课程与教学研究的成果。关于"目标",关于"评价",关于"评价信息",关于"教—学—评一致性"的各种主题,我们有话要说。

我们的成果,也呈现出"分布式"的形态,如果这些成果能够对他人的课程行为发生积极影响,我们可以认为,这本身也是"分布式课程领导"的一种形态。

当我们的成果"成批"发表的时候,的确引起了人们的"惊艳":"你们怎么这样能写?"

"不做,我们一行字也写不出来。"

我们的回答绝对不是骄傲或者矫情。

我们的研究是从"做"中得来的,因此,一定可以回到"做"中去。

5. 分布式课程领导

5.1 学校活力的源泉：对分布式课程领导的认识与实践

　　"分布式课程领导：一项合作与赋权的学校变革行动研究"，是我校承担的江苏省教育科学十二五规划 2011 年度重点自筹课题。在课程立项与实践的过程中，我们不断叩问分布式课程领导在学校现场的价值，不断探索分布式课程领导在学校的实践路径，我们越来越明确地认识到，只有在学校现场唤起复杂而丰富的深刻回应的时候，概念与术语，才会脱出"理论是灰色的"之类的魔咒般的论断，焕发其应有的魅力来。也许，当我们第一次接触"分布式课程领导"概念的时候，它只是一种冷冰冰的理论，然而，"从某种意义上来说，学校课程领导在实践上的意义要远大于其理论意义"①。本文试从一所学校的个案出发，思考分布式课程领导何以给学校带来持续而深刻的活力。

一、分布式课程领导的美好期许：学校拥有持续的整体活力

　　我校是一所新建学校，具有创业者固有的整体活力。但我们从一开始就警惕活力的持续性问题，我们深知人无远虑必有近忧。将"分布式课程领导"作为学校的主要课题，其初衷即是"旨在通过'分布式课程领导'这种理想格局的形成，不断激发学校整体活力，使这种活力与时俱进，具有可持续性"（本课题的开题报告）。在创业的激情渐淡之后，学校活力如何

---

① 靳玉乐.学校课程领导论［M］.北京：人民教育出版社,2011：39.

才能源源不断？我们对"分布式课程领导"充满美好的期许,寄希望于"分布式课程领导"格局的形成,在形成这种美好格局的过程中让学校充满活力。

我们希望通过分布式课程领导格局的形成,建立深入到每一个个体心灵而又聚向于学校共同向往的学校愿景。因为,共同向往可以使学校保持活力,但这种共同向往又应该尊重每一个个体的心灵,只有如此,学校愿景才能成为每一个人的活力源。我们相信分布式课程领导格局形成的过程,就是将四散的个人活力汇聚成整体活力的过程。

我们希望通过分布式课程领导格局的形成,建立一种能不断开拓个体与学校创造力的组织方式。在这种组织方式中,没有专制,没有猜疑,没有盲从,没有粗暴,没有高高在上,没有唯唯诺诺,唯一信仰的就是真理,就是由课程建设而带来的学校、教师与学生实质性的成长。分布式课程领导追求的正是这些:由集权式走向分布式,由个人英雄式走向抱团发展式,唯此,学校才能真正长久地充满生机活力。

我们希望通过分布式课程领导格局的形成,建立一种能够促进每一位教师专业提升而又能让每一位教师成为集体知识创造者的平台。我们的逻辑非常简单:只有发展教师,才能成长学生;而教师的长久活力,在于不断的专业发展,没有不断的专业发展,教师很容易会陷入职业倦怠。我们相信分布式课程领导不是为某几位教师设定的个人理想,而是通过建立创造"学校知识"的团队愿景,体现出一种合理的"分布式结构"。这种分布式结构呼应学生的学习结构与个性化学习需要,因此最终造福于每一个孩子。

我们希望通过分布式课程领导格局的形成,促进学校文化的不断丰富。把什么事情当作学校最重要的事情,怎样确立学校的核心工作,采用怎样的方式去做这些事,如何在这些事情的过程中成就人,并形成具有学校特征的行为与价值追求?无疑,围绕着课程要素展开的分布式课程领导过程,正是对这些问题的行动解说。

我们学校是一所极其普通的学校,因此,我们也希望能够以一所学校的努力证明分布式课程领导在实践场域何以可能,学校活力的长久激荡何以可能,并以此寓示所有的学校都可能。

二、分布式课程领导的基本理解：概念、要素与愿景

名不正则言不顺，因此，关于分布式课程领导的基本问题的理解是重要的；但是，高端的教育理论如果只是书斋式的思辨，那就没有任何变革现实的意义可言。因此，对于学校来说，重要的不是纠缠于关于某个理论术语的各派之争，而是从概念之中厘清大方向。

分布式课程领导的概念解读。"分布式课程领导"的理解，可以从四个层面入手，首先，要理解何谓"领导"，"领导"一词相对于"管理"而言，"管理"强调执行与控制，"领导"强调引领与影响；前者强调"行政性"，后者强调"专业性"；在"领导"视域中，只要能够发挥引领与影响的行为都是"领导行为"，在"管理"视角中，"领导"即是由具有领导职务的人发出的行动。其次，要理解何谓"课程领导"，课程领导即在课程事务中产生的引领与影响，只要在课程事务中产生了专业引领与专业影响，不管是校长还是任何其他教师，都是课程领导者，因此，"课程领导"是每个人的事。再次，要理解何谓"分布式"，其实，我们在理解"课程领导"的时候就可以发现，这种"领导"在学校中不会只集中在几个人身上的，课程领域的"领导"行为是每一个人都可以有的，是"非集权"的、"非集中"的，是合理地分布在人群之中的，为了强调"课程领导"这种分布式的特点，学者们将之称为"分布式课程领导"。最后，要整体理解"分布式课程领导"，这个概念的核心意义在于倡导在学校中建立一种课程领导的分布式格局，使学校中的所有人员都可以、都可能发挥课程领导的作用，从而使学校成为课程资源丰富而合理、课程研究生生不息的场所，充满生机活力。

分布式课程领导的要素理解。怎样才算是出现了分布式课程领导的行为？分布式课程领导，应满足四个基本要素。其一，出现了"领导者—追随者"的人际关系，即出现了有人引领、有人追随的关系，这与"管理"的思路不同，"管理"的思路是有人布置、有人执行，"课程领导"的思路是有人引领、有人信奉，共同成长；其二，基于共同愿景，分布式课程领导基于共同愿景而实现，这也是"领导"的特征，"领导"重在建立愿景，"管理"重在设定目标，"目标"是管理话语，"愿景"是领导话语；其三，遭遇课程问题，分布式课程领导是在遭遇课程问题之中出现的，正是因为课程问题的出现，才会有共同愿景

的形成,才会有课程领导行为的出现,才可能有"领导者—追随者"关系的出现;其四,出现了有引领意义的问题解决行为,即相关课程问题的解决引领、影响了他人,这种行为就是"课程领导"的行为,而发生这种引领行为的人可能是学校中的任一人,而非总是集中在某几个人身上,此即"分布式课程领导"。

分布式课程领导的愿景描述。每所学校所要追求的分布式课程领导的愿景,可能会有所不同,我们学校致力于追求分布式课程领导,其愿景在"开题报告"中有这样一个表述:"如果最后没有形成'分布式课程领导'的生动景象与美丽格局,如果学校没有因此而具有使整体活力得以可持续发展的力量,那么,无论我们发表了多少的研究论文,哪怕我们出版了媒体热推的研究著作,我们只能遗憾地认为,我们的研究没有真正的成果可言。"这是一种诗意的描述,直接地说,我们的目标是:教师成为课程领导者,学校呈现分布式课程领导格局。具体地说:构建有效的课程领导机制,创造专业的课程产品,实现学校教育共同体中每一个人的成长,建设优质的学校文化。这个愿景,我们可能穷极一生都难以实现,但这个愿景让学校成为一片梦想地,学校在追梦中获得持续的整体活力。

三、分布式课程领导的校本实践:做什么与怎么做

分布式课程领导调动学校所有的力量聚焦于"课程",分布式课程领导的校本实践可以从"做什么"与"怎么做"上作说明,从"做什么"与"怎么做"上显现其激活学校活力的意义。

分布式课程领导"做什么"? 一言以弊之:"做课程"。分布式课程领导号召所有的老师聚集在"课程"的周围,研究课程问题,将课程问题作为学校生活的基础。那么,何为"课程问题","课程问题"包括哪些问题?从实施层面来看,教师面对的主要课程问题包括:学校的课程规划(主要是学校层面的)、课程的学期纲要(主要是教研组层面的)、课堂的有效教学(主要在教师层面的)。在学校的课程规划中,包括学校的课程哲学(即培养什么样的人)、国家课程校本化实施、校本课程的整体设计等问题;学期课程纲要,包括国家课程依据课程标准制订的课程纲要与校本课程的学期纲要。课堂的有效教学,则包括专业教学方案的设计(在我校即为"教—学—评一致性"的

教学设计)、课堂教学的专业评价与改进(在我校即为"教—学—评一致性"的课堂观察)。而从课程要素来说,教师面对的课程问题则为四类:课程目标、课程内容、课程实施与课程评价。这四类问题在学校课程规划、学期纲要编制、课堂的有效教学中都存在,只是层面不同。而从课程产品的角度来看,以上的文本与实践都可以看作课程产品,如规划、纲要、教案、试题与试卷、课例、观察报告等等。分布式课程领导要做的就是围绕着这些课程问题进行研究与实践,在研究与实践的过程中发挥各自的引领作用与影响力,最终提升课程质量。形象地说,分布式课程领导倡导的是,所有的教师以专业的姿态围绕着课程,就像围坐在火堆周围。帕克·帕尔默曾经生动地指出:这个让我们结合在一起的成为共同体的是"伟大事物的魅力",人们把伟大事物作为教育共同体的重要焦点,"正如原始人一定曾经聚集在火堆周围,透过聚集在它们周围并尝试去理解它们,我们成为求知者、教师和学习者"①。在分布式课程领导的视角下,这个"伟大事物"就是"课程问题",学校中的全体成员聚集在周围,成为"共同体"。

分布式课程领导怎么做? 分布式课程领导围绕课程问题展开,其运作方式的最明显特征是:民主、赋权、合作。分布式课程领导彰显的是课程民主,是在平等的、仅尊重真理的基础上解决课程问题,而不是仅靠"布置"与"听从"来解决问题;主张把课程设计、实施与评价的权力给予所有成员,而不是将关于课程的种种权力掌握在学校行政领导手中;主张在"共同研究"的过程中解决课程问题,而不是将课程问题的解决寄托在几个"英雄教师"身上;主张每个人都可以、都应该、都必须成为课程领导者,以自身的课程能力去引领、影响他人,同时也接受他人的影响。因此,分布式课程领导,不是一种"线性"的简单操作,而是在对话、交流、分享之中的,是一个过程,一个生生不息而又迂回曲折向前推进的过程,而不是一个一蹴而就的简单结果。分布式课程领导的格局,是动态的,不断变化的,深刻互动的,而不是静止的画面。学校的整体活力,也正是在这种格局中充分释放出来。

分布式课程领导改变了学校成员的角色要求,倡导每一个成员都成为课程领导者,由此带来一系列的学校变革,改变了学校的文化生态,丰富了

---

① [美]帕尔默.教学勇气——漫步教师心灵[M].吴国珍,等,译.上海:华东师范大学出版社,2005:107.

学校的专业内涵,提升了师生的校园生活,帮助学校进入内在活力不断激发的良性循环之中。学校活力从何而来,如何才能源源不断永不枯竭,是一道大难题,分布式课程领导是解决这道难题的一种重要思路。

(张菊荣,发表于《当代教育科学》2015 年第 24 期)

5.2 分布式课程领导下教师角色的重建

分布式课程领导对教师提出了新的挑战,它要求所有教师进行课程方案的专业设计、课程的专业实施与专业评价。本文聚焦在课程方案实施即课堂教学,教师角色的重建所带来的课堂教学变革。在我们课程领导的视域下,教师角色也有了全新的定位。教师应为学习的促进者,区别于传统的教师教的课堂,强调教师助学的功能;教师应为学习的监测者,区别于传统的教师教的课堂,强调教师的评价要全程跟进;教师应为课程开发者,区别于传统的教师教的课堂,强调教师的课程开发能力。教师角色的重构给我们的课堂教学带来了变革,从原本教的课堂,变为了学的课堂、评的课堂,最终变为"教—学—评一致性"的课堂,课堂教学变革呼唤教师角色的重构。

一、教师应为学习促进者,变"教的课堂"为"学的课堂"

教师成为学习促进者,强调教师助学的功能。正如著名特级教师薛法根在某次报告中说的:"一节好的课,教着教着,老师不见了;一节差的课,教着教着,学生不见了。"教师在课堂教学中要体现学生的主体地位。教师要了解学生的学习起点,关注学生的认知结构,掌握学生的学习规律。教师成为学习促进者,这种教师角色的转变势必带来课堂教学的变革,让教的课堂变为学的课堂。

教师成为学习促进者,在课堂教学中就必须要对学生有充分的了解。在课堂教学中,教师不管在制定目标、安排内容、设计方法中都需要考虑学生因素。**了解学生学习起点,以制定学习目标,帮助学生知道"去向何方"。**教师要了解学生的学习起点,因为学生学习起点犹如导航中的"定位",如果教师连学生"在哪里"都不知道,那么又如何制定"去哪里"的目标?了解学生的学习起点,才能制定更加合理的学习目标,促成原有知识与新学知识的"连接",诚如认知心理学家奥苏伯尔的名言所说,教学成功的全部奥秘就在于了解学生的已知,因为只有了解"已知",才能知道"去向何方"。学生在学习的时候,清楚地知道"目的地",教的课堂就变成了学生可以"清楚地学"的课堂。**关注学生认知结构,以选择学习内容,帮助学生知道"凭借什么学"。**教学不是直接"教教材",而是"用教材教",这就是我们所说的"凭借什么学"。为什么不能直接"教教材",因为教学的成功,在教材之外,还有更重要的"学生",如果一味地教教材而不懂得根据学生实际情况进行内容的选择与调整,不顾及学生的认知结构而而"硬灌",一定不会获得成功。所以教师根据学生的知识结构对教材的内容进行精加工,变"教材内容"为"学习内容",变教的课堂为学生会学的课堂。**掌握学生的学习规律,以设计学习方式,帮助学生知道"怎样去"(抵达目标)。**教师在课堂教学设计时,如果忽略学生学习规律的特点,只顾自己喜好或者时下流行,那么就会出现学生陪教师"演戏"的现象,学生无法真正参与到学习过程中去。依据学生学习规律来设计学习方式,犹如教师了解学生的"开车习惯",设计合理的路线,可以让学生更好地抵达目的地,变教的课堂为学生乐学的课堂。

二、教师应为质量监测者,变"教的课堂"为"评的课堂"

教师成为质量监测者,强调教师的评价要全程跟进。随着课堂变革的不断深入,我们对评价的认识也在不断改变。以前我们简单地认为评价就是课堂评价语言,这是对课堂评价的误解,导致我们无法监测学生学习的全过程。教师要成为质量监测者,就必须要重视评价,这种教师角色的转变势必会带来课堂教学变革,变教的课堂为评的课堂。

教师成为质量监测者,在课堂教学中就必须重视评价的运用。教师要对学业质量负责,不只是对学业质量的结果负责,而是要对质量全程负责,即要成为质量监测员,要用评价掌握学生的学习状态,用评价监测学生的学习结果,用评价调整教师教学行为。质量监控者需要评价全程跟进,这种教师角色的转变就带来了课堂教学变革。首先,用课堂评价获取学习信息。教师作为质量监测者,必须要监控学生的学习过程。以往教师只管教不管评的课堂形式,无法时刻掌握学生学习动态,所以教师要设计评价任务。布置清晰的学习任务,学生在根据学习任务学习时,教师可以获取学生各种学习信息,以正确推进学生学习过程。其次,用课堂评价监测学习结果。教师作为质量监测者,需要不断监测"学生学会了没有"。在获取学生学习信息之后,教师就要根据这些学习信息进行判断。因此,教师在设计评价任务的时候,除了为学生布置清晰的学习任务之外,还要有指向目标的、明确的评价标准,以便快速判断学生是否学会了。最后,用课堂评价调整教学行为。教师作为质量监测者,要为学生更好地学服务。评价学生是否学会了,可能会出现两种结果,学会了或者没学会。如果学生没有学会,那么教师就要根据这个判断结果,马上做出教学行为的调整,让没有学会的学生能更好地学会。根据评价结果调整教学行为,是教师作为质量监测者的重要工作。

三、教师应为课程开发者,变"教"的课堂为"教—学—评一致性"的课堂

教师成为课程开发者,强调的是教师的课程开发能力。教师的课程开发能力体现在教师对课程方案的制定与课程方案的实施中,本文聚焦课程方案的实施即课堂教学,在课堂教学中教案的设计与实施的能力就是教师成为课程开发者的一种体现。这种教师角色的变革势必带来课堂教学的变革,变"教"的课堂为"教—学—评一致性"的课堂。

课堂教学领域教师的课程开发主要是指教案设计、教学实施与评价。课堂教学中教师课程开发能力缺失的现象比较严重,很多老师持"教学思维"而没有形成"课程思维",具体表现如,课堂教学中学习目标的缺失,教师只知教教材,却不知道一节课要达成的目标是什么;评价的缺失的,教师只知教,却不管评,不知道学生是否学会了;教师教教师的、学生学学生的、评价又归评价,教、学、评分离。教师作为课程开发者,必须学习研制学习目标,学会思考并促进目标与评价任务、与教学过程的一致性。首先,目标是一节课的灵魂。一节课的目标是根据学科课程标准和学生学情而制定的,每一节课的目标达成,才能最终达成课程总目标。也就是说,每一节课都要指向目标进行课堂教学评价,看目标是否达成。因此,目标的表达必须要可评可测。其次,目标与评价任务的一致性。课堂教学中评价是不可缺失的,

缺失评价教师将无法掌握学生的学习,评价任务就是教师进行课堂评价的关键。同时,课堂评价评的是目标的达成情况,所以评价任务一定要指向目标。要达成怎样的目标,就需要怎样的评价任务,也就是目标与评价任务的一致性。最后,目标与教学过程的一致性。避免课堂教学中目标缺失的问题,教学过程的展开也是指向目标的。一节课要达成怎样的目标,教师就要展开怎样的教学。也就是说,目标、评价与教学三者之间是一致的,"教—学—评一致性"是课堂的基本要求。

在分布式课程领导下教师角色发生了转变,同时课堂教学的变革呼唤教师角色的重建,教师成为学习促进者的角色重建带来了变教的课堂为学的课堂的课堂教学变革;教师成为质量监测者的角色重建带来了变教的课堂为评的课堂的课堂教学变革;教师成为课程开发者的角色重建,带来了变教的课堂为"教—学—评一致性"的课堂的课堂教学变革。

(吴晓亮,本文发表于《当代教育科学》2015 年第 24 期)

5.3 在解决课程问题中实现教师课程领导力

课程领导力是一种能力,教师的课程领导力主要是在解决课程问题的情境中得以实现的,也即,如果没有遭遇课程问题,如果遭遇了课程问题但没有人来引领问题解决,教师课程领导力就无法实现。课程领导力不是行政领导的专利,它属于每一位教师。课程的开发与变革面临的问题极其复杂,归纳起来,主要有以下三大类,即构件问题、支架问题和心智模式问题。而教师课程领导力的实现也必须基于这些问题的解决。

一、在构件问题的解决中实现课程领导力

教师在课程开发与变革活动中,经常会遭遇一些"具体问题",这些"具体问题"是解决更大问题的基础,因而被称作"构件"。如"导入"是一节课的构件,"评价"是课程发展的构件,"教学目标"是一份教案的构件,"注释"是一份专业论文的构件。从一节课,到一个学期,在整个的课程开发与变革中,充满了构件问题,它们在不同教师的工作中都是存在的,新教师也许会为"怎样导入"皱眉头,老教师可能会为"怎样设计一个更好的学习情境"而困惑。这些构件问题虽然是局部的,点状的,但却是不容忽视的,因为这些问题解决不好,往往会影响到整个的课程开发与变革。我们在课程开发与变革中不可能不遇到这些充满课程情境的问题,而遭遇这些问题,并专业地解决问题,其实也是教师课程领导力实现的过程。

比如,我们美术组的 P 老师,在一次校本教研中,就遭遇了"如何让学生明晓评价规则"的"构件"问题。关于"评价规则"的开发与运用,P 老师是理

解比较透彻的一位。就是这样一位比较有经验的老师,在执教四年级美术《猜猜我是谁》一课时也遇到了难题。P老师根据评分规则制订的原理,开发了以下的表格来说明"怎样的作业是好的":

关 键 指 标		区分度		
		一般★	良好★★	优秀★★★
头部外形	呈椭圆或者圆形			
发型特征	线条柔软有方向感或线条短、粗、密、直			
服装发饰	表现精细			
总评				

但一节课下来,关于"怎样的作业是好的",学生还是不能明白。面对这张评分规则表,P老师陷入了困惑。"我该如何用语言向学生表述'何为一般'、'何为良好'、'何为优秀'呢?"面对P老师提出的困惑,美术教研组的老师陷入了沉思。"将评价项目逐一拆分,各分出'一般'、'良好'、'优秀'三种表现程度。""但是这样相当于九个等第,而且艺术作品强调整体感知,还是很难用语言解释清楚。"B老师的建议立即遭到了反驳。大家再一次陷入思考之中。"用样例呈现呢?用样例呈现关键指标的区分度划分,直观地告诉学生'这样的头部外形表现为优秀,而这样的是良好,这样的为一般'"。X老师的"样例呈现"一语中的,大家顿觉柳暗花明。用"样例呈现"的方法,将原来"说不清"的"区分度"解释得淋漓尽致,让学生一看就明。第二次执教时,P老师通过"样例呈现"的方式,跟学生共同探讨各个环节的关键指标从"一般"到"优秀"等级的区分度,教师通过评分规则传达期望和意图,学生对照规则进行评价,真正发挥了评分规则导学导评的功能。

P老师所遭遇的问题对于整节课来说虽然只是一个小小的构件,但却是不可逾越的,因为这个问题不解决,学生无法明白评分规则,无法明晰学习任务,也就无法有更好的课程质量。而在教研组老师围绕构件问题的讨论中,无疑,X老师的行为正是课程引领行为,其课程领导力在这个问题情境中得到了实现。

二、在支架问题的解决中实现课程领导力

支架是指问题解决的思路或者框架。教师解决问题需要支架,如同建

筑工人施工需要脚手架。解决支架问题,并不是提供某一具体操作技术就能解决的。而是需要团队依据一定的分析框架或者思路一步步分析,区分主要问题和次要问题,研究问题之间的关联,从而创造性地解决问题。一节课分几个板块,几个板块与目标的关系如何对应,课程纲要有几个要素,"基于评价信息的课堂观察"证据有几类,这些都是支架问题。支架问题往往超越构件问题,特别需要专家或同伴引领。因为教师在遭遇支架问题时往往只看到了其中几个点,看不到整体。而解决支架问题需要教师具备整体判断的能力,譬如整体看教案的板块,整体看课堂的结构,整体看一份试卷。

例如我校数学教研组在"课堂观察"方面很有造诣,组内几乎每一位老师都有能力在公开场合作课堂观察报告,他们围绕"教—学—评一致性"这个大主题先后做过 20 多次课堂观察报告。课堂观察,是评价与研究课程的重要方法,"作课堂观察报告"也是课程领导力的表现形式。一所学校的一个教研组,人人学会作课堂观察报告,这种课程领导力也不是一下子形成的,几乎所有的老师都曾经遇到过"支架问题",因为老师们在确立了观察主题之后不知道如何设计"观察量表",而这个"观察量表",就是课程问题中的"支架问题"。F 老师在第一次做课堂观察时就遭遇了这样的问题:她想要观察的主题是"教师的课堂理答",但她不知道"怎样观察课堂理答"。于是,她就这个困惑求教于教研组的同仁,这是一个非常有趣的过程,在这个过程中,很多老师分别发表了意见,其实这个发表意见的过程,就是共同遭遇与解决课程问题的过程,也是教师实现课程领导力的过程,而 F 老师综合同伴们的意见,反复思考,形成了以下"观察框架",这里又有"自我引领"的意义。

评价视角下的课堂理答(观察框架)

学习目标	学习任务	教师怎样提问	学生怎样回答	教师怎样处理	理答之后学生的表现

三、在心智模式问题的解决中实现课程领导力

心智模式是指人们的思想方法、思维习惯、思维风格。教师在课程开发

和变革活动中对于一些重大问题通常要寻求问题创新的、方向性的、观念性的解决对策。例如我们以前只填写教学进度表,而今天要编制学期课程纲要;我们以前只基于教材与教参来设计教案,而现在从目标出发设计评价任务,最后形成"教—学—评一致性"的教案。诸如此类的变革,是属于"推倒重来"的变革,是抛弃一种思路重构一种思路的变革,就属于心智模式问题的解决。心智模式问题的解决极其重要,这是一个事关大观念、大方向的课程问题,是课程变革的基础性问题。

传统的教学方案设计重在"教学过程",教师聚焦于"教学问题";而"教—学—评一致性"的教学设计,必须立足于目标设计,评价设计要先于教学设计,在评价任务没有设计之前,我们不去纠缠教学过程的细节设计,教师聚焦于"课程问题"。——同样的设计,是聚焦于"教学问题"还是"课程问题",基于不同的心智模式。某年,新调入我校的 Y 老师在一次综合实践研讨活动中也遭遇了这样的心智模式问题。应该说,Y 老师把他洋洋洒洒的教案贴到教研群里的时候,他是有着几分得意的,他几乎把课堂教学的每一个环节每一句话都写了下来。然而,他的教案背后支持的完全是"教学思维"而非"课程思维",没有对目标的正确叙写,没有针对目标的评价任务,通篇写的是关于教师怎样教的细节,没有把"学生应学会什么"(即目标问题)与"如何知道学生是否学会"(即评价问题)作为设计的中心。所以,当他把教案贴出来之后,他所期盼"请大家给予细节上的帮助"被大家"置之不理",因为心智模式没有变革之前,讨论这些细节是没有意义的。于是,A 老师提出"我们先来讨论目标",在目标讨论明白之后,B 老师说,我们一起来思考:怎样确定这节课的评价任务。Y 老师初步拟出了目标与评价之后,C 老师说,在考虑评价在教学活动中的整合时,必须注意"一致性"。……这次讨论的成果之一是:洋洋洒洒然而全部是"教"的细节、缺乏课程意识的教案,被大大减肥。更重要的成果是,Y 老师说,8 个小"折腾"改变了他 10 年的旧想法。这种"改变"正是心智模式的改变。

心智模式不仅影响教师的思想和对教育教学的认识,也影响教师对工作、学习和生活的态度,以及教师的行为习惯和行为模式,决定教师如何行动。深入的反思和积极的探寻是改善心智模式的重要方法之一。教师要敏锐洞察课程开发与变革中的问题并通过团队合作、自我反思等方式创造性地解决课程问题,当然这个过程是漫长和复杂的,不是一两次实践就能做到的,需要反复的实践与反思,才能产生独到的解决问题的方法。

当然,课程问题远不止本文所罗列的三种,其关键在于教师遭遇问题后如何对课程问题作出恰当的解决,这也正是教师课程领导力实现的关键。因此,教师要不断学习课程知识和技能,提升自身的课程素养,保证在纷繁复杂的课程问题中达到可持续引领。

(钮雪芬,发表于《当代教育科学》2015 年第 24 期)

5.4 分布式课程领导引发学生的学习变革

　　"分布式课程领导"将课程领导权赋予所有的教师,直接带来教师的角色转变,而教师角色的转变最终必然会引发学生学习的变化。在分布式课程领导的语境中,改变教师只是一个起点,最终受益的是学生。在分布式领导实践的过程中,我们系统地规划课程,追求"教—学—评一致性"的课堂,实施适应性教学,这一系列的实践引发了学生的学习变革,使学生更系统地学、更有效地学、更有个性地学。

一、系统规划课程,让学生更系统地学

　　在分布式课程领导的所有实践中,专业规划是第一个关键动作。教师通过参与课程规划,从"只知低头拉车"的执行者向"更能抬头看路"的领导者转变。或许,更多的老师对具体的一门课程有过系统的思考与设计,但很少有老师会成为学校课程整体规划的主体,因而在更多教师的视野中,这一门门课程都是孤立存在的,没有任何关联。因此,这些课程不会形成合力、没有聚焦的指向,所发挥的效果也必将是支离破碎的。如果"我的眼中只有你"——一门门单一的课程,那就不容易看到课程整体的"大欠缺",比如可能会缺少关乎学生某种重要素养的课程支持,这种"大欠缺"给学生的学习造成的负面影响也必将是"大影响"。在分布式课程领导的实践中,教师参与制订学校六年的课程规划,教研组合作制订每门课程每个学期的课程纲要,这种对课程的系统规划让学生能够更系统地学。

　　学生的学习从零散走向结构。没有系统规划的学习,学生多是被老师

牵着走,不知道自己将去向哪里,是零零散散的,看上去也许学习了很多,但这种"看上去"的"多"很可能会有结构性的缺憾,就像一个人吃得很多但缺少了别的一种重要营养。而规划之后的课程,是有自己的系统结构的,可以使学生的学习从零散走向结构。以我校的课程规划为例,从横向看,有国家课程和"恒成(校本)课程","恒成(校本)课程"又分为恒成德育课程、学科拓展课程、技能特长课程和竹文化课程,这些课程完整地指向学生的素养,是均衡的、和谐的;从纵向看,我们的每一门课程在各年级段都有不同的计划,如学科拓展课程中的语言文学类就为学生做了六年的整体设计,包括一、二年级的"读写绘"课程、三至六年级的"儿童文学名著"课程,根据学校《必读绘本/必读儿童文学名著指南》,以"单元"的形式安排课时进行学习。正是有了系统的课程规划,学生在合理的框架指导下学习,不会厚此失彼,不会"跛脚",而是结构科学的。

学生的学习从随意走向系统。没有系统规划的学习,学生这个学一点,那个学一点,今天学这,明天学那,学生在"忙忙"地学习,但是却"碌碌"无为,因为他们看不到最终的目标。我们在规划课程的时候,首先规划的是"毕业生形象",即学校培养目标,经过几年的研究,我们最终把培养"内修外炼,能恒乐成的汾小学子"确立为学校的培养目标,整个的课程规划指向这个目标,每门课程的设计与实施指向这个目标,学生由无目标的随意"漫游"走向了聚焦目标的系统学习。而就某一门课程而言,我们通过编制学期课程纲要,帮助学生的学习从随意走向系统,学期课程纲要,既是教师教的依据,更学生学的导航,从这种意义上来说"课程纲要"也是"学程纲要",学生通过对"课程纲要"的学习,可以系统地了解本学期本课程的学习,明确学习目标、学习内容、学习方式与评价方式,从而明确了自己的学习任务,进而能更有指向地规划自己的学程,从随意学习走向系统学习。

二、追求"一致性"的课堂,让学生更有效地学

分布式课程领导的使命是提升课程质量,提升课程质量的重要路径是变革课堂教学。我们学校在课堂教学中的变革,就是通过"教—学—评一致性"的追求让学生更有效地学。什么是学生有效地学?如何判定学生的学习是否有效?以往,我们在判断"有效教学"的时候,往往从教师的视角来说

事,可是,老师教了并不等同于学生学了;以往,常常只看学生"学了什么"而不能确认"学生学会了吗"可是,学生学了也不表示他们都学会了。课堂上学习有效的唯一证据就是看学生学习结果的质量,也就是看哪些证据能够怎样证明学生学会了,即达成目标了。——以上的简述,即是教师的所教、学生的所学、课堂的评价一致性于目标,即目标导引下的"教—学—评一致性"的课堂教学。这种教学"为学习目标教","为学习目标学","依据学习目标评",确保学生更有效地学。

学生围绕目标展开学习。在"教—学—评一致性"的课堂中,目标是核心与灵魂。课堂伊始,学生就会与老师一起分享本节课的学习目标,之后的一系列学习活动都是围绕这些目标展开学习的,在教师呈现学习任务的时候,同时也会明确评价标准。比如,《长方体和正方体表面积和体积的复习》一课中,我们设计的学习目标之一是:"灵活运用长方体和正方体的表面积和体积计算公式解决生活中的实际问题。"我们设计了与之匹配的学习任务:"同桌讨论:修建游泳池需要解决哪些问题?"相应的评价标准是,学生应能"有序"地提出解决方案。在明晰学习任务与评价标准后,学生就知道了这个任务需要两个人合作讨论完成,需要按照工序的先后一次性提出问题,不能先装水再挖土。"有序",简简单单的两个字,引领学生围绕目标展开了有效探究。

学生围绕目标展开评价。在传统的课堂上,课堂上的学习评价是由教师根据学生的各种表现做出的,"教"、"学"、"评"是分开的;但是,"教—学—评一致性"的课堂评价中的"评价"是学习与评价"二合一"的,非常注重学生的自评与同伴的互评。这也得益于学习目标的清晰与评价标准的清晰。"教—学—评一致性"的学习大体上分三个环节:明确学习任务(评价任务),执行(完成)评价任务,分享(汇报、呈现、交流)学习结果。在任务完成后,学生边听同伴关于学习结果的汇报,边参照标准做出评价;汇报者也可以边汇报,边参照标准做出自我评价。在交流"修建游泳池需要解决哪些问题"时,我首先跟同学们回顾评价标准:"同桌讨论提出有序修建游泳池需要解决的问题。"这时,"有序"又成了交流汇报时的一把"利器",这就有了"老师,我们能不能换一下顺序"的自评,有了"不对,应该先根据游泳池的长、宽、高划出场地后再挖土动工"的同伴互评。学生正是根据工序的先后对自己或同伴的方案做出了合理的评价并进行了筛选与完善,从而得到了一份完整的游泳池修建方案,在这个评价活动中也都是围绕目标展开的。

三、实施适应性教学,让学生更有个性地学

在课堂观察学生的学习,我们不难发现,学生的学习差异是很明显的,比如他们的先前经验、认知结构、语言、兴趣、学习态度、学习方式等。这些差异呼唤个性化的教学,因为只有尊重个性的教学才是更好的学。在传统的课堂教学中,老师采用相同的方式、不变的教学策略来教各种学生,不同的学生要尽力适应老师单一的教学模式——这种单一教学模式是由教师课程领导力缺失造成的。而分布式课程领导主张发展每一位教师,使所有的教师成为课程领导者,具有课程领导力,使"教学适应学生"而非"学生适应教学"的"适应性教学"成为可能,这种"适应性"教学要求教师研究学生,顺应不同学生的不同学习需求、不同学习风格,能够更有个性地学习。

学生拥有课程选择权。在编制学校课程规划时,学校通过无记名问卷调查的方式在 644 名中高年级学生中对现有的学校课程进行满意度的测试,并对这些学生进行了"课程期待"调查,根据两者收集的信息,学校对现有的校本课程做出了相应的调整,设置了学生欢迎的校本课程。不仅课程的开设权来自于学生,具体的你想参与什么样的课程都是有学生自主选择完成的,而非强制性的,因此我们的校本课程学习是走班式的学习,是真正意义上的想学什么学什么的个性学习。

学生拥有学习方式选择权。学生的学习基础、学习风格都不相同,教师应提供"异学习"的机会,比如通过分层作业,学生可以选择基础题与挑战题;比如在课堂学习中,学生可以选择以"自主学习"的方式进行还是以"小组学习"的方式进行;比如为不同学习风格的学生,创造不同形式的表现机会。当学生可以更有个性地学的时候,我们的课程质量也就拥有更加深刻的内涵。而这,依靠传统的"集中式课程领导"无法实现,只有经由"分布式课程领导"的实践,才能最终使学生的学习质量得以深刻提升。

(顾嫣宏,发表于《当代教育科学》2015 年第 24 期)

5.5 校长的课程领导力

本质上讲,课程领导是一种分布式的专业领导。在这个分布式的专业领导格局中,校长的课程领导具有特殊的意义:在学校组织结构中,他具有行政角色,必须承担好行政职责;在作为专业领导的课程领导格局中,他应发挥好"校长的课程领导力"。而发挥"校长的课程领导力"的前提是,我们必须明确校长作为课程领导者的站位:我们是站在怎样的层面上理解校长的课程领导能力的?这是一个不太容易把握的问题,在学校的现场,身在此山中的校长常常会看不清庐山真面目,会有这样那样的迷茫,会在"站位"问题上发生偏差,这必须引起我们的警觉。

一、校长的课程领导不能站在"先知位",应该站在"合作位"

说到校长的课程领导力,我们总会觉得这个要求非常之高,似乎这就要求校长必须成为高高在上、无所不能的先知者,校长就应该把掌握在手的关于课程的大把大把真理告诉给老师,而教师是校长课程观的执行者。这样以"先知者"的要求去要求校长,既做不到,也没必要。绝大部分的校长不可能是课程真理的先期拥有者,一定要要求校长成为这样的先知者,必然会迫使校长打肿面子充胖子,不肯发现、尊重与发展教师的课程领导力,或者不懂装懂,或者不肯承认在很多地方比教师慢懂,甚至有很多领域永远不如教师;退一步说,即使校长们已经先期拥有了课程真理,仍不能采取"告诉"的方法来领导课程,因为教师课程能力的提升,是经历出来的而不是被告诉的,是一起"做"出来的而不是"听说"得到的。其实,校长的课程领导能力并不表现在他必须是"先知者",而在于他必须是一个"合作者",一个能够与教师一起进行课程研究的"合作者";并不表现在他是不是比教师懂得多、懂得早、懂得深,而是表现在他愿不愿意、能不能够深度参与、卷入到与教师的合作研究中去。教育部小学校长培训中心主任褚宏启教授说,一个校长在学校里是不是核心,就在于他是不是在做核心的事情,这个核心的事情就是课程与教学,你不做这些核心的事,你就是学校的边缘人。我深深地认同这样的观点,并且认为,这里的"做核心的事情",不求先行知道,但求一起成长——在我看来,没有比这更加真实的成长了,也没有比这更加真实的校长课程领导力了。因为在这样的合作研究中,校长对教师的影响会更加深刻,校长与教师会看到彼此在课程研究中一步一步的成长;在这样的合作研究中,校长对教师的课程领导力是极其丰富的、不断生成的、真切而深刻的,这种力量可以打动心灵,这才是真正具有魅力的影响力。遗憾的是我们的校长常常不能或不善于俯下身来向教师学习、潜下心去与教师合作,在合作中获得真正的课程领导力。

我们学校于 2010 年 10 月与华东师范大学课程与研究所进行了"课程领导项目"的合作研究,我没有比任何一位老师先懂什么,我和老师们一起走进"课程领导"的神秘世界,探询教学的奥妙。每一学期,我们用组织"成长课堂研讨会"的方式总结经验,每一次总结经验,我与老师们一起分析现象、提取观点、搭建思考的框架、反复推敲。2010 年 12 月,我们举办第二届成长课堂研讨会,研究"教学目标的叙写、观察与分析";2011 年 5 月,第三届成长课堂研讨会聚焦"课堂教学中核心任务";11 月,第四届成长课堂研讨会主题为"促进学习的课堂评价";2012 年 6 月,第五届成长课堂研讨会,研究"教—学—评一致性"问题;12 月,第六届成长课堂研讨会将"课堂评价信息"作为现场研究的主题,将前几届的研究成果统整起来。每一次,我们都在创造新的主题,我并没有比老师"先知",而是在这样的过程中,与老师们一起研究,尽可能地参与平时的教研活动,在与老师的互动中获得智慧启迪;在这样的过程中,我们的研究主题不断深化,我个人也形成了《教学目标:一个老生常谈而又时被忽略的话题》《课堂教学中的核心任务:有效教学的视角》《表现性评价:点式课堂突围的一种路径》《"教—学—评一致性"给我们带来了什么》《基于学习视角的课堂评价信息》等研究论文,而我们每一学期一期的校刊也相应地形成了"教学目标"、"课堂教学中的核心任务"等"组文"(以"本期关注"的方式组稿),这些组文引起了较好的反响,其中"教—学—评—致性"引起了《中小学管理》杂志的关注,后以此为基础,组织教师重新组文 4 篇在该刊 2013 年第 1 期隆重推出。

这一过程昭示了这样的一个道理,校长的课程领导力是在与教师的合作中"长出来"的,教师们可能会在校长的影响下成长,校长也会在教师们的启迪下进步。我近些年来发表的这些论文,是我前几年无法写出来的,因为这些正是我在发挥"校长的课程领导力"的过程中与老师合作研究的成果;而当我看到老师们散发着实践气息、具有理性色彩的论文时,更是深深地体会的,真正的领导力是在合作之中形成的。

二、校长的课程领导不能站在"行政位",应该站在"专业位"

虽然校长具有行政权力,但是校长的课程领导力却并不因为这种行政权力而存在;一纸任命,可以任命一位校长,却没有任何一个文件可以造就校长的课程领导力,因为课程领导是一种专业领导,并不因为你具有行政职务而拥有,也不会因为你没有行政职务而失去。

站在"行政位"上理解校长的课程领导,就是以行政思维来替代专业思维,比如认为自己一学期完成了多少节次的听课任务、组织了多少次的业务评比、参加了多少次数的教研活动、安排了多少次的讲座,就算是做好了课程领导;站在"行政位"上来理解校长的课程领导,就是用事务管理(更多的是工作的组织、数量上的任务完成、操作流程上的走过场)来替代复杂的、艰难的专业领导。我并不是说以上罗列的这些事务管理不重要,但如果我们认为做了这些事务,我们就尽到做校长的责任了,那就不对了,至少从"校长的课程领导"这个角度来看,我们的"责任"还没有展开。因为"课程领导"作为一种专业领导,关键并不在于我们组织了多少活动,而是在于这些活动附着了怎样的专业品质。无数次的缺少专业性附着的上课、评课等等的活动,只是一种事务性的"做了",却无法达到专业性的"做好"。

而校长的课程领导,恰好在于引领学校把课程建设成为一种专业性活动。比如分析学生的单元测试成绩,当老师们从"这个学生比较懒惰"、"那个学生比较粗心"等非专业性分析(这样的分析是不需要教育学知识的)时候,校长能否引领教师从专业的角度来寻找更加真切的解释?比如评价一节课,当老师们在用"这里时间用得多了一些"、"那里学生不太积极"、"这里教师的话太多了"等非专业性的或者最多半专业性的话语议课的时候,校长能否作一些专业层面的建议乃至"示范"呢?比如策划一项活动,在老师不理解"为什么要这样做""为什么要做这些"的时候,校长能不能帮助老师揭示出活动背后的课程价值、教育意义与文化取向呢?……课程建设的专业性无处不在,校长的课程领导——这种专业影响力,也该无处不在地深入到课程建设的各个关键环节。

当然,这种"专业领导"是"在场领导",而不是仅仅通过几句不痛不痒的"术语"与"再三强调"的口号就可以实现的,校长要发挥专业领导的角色,就必须经常要跑到教室里去,全程进入教研组去,与老师们一起对课程现象进行专业分析。比如在研究"课堂评价信息"的过程中,我就一直在探索一种"评课方式",我在进入课堂与教研活动的时候,总是与老师们一起"回放"、描述学生的实际学习情况(即"学习信息"),探讨哪些学习信息是因为教师布置的任务而引起的(即学习信息中的"评价信息"),叩问"评价信息"与教师的"评价任务设计"之间呈什么样的关系、教师的"评价任务"与"教学目标设计"是什么关系,以此分析我们课程与教学的"自觉性"。这样,我们就"以课为例",沿着"学习信息(评价信息)描述—评价任务分析—教学目标叩问"的线路追溯课堂教学,逐步形成专业化程度较高的课程研究方式。如果我们脱离教学现场,空空荡荡地叫嚷着"要有先进的理念"、"要以学生为主体"、"要遵循教学规律",都不属于"专业位"上的课程领导,而校长的课程领导必须站在"专业位"上。

三、校长的课程领导不能站在"偏科位",应该站在"整体位"

校长的课程领导与学科教师的课程领导不同,我们对校长课程领导的要求,不是他对"某一门课程"的领导,而是他对学校课程整体上的领导。那么,这样说是不是要求校长必须精通"每一门课程"呢?非也。尽可能精通更多的具体课程,具有尽可能丰富的"学科教学背景"固然是重要的,但是在现实中,全能型的校长恐怕凤毛麟角,而且,也不能替代对学校课程整体的领导。事实上,校长的课程领导并不仅限于某科的"偏科"领导(在分布式领导的格局中,这样的课程领导主要由学科教师分担),而是体现在比"某一门课程"高一层的站位上。具体来说,主要要在以下三个层面发挥校长的课程一是政策理解的层面,校长应该研究与理解国家的课程政策,这是学校自觉执行国家课程政策的必要前提,校长要善于将国家课程政策创造性地落实于学校的课程建设。比如课程计划,那是国家的课程政策规定了的,具有法规性质的,我们就必须去执行,不能随意破坏。新课程改革非常注重"课程结构的均衡性",这是建立在我们对学生素质结构的认识的基础之上的,不能轻易地改变。但事实上,随意性的增、删课程的现象还是很多的,校长喜欢语文的,就大量增加课程中的"语文元素";校长喜欢数学的,就大量增加课程中的"数学元素",而对于有些课程,甚至索性几乎不管,如此等等,其实是缺乏对课程的政策理解。我们应该保护与鼓励学生有各种各样的个性与兴趣,并为之提供尽可能有利的条件,但是就"整体"而言,校长要保护好学校课程的合理结构,不能因为校长个人的好恶(也不能借着"办学特色"的名义)破坏学校课程政策规定的结构性。站在"政策理解"的层面,校长就能够站在课程领导的"整体位"。

二是顶层设计的层面,校长要能够依靠全体教师的智慧、适当借助专业的力量做好学校课程的顶层设计,这个顶层设计从上到下到包括学校的文化理念、学生的成长目标、学校课程规划,通过学校课程的顶层设计发挥校长的课程领导力,帮助教师更好地理解课程背后的意义:如何实现国家课程的有效教学、缘何开发校本课程等等。学校课程的顶层设计可以保证学校课程的整体性。我们学校关于课程的顶层设计包括三个层面:第一层是核心层,学校理念层,是以"让每一位师生拥有成长的感觉"为办学使命,以"学校充满成长的气息,师生拥有坚持的品质"为愿景,形成了学校的文化建设纲要,这是学校文化的内核,是学校课程的整体定向;第二层是中间层,是目标体系层,学校必须具有自己的关于学生培养目标的体系描述,我们在经过几轮描述之后,把"内外兼修的汾小学子"作为学校的培养目标,具体理解为"端其容、雅其言、宜其行、博其学、养其趣、善其德",形成了自己的"目标体系",目标体系是学校课程的整体定位;第三层是外显层,是操作体系层,要求我们指向核心追求、围绕目标体系,研究"做什么"与"怎么做"的问题,我们的"说天下大事"、"建名家课程"、"办汾小赛事"等一系列的课程设计都是建立在这个"整体位"的思考之上的。校长的课程领导力关键的并不表现为他能够做好"某一课程",但是必须能够对学校的有整体把握。

　　三是原理分析的层面,在具体的研究现场,校长要具有合理抽象的能力,要能够帮助老师从课程原理层面分析具体而微的、纷繁复杂的课程现象,具有"现场指导力"。站在"整体位"上发挥校长的课程领导力,就要求校长能够站在原理层面来领导学校课程建设,关于这一点,本文第二部分"校长的课程领导不能站在'行政位',应该站在'专业位'"的最后部分阐述校长"在场领导"时所举的关于"评价信息"的研究实例,也能够充分说明,此处不再赘述。

　　在怎样的站位上理解校长的课程领导力,对这个问题的不同回答决定了校长的不同实践。在我看来,校长的课程领导力不是先期存在的,而是与教师合作研究中不断丰富起来的;不是行政思维的结果,而是追求专业领导的收获;不是纠缠于现象丛林之中的忙乱,而是从生动的现象中站到学校课程整体视角、不断进行原理思考的产物。

(张菊荣,发表于《江苏教育研究(理论版)》2013 年第 5 期)

5.6 分布式课程领导下的教研组建设

分布式课程领导,它所呈现的景象是每一位教师都能成为某一专业、某一领域的"领导者",但它决不是强调个人英雄主义或是单兵作战,分布式课程领导必须经过"团队",只有团队中,才会有构成"领导者"和"追随者"的人际关系,但这种"领导者"与"追随者"与行政视角的理解,"专业领导"视角下的分布式的课程领导范式,要求教研组必须进行重建。本文就以我校数学教研组为例,试谈分布式课程领导下的教研组团队如何重建。

一、聚焦课程问题

分布式课程领导下的教研组,聚焦的是课程,而不仅仅是教学,关注整个学科的顶层框架,进行专业设计,改变以往只看树木,不见森林的局面,让教研组成为"课程组"。

从撰写"教学进度表"到规划学期课程纲要。聚焦课程问题,把"教学"置于"课程"的视域中来思考,首先改变的是从撰写"教学进度表"到规划"学期课程纲要"。我们数学教研组规划了6年共12份的课程纲要。每个学期,教师都会制定一份课程纲要,这份纲要从课程内容、时间安排、实施策略、评价方式等方面,规划整整一个学期教师与学生所要做的事情。它不同于以往的教学进度,只是一个"教学"时间与内容的安排,没有目标,没有评价,其使用者也只是教师,不顾及学生。学期课程纲既是教师开展教学的指引,是教研组成员研究教学的依据,也是学生了解学期学习任务的重要文本,我们学校各科教学开学的第一课就要组织学生学习课程纲要,了解一个学期的主要学习任务。可以这样说,聚焦课程问题的教研组,一个学期的工作,从编制/修订学期课程纲要开始;仅仅聚焦教学问题的教研组,一个学期的工作,从撰写/填写"教学进度表"开始。

从撰写"教学方案"到设计"课程方案"。教案的设计,通常是从教师的角度考虑的,教什么,怎么教,关注的是教的过程;教研组讨论一节课的教学设计,习惯于"首先"讨论教学细节、讨论教师的教,这是典型的"教学思维"而非"课程思维"。现在我们数学教研组教师正在改变设计的角度,变教案为学历案,即课程方案,关注的是学的过程。课程方案的设计,首先设计学习目标,然后设计评价任务,最后才设计"教—学"的过程,系统、完整、一致性思考课程基本要素在一节课中的体现,正是这个意义上,一节课的"课程方案"我们可以称之为"微课程"。

关注评价问题:从关注"学了什么"到关注"学会了什么"。"教学"主要负责"我怎么教",总是误以为"我教了基本上就是学生学了"。"评价"才负责关注"学会了什么",评价问题是课程问题中的重要问题,没有评价就没有课程。我们教研组一直致力于课堂评价的研究,没有评价,我们无法检测学生现在在什么地方,到了哪里,学会了什么,需要做什么调整等,课程由评价引领,是我们的课程特色。几年来,我们一直研究的主题是"教—学—评一致性",评价与教学一体化,目标的实现与否,主要看评价任务的完成效度,看学生的学习信息能否证明目标的达成,关注评价改变了我们对课程的认识,提升了课程质量。

二、重塑成员角色

分布式课程领导下的团队,其成员角色是互为领导者与追随者,传统的团队则通常为"因定的"领导与被领导,这样的定位不利于形成各美其美的格局,在一个教研组长内"组长"是领导,"组员"是"听从者",领导方式是"自上而下"进行的。然而,教研组不该是一个行政组织,在分布式课程领导视角中,教研组的重建呼唤成员角色的重塑。

组长:从行政领导向专业领导者转变。教研组长,传统意义的角色定位是行政领导,一个组的管理者,主要是传递学校领导对教师的要求、任务等,管理组内教师日常教学工作,安排平时教研活动等。这一定位,都是从

"行政领导"的角度出发,所以我们经常能看到这样的一些现象:组长决定每次教研内容,组长一人评课,其他老师只是听听,组长独自承担科研任务等等。行政领导角色使组长和组员之间形成了上下级关系,组内教师基本处于被动状态,往往组长一人垄断了教研的话语权,其他教师成了附和者,容易造成教师没有参与热情,懒散无为的境况。分布式课程领导给教研组长定位赋予了新的内容,使之能够在更大程度让教师获得发展。我们并不完全否认中国现有教研组制度中"组长"的行政性,但是更多的是让想教研组长成为一个专业的课程领导者,让教研组成为一个真正研究课程的组织。教研组长本身在课程研究方面有所擅长,比如课程内容研制、课程实施研究、课程评价、课题研究等,那么就要充分挖掘个人所长,努力在某些领域中形成专业感召力,引领其他教师让他们成为追随者,而不是行政压力下的被管理者。做一个专业的课程领导者,可以是他人遇到课程难题时的一个终结者,也可以是主题研究时的一个规划者,或是点评课时的指路者,以己之长,凝聚团结。从行政领导到课程领导,教研组长角色的重新定位,让教研组的教研功能得到更多的发挥,也给了人人成为课程领导者更大的空间。

组员:从附和者向专业领导者转变。希望每一位老师能够在发展课程的过程中实现人的发展——使每一个人有机会、也应该成为课程领导。在分布式课程领导视角中,教研组组员的角色也需要更新,每个人都应渴望成为课程领导者,教研组就会成为"人人成为课程领导"的梦想地。在很多教研组中存在着个别教师发展、大部分教师陪衬附和的现象。由于教研组团队之中教师发展存在差异,而教研活动中教师研讨又需要呈现教师综合素养,于是那些发展落后的教师就只是为附和别人而存在,这种只能成就个别人的教研组团队是制约分布式课程领导团队建设的重要原因。轮流为师,是我们数学教研组解决这一问题的方法。不可否认,我们教研组也存在着教师发展的差异,但是,因为我们所有的教研活动是以"教—学—评一致性"这个主题为核心,进行各种研讨的,因此,不管教师发展如何,每一位教师都会对主题拥有一定的理解,都会在"教—学—评一致性"这个主题的某一方面理解得特别深刻。如我们组中有的老师对目标的叙写研究特别深刻,有的老师对评价设计理解特别深刻,有的老师对学生学习信息的搜集、利用与分析研究特别透彻。如果分裂开来看,这些与教师整体发展关系不大,但是我们通过课堂观察的方式,让教师轮流上台针对不同的小主题做观察报告,让每一位教师都能成为某一领域的领导者,让其他人成为他的追随者。轮流为师,相互引领,分布式课程领导就在这样一种方式中,逐渐形成。课堂观察汇报的轮值,让所有组员在同一领域之下形成发散式的发展,形成各自的专业领域。而一次次活动的相互引领,又形成了这样一种微妙的分布式课程领导,让每一位教师都成为各自领域的专业领导者。

三、形成引领机制

走向分布式课程领导,不是教师个人行为,需要团队的合作,在合作中慢慢形成引领的机制,民主的机制,才有可能实现分布式课程领导。如我们数学教研组制定了两项引领机制,以保障分布式课程领导在团队中顺利实现。

轮值主持。"轮值主持"制度的出现,进一步打破了组长与组员之间的隔阂,组员参与活动的热情得到激发,更重要的是组员在轮值周中学会了换位思考,全面思考,学会了如何开展有自己特色的教研活动,学会承担责任。目前,数学组的轮值主持以两周为一轮,完成一次小范围的教研活动为主,担任主持期间,布置两周的教研工作,组织教研课一次,当一次中心发言人,另外还负责两周内其他事务。分布式课程领导不仅是让组员在专业领域形成话语权,也在领导成员方面也得到发展。

教研公约。我们这里所说的教研公约并非对每一位组员的纪律约束,它不是由学校领导制定的规章制度,虽然那些也是必要的。它是我们数学教研组在分布式课程领导这一理念的引领下,组员的想法与做法经过不断磨合,不断调整,慢慢形成的一种共识与约定,它是教研组文化的重要组成部分,是得到每一位老师认同并为之信仰的。例如公约中规定,每一位教师都是平等的,无论新老,资历深浅,都是合作者,亦是同伴。懂得欣赏每一位教师,相信他人身上总有一个或几个亮点值得让你点赞。相信自己可以成为教研活动某方面的领导者,并为之努力不止;同时,也要做一个好的追随者,彼此支持,彼此分享。尊重教师研究的自主性和独立性,讨论或是争论,都主张平等对话,倾听彼此。教研活动是一场专业切磋,不是盲从,每一次活动都是思维的碰撞,智慧的激发。在任务面前,不是推诿,不是害怕,而是相信团队的力量,也服从团队的安排,为共同的目标而拼尽全力。教研公约引领教师走向教研自由,激发教研激情,教师的智慧得以充分的发挥,越来越多的课程领导者走出来。

（张美娟,发表于《当代教育科学》2015 年第 24 期）

5.7 打造分布式课程领导的教师共同体

"分布式课程领导"的教师共同体,是一个试图使众多的老师成为课程领导,而不是只由几位精英老师来"撑门面"的教师团队。分布式课程领导的教师共同体的形成,是我们的一种期待、一种美好愿景,其形成需要诸多平台支撑,"汾小讲坛"就是其中的一个重要平台。学校自 2009 年开办以来,学校利用每月一次的定期活动,以及不定期地利用承办各种研究活动的机会着意穿插,五年多的时间,越积越丰,在打造分布式课程领导的教师共同体中发挥重要作用。

一、呈现:学术性与故事性相映成趣

"汾小讲坛"呈现些什么?最重要的两项内容是:学术理解与课程故事。汾小讲坛是我校的一个自主品牌,追求学术性是讲坛的最终目标,期待的是在每个学科的不同领域,教师能拥有每个人的话语权。当然,我们的学术是"一线学术","汾小讲坛"的学术品位,既可以通过理性阐释来呈现,也可以用内蕴学术意义的课程故事来呈现。

1. 学术性,讲坛的灵魂

汾小讲坛上老师们呈现的是个人或团队在某一领域开展研究之后,在理性思考上所取得的研究成果或创新见解,我们称之为学术性。这些研究结果是可以给人借鉴,能让人讨论,还能让后人去丰富的。学术性是讲坛的灵魂,是汾小讲坛能一个月一个月持续办下来的关键。5 年多时间,学校有40 多名教师走上讲坛,200 多个报告,呈现了教师在不同领域的学术研究成果,他们甜果喜尝,收获满满。王芳燕老师的《数学学习任务的设计》、蒋银

华老师的《创设有意义的评价任务》、顾颖颖老师的《语文教学目标从何而来?》、潘洁琴老师的《如何用评分规则促进学生的学习》、叶叙英老师的《由"教"向"学"的课堂转型》、徐兰老师的《学习体验:校本课程的基本价值取向》等,都从汾小讲坛走来,经修改最后相继发表于《江苏教育》《江苏教育研究》等刊。成果发表依托的是汾小讲坛,正是在汾小讲坛上的呈现,让大家看到了这些文章的学术价值。

2. 故事性,讲坛的生命

汾小讲坛上老师们呈现的是个人或团队在某一领域开展研究过程中的心路历程,是一个原来的我与一个蜕变的我进行的挑战,里面有情绪的波动,理念的碰撞,情节较为曲折,我们称之为故事性。故事性是讲坛的生命,一个有故事的报告,才会有生命,才会有吸引力,才会催生出 200 多个精彩的讲坛。叶雪娟老师的《"一堂不成熟的课"引发的连锁反应》、杨红燕老师的《请相信孩子们的力量》、沈静老师的《借家长之手,共建班级文化》、徐兰老师的《体验"教—学—评—致性"带来的"跌宕"》、凌燕老师的《我的"小巴掌童话"》、凌洁老师的《当成长成为一种信念——我的成长故事》、顾颖颖老师的《走向有效学习:我的一次教学历练》等等,都具有较强的可看性,完整地反映了她们在这一领域的研究过程,并能给人以启迪。

学术性与故事性是讲坛呈现的两种结果,但是不会绝然分开的,往往是在学术阐述过程中背后有故事作支撑,在故事讲述之后会有学术思想的提炼,我们的故事,是有思想的故事;我们的学术,是"做出来的学术"。有了灵魂,还要有生命,学术性与故事性相映成趣,讲坛才会焕发出由内而外的活力。

二、过程:形而上与形而下的反复互动

汾小讲坛的内容,无论是偏重学术性,还是偏重故事性,都是不同形式的成果。对于讲坛而言,其实最重要的是如果去形成这些成果过程。我们的成果,既不是不抬头看天只低头走路所能得,更不是仅仅依靠阅读些文献再上些玄思而"纸上得来"的,而是"形而上"与"形而下"的反复互动的过程。形而上的是理性思考,形而下的是行动实践,两相互动引起的是实践变革,引发的是观念变革。

1. 引起实践变革

教师在日常的研究过程中,往往会接触到各种理论,但不是听得一句理念,看一篇理性文章,翻看几本杂志,就能把理念在课堂中进行反映,其间会经历一个反复实践的过程。潘洁琴老师在华师大课程与教学研究所崔允漷教授来校的一次培训上接触到"评价规则"一说法,就一直思量着要在美术课中利用评价规则来促进学生学习。2013 年 11 月 8 日进行了第一次教学实践,虽然经过前期研讨,制定了评分规则,但在课堂教学中一实践就发现制订的评分规则区分度不够清晰,仅有"好"、"一般"、"良好"学生难以操作。后来,经过大家的分析与讨论,对原有的评分规则进行了修订,在"好"、"一般"、"良好"下面添加了详细的语言描述,并在 2013 年 11 月 13 日又再次进行了教学实践,结果又发现虽然有了区分度,但学生对于老师的语言描述还是理解不够到位,评分规则的设计再次宣告失败。好在这次有了崔教授团队的参与,很快,大家又有了新的评分规则,就是将"好"、"一般"、"良好"用之前学生的作品进行图示,并在 2013 年 11 月 15 日北京房山区教研员研修班领导莅校访问时进行了展示。评分规则的运用在第三次的教学实践中得到了很好的体现,但在时机把握上还不够恰当。经历了三次教学实践之后,潘老师对评分规则的运用进行了全面反思,并在汾小讲坛进行交流,她的课也因此发生了变革,以"评分规则引领教学"成为了她的一个教学特色。正是"汾小讲坛"引起了她的深度思考,促成了她后续的实践变革。

2. 引发观念变革

教学实践会随着认识的深入发生变革,这种教学实践变革达到一定的程度就会引发观念变革,引发观念变革是汾小讲坛给我们带来的福利,她让教师享受了观念变革带来的成长滋味。叶叙英老师是一位年轻的母亲,在她产假期间,学校里来了崔教授的一位博士生赵士果,带来了"促进学习的评价模型",并在数学组里与老师们一起实践了半个月的时间。等产假回来之后,叶老师突然发现自己好像与其他老师之间缺少了共同话语,对于"促进学习的评价"是熟悉中的陌生,就产生了一种强烈的实践意愿。在 2013 年 9 月 6 日,叶叙英老师带着满满的信心进行了教学展示,结果令她自己大失所望。最后,经过大家一起的研讨与总结,最终她发现,原来是因为目标定位不够具体、任务设计不够开放。带着重新修改后的教学目标与评价任务,9 月 11 日,叶老师进行了第二次教学展示,虽然目标定位准确了,评价任务设计得也合理,但就是学生的学习信息没有出来,学生的整体学习很是被动。经过总结梳理,大家发现,叶老师的教学过程中存在着"替学",把原本学生的学习给无情地剥夺了。9 月 13 日,叶老师在老师们的帮助下,带着全新的教学设计在吴江区数学教研活动中进行了第三次展示,得到了区教研员及数学专家的好评。完成三次教学展示之后,叶老师把过程中得到的观念进行梳理,写出了她工作以来最满意一篇文章《由"教"向"学"的课堂转型》,后发表于《江苏教育(小学教学)》2014 年第 9 期,引发的观念变革一直影响着她的教学。

带着理念实践引起实践变革,与在实践中理性思考引发观念变革是两种不同途径,但在实际的教学中,这两种途径往往会反复互动、变化与交替着进行。无论是以何种形式出现,还是交替出现,最终必将是变革,让老师拥有研究领域的话语权。

三、效应:综合性与文化性的整体达成

汾小讲坛给我们带来的效应是全方位的,是综合性的,也是文化性的。因为在今天,在经历了 5 年多时间,涉及 40 多名教师、200 多个报告之后,分布式课程领导的团队正在形成,"汾小恒文化"的精神在其中表现得淋漓尽致,它像杠杆一样,撬起了学校诸多领域,带来的综合效应不言而喻。

1. 从技术改进到理念变革

从讲坛的内容上来讲是多元的,从过程上来讲是不断打造的,从效应上来讲,首先改变的是最直接的,可能是学生的管理方式,也可能是教师教学设计的框架等"技术性"的改进。其次,随着研究的深入,最终变革的是理念,如"学生主体观"、"课堂设计原理"等。这些深层次的理念改变不是一蹴而就的,需要时间,需要平台,需要老师从心底里由内而外发出来,汾小讲坛的设计初衷正是如此。顾颖颖老师是一个上岗 3 年的年轻老师,虽到学校工作开始就接触了"教—学—评一致性"的理念,但真要在课堂上用课来反映还真不是一件易事。2013 年 4 月,低年级语文组蒋银华老师成功执教《大松树与小松树》之后,顾颖颖老师在学校的安排下承担了研究展示任务。10 月 8 日顾老师完成了所有准备,10 月 9 日进行了首次执教,结果发现课堂教学效果远无想象中的理想,出现的问题不少,关注了学生,关注了课堂,却忽视了文本。参加研讨的老师一边帮着分析,一边帮着提出修改建议。10 月

11 日再次将修改稿发给了组内老师,老师们纷纷帮助提出建议。10 月 14 进行了第二次试讲,结果虽有改观,但目标还是出现了偏差,没有考虑学情,没有考虑课标。晚上,顾老师利用 QQ 与组内老师、张菊荣校长进行了网络研讨,并重新制定目标,重新设计教学。第二天,10 月 15 日在北京房山区教研员研修班上进行展示,得到了一致好评。在 10 月 30 日的汾小讲坛上,顾老师与全体老师分享了她的这次收获。过后,顾老师总觉得这次经历改变了自己原有的课堂观,并将在过程中的点滴收获进地了提炼总结,最后形成了三个观点:"教学目标必须从教材中来,但仅有教材是远远不够的";"教学目标必须从课标中来,但仅有课标是远远不够的";"教学目标必须从学生中来,但孤立地研究学生是不够的,教学目标的研制必须对教材、课标、学情进行整合思考",写出了论文《语文教学目标从何而来?》,并发表于 2014 年 11 月的《苏州教育》。技术改进,背后有理念变革;真的理念变革,终会体现在技术改进。

2. 从个体进步到群体启迪

走上汾小讲坛进行学术报告,或进行故事讲述的是个体,但个体背后有一个强大的组织在支撑。承担主讲的教师个体要变革教学设计样式,要变革教学设计的思路,要将理念以课的形式进行充分反映,首先必须有个体自身的改变。而这种个体改变慢慢地会影响与向他所在的群体进行转移,使得参与研究、讨论、交流的其他个体发生改变,进而达到群体改变的目的。我校数学组几乎每一位老师都有自己的研究领域。如果你要研究"评价模型",那么可以找吴晓亮、肖月仙老师,如果你要研究"基于评价信息的教学决策",可以找张美娟、潘琴娟老师,如果你要整体研究"教—学—评一致性",可以找顾嫣宏、费晓燕老师,如果你要研究"教—学—评一致性课型:行为与内容维度",那么可以找费晓燕、朱晓燕老师。数学组的每一位老师都发挥着课程领导的作用,他们几乎每一位老师都经历过"汾小讲坛"的磨砺,分布式课程领导的格局可以说在我们的数学组内是逐渐形成。

汾小讲坛仅仅是学校打造分布式课程领导的教师共同体方面的一个重要举措,什么时候,我们的各个学科教师都能发挥出自己课程领导方面的作用,那么,我们打造分布式课程领导的项目方能说取得了一定的成果。我们期待着那一天的早日到来!

(周建国,发表于《新教育》2015 年第 4 期)

6. 学期课程纲要

6.1 为一门课程作一学期预算

如果我们用"预算"来比喻学校课程领域的专业计划的话,"学校课程规划"是做学校全部课程的预算,如小学六年的全部课程,初中三年的全部课程,高中三年的全部课程,这个"全部课程"包括国家课程、地方课程与校本课程;"教学设计"是做某一节课的预算;而"课程纲要"则是为某一门课程做一学期的预算。也就是说,"课程纲要"是对某一门课程在一个学期中的主要指标进行专业预算,以确保这门课程的健康实施,确保我们的课程设计更好地转化为学生的素养。

这里所说的"主要指标",是指课程的目标、内容、实施与评价。一切的目标,都是指"预期的学习结果",当这个预期的"期"是指"一个学期"的时候,目标就是指"预期一个学期的学习结果",比如说一年级第一学期语文课程纲要的目标,就要说明通过一年级第一学期的语文学习后的学习结果有哪些,当然,细说起来,这个"结果"无穷无尽,所以我们要"预算"的是关键目标,关键目标不要多,控制在 4—6 条。目标是"纲",目标预算好了,其他的"指标",就绕着它转。"内容",就是实现目标所需要的载体,比如说,如果"学会有条理地说一段话"是"预算"的目标,那么,凭借哪篇、哪些课文、哪些资源来"学会有条理地说一段话"就是我们所"预算"的"内容"。"内容"预算明白了,再根据内容预算"实施"(关于"实施"的预算,也可以说是关于如何"执行预算"的实施计划),即用哪些教与学的活动来组织课程内容,以促进目标达成。"一节课的教学设计"要"预算"一节课教与学的活动;"课程纲要"所要预算的"主要的教与学的活动",是就"一学期"而言的。那么,用怎样的方法来证明学习目标的达成度?这就要我们设计评价活动,通过评价活动提供的证据来证明学习目标的达成情况。在整个"预算"中,"评价"也是最具有保障意义的,没有合理的评价,"预算"就会落空,同样的道理,这里对评价的"预算"也是关于"一学期的"。通过以上的简述,我们可以看到,评价是针对目标的,内容与实施是围绕目标的,因此,"课程预算"的四个主要指标(目标、内容、实施与评价)应该具有高度的"一致性",它们一致性地聚焦于目标。

对某门课程进行一学期的预算,这项工作极其重要,是课程专业性的重要表现。一个教师,如果没有对自己一个学期的课程进行"预算"就仓促上阵,开始上课,就好像一个没有战略设计的莽撞的将军在战场上瞎拼一样。从这个角度来说,学期课程纲要具有"战略性",也即如上所述,要预算好一个学期的关键目标、主要内容、主要教学活动及主要评价活动(请注意"关键""主要"等字眼),有了这样的"预算",一个学期的课程活动就可以"有依据"地展开了,就不止于"脚踩西瓜皮,滑到哪里是哪里"。这个"预算"做得好不好,直接影响到课程的质量、课堂的质量以及教学的质量。首先,直接影响课程的质量。一个学生在学校里经历的"课程",是我们在"学校课程规划"中规划的,包括国家课程、地方课程与校本课程,这些课程,所需要完成的时间不同,有需要一年的,有需要两年的,有需要六年的,也有的校本课程可能只需要一学期的时间,但它们总是要落实到"学期"(哪怕是规划不足一学期的某些校本课程,也应该在一学期的框架内进行思考,比如在这一学期的哪些周次内完成)。我们知道,国家课程有"课程标准",国家课程的"学期课程纲要"是课程标准在"本学期"的具体化,是根据学校、学生、教师、资源等实际情况作出的"学期预算",是"国家课程校本化"的重要标志,我们经常以"国家课程校本化"为口号,可是却不知道"国家课程校本化"的顶层设计怎样操作——编制国家课程的学期课程纲要,其实质就是整体策划国家课程校本化。在校本课程开发中,我们总是匆匆忙忙地去编写所谓的"教材",弄得"教材"满天飞,校本课程却失去了其应有的品性,变成了变相的国家课程。而校本课程开发的正确路径,必须首先开发"课程纲要",研制某门校本课程的"课程纲要",乃是校本课程开发要做的第一件"专业活儿"。无论是国家课程实施,还是校本课程开发,"课程纲要"都是专业标志,没有课程纲要,就没有国家课程校本化实施的蓝图,就没有校本课程开发的顶层思考,所以我们说,"课程纲要"的研制首先直接影响到课程的质量。第二,直接影响课堂的质量,课堂的教学设计与课程的学期纲要,好像是"子"与"父"的关系,教学设计不能老是捧着教材,而是要首先对照"课程纲要",这样的教学设计才能保证课堂不走样,就不会弄得语文课没有语文味,数学课不像数学课,国家课程不像国家课程,校本课程不像校本课程,因此,课程纲要对课堂质量具有方向上的"规定性"。第三,直接影响教与学的质量,课程纲要预算得明白,就可以指导我们在教与学的过程中进行"盘点",在一学期的教学过程中,教师与学生都可以不时地对照课程纲要进行"盘点",及时地调整教学,确保教与学质量,而不是到学期结束才发现为时已晚。

作为一种"专业预算",课程纲要在研制与实施的时候,有一些事项值得注意:第一,要坚持民主协商式的预算。教师在课程纲要"预算方案"确立之前,至少要与几种相关人员进行协商:同伴教师、课程专家、学科专家,特别不能忘记要与本班学生进行协商,要将初步研制的课程纲要在学期初与本班学生分享与讨论,听取他们的意见,保证他们能明白这本"预算"。第二,要坚持"严格执行预算"的原则。"预算"一旦确定之后,原则上就应该严格执行,不打折扣,也不随意"超支",将课程执行的行为基本上框定在"课程纲要"的框架里,就能够保证课程执行基本不走调,不"任性"。第三,要及时而审慎地"调整预算"。当然,与所有的"规划"一样,课程纲要应该,也必然,在执行的过程中进行合理的调整,目标、内容、实施与评价,都有可能作适当调整。但教师要对"调整预算"有明确的可靠的理由,并且要将调整的情况"记录在案",作为进行课程反思的重要资源,为下一轮的"预算"做更充分的准备。

凡事预则立,不预则废。为自己的课程作好一学期的预算,是教师作为课程研究者、课程开发者、课程创生者、课程实施者、课程评价者,所要做的第一件功课。

(张菊荣,本文发表于《教育视界·智慧管理》2015 年第 6 期)

6.2 学期课程纲要：何用？

——以《数学课程纲要（六年级下）》为例

　　大家都熟知"教学进度表"，它是对一学期的教学内容所做的时间安排，有了"教学进度表"，我们就能知道什么时候该教什么内容了。但是，它还不足以反映我们对课程的理解，从课程的角度去审视，只有教学进度表是不够的，因为教学进度表只有进度安排而没有目标设计，没有学习活动安排，只有教师的教而没有学生的学，只有对教材的课时安排而没有对一学期课程的整体思考。教师没有课程观，会导致知识碎片化、教学分离化、教学随意化和交流不统一等问题。学期课程纲要从课程的角度制定的一份计划，是规划一个学期的课程的方案，制订学期课程纲要可以帮助教师建立课程观，拥有"大观念"，对教师的教与学生的学具有重要的指导作用，本文以《数学课程纲要（六年级下）》（以下简称："六下纲要"）为例，来阐述学期课程纲要的作用。

一、学期课程纲要是一张认知地图

　　作为一门课程，它是一个完整的知识体系。作为某一年段的教师，我们所教知识只是整个知识体系中的一部分，是一个点。最终一个个不同的点能否联系起来，那就需要教师规划一个学期的课程方案，即学期课程纲要。它就像是一张认知地图，可以让我们随时知道自己在哪里，要去哪里。

　　很多老师喜欢在课前研读教材，这是一种很好的做法，可以帮助我们更好地理解教材。但是只局限于所教教材是不够的，我们还要研究学生，知道学生之前学过什么、今后还要学什么。这样我们才能更好地将知识连贯起来,让学生更好地学,为学生今后的学做好铺垫。在学期课程纲要中,"背景"描述的就是对一个学期内容在整个课程中所处的地位以及学生的认知特点的分析,可以让教师更好地把握知识。或许,很多老师会说,经验丰富的教师就不存在这样的问题,长期的教学让其对各年段的教材都非常熟悉,不存在知识断点的问题。但是,知识目标之外的技能目标、情感态度价值观等目标,是否也有一个整体的规划呢?这就是学期课程纲要的作用之一,可以全面而一致地规划各学段的内容。

以"六下纲要"中"目标4"为例:"通过知识梳理,建立小学阶段各知识领域的知识树,感受数学知识间的密切联系,提升系统思考能力。"因为这是六年级下册的数学学期课程纲要,因此老师制定了一条这样的目标,既是对六年所学知识的梳理,又是关于系统思考能力的提升。这是对课程六年整体思考后制定的目标,连贯而一致,并最终指向学科课程标准。

有了学期课程纲要这张认知地图,我们就能做到不单知道"树木",还能知道"树木"与"树木"的联系,知道"树木"在"森林"的哪里。学期课程纲要可以让我们的教学从原本的散点走向连续,解决知识碎片化的问题。

二、学期课程纲要是一份学习合同

近年来,随着我们对课程理解的不断深入,学生在学习中主体地位越来越被重视。作为学习的主体,学生需要参与学习的全过程。但是在传统的教学中,学生只是被动地学,不知道自己要学什么、用什么学、怎样学,如此这般,又如何能真正做到自主学习?学期课程纲要就像是一份教师与学生之间教与学的合同,清楚地说明了师生各自的职责。

作为一份合同,是需要分享的,因此学期课程纲要的第一课时一定是分享课程纲要。让师生双方了解各自要做的事情。学期课程纲要中的四个关键要素,"学期目标"说明了要学会什么,"内容安排"说明了用什么学,"课程实施"说明了怎么学,"课程评价"说明了如何证明学生学会了。学期课程纲要的分享,让学生更好地把握自己的学习状态,体现学习主体的地位。学期课程纲要是教师与学生共同制订的,分享课程纲要并不仅仅是告知,学生也有权利对自己怎样学等问题提出建议。师生商量制订学期课程纲要,真正体现了学生的主体地位。

以"六下纲要"中"学习活动4"为例:"选择任意一个你喜欢的本学期的数学知识,说说它在生活中的具体运用。可采用不同形式完成。如数学日记、数学小报、数学小论文等,期末民主投票选出三个最佳作品。"在分享课程纲要时,教师建议在学期结束的时候可以开展一个全班同学参与,体现数学知识运用的比赛。学生表示赞同,但是希望能由学生自己参与评价,于是就有了这样的一个活动安排。还有"六下纲要"中的"课程评价",详细制订了学生各项学习活动的评价标准,学生不仅能知道教师怎样评的,自己也能对自己的学习行为作出合理的评价。

有了学期课程纲要这份学习合同,学生就能真正成为学习主人,知道学习的目标、学习的内容、学习的活动与学习结果的评价,真正参与到学习的每一个环节中去,改变了以往那种教师教什么学生学什么的被动的学习状态。解决了教与学分离的问题。

三、学期课程纲要是一个计划文稿

每一门学科都有"课程标准",但是作为指导教师教学的"课程标准"因其相对抽象、概括、模糊等特点,导致在实际教学过程中常常被教师忽视,很多教师认为关注教材与学生就可以了。但是缺少"课程标准"的指导,很可能会产生教师所教与课标要求不一致的现象,造成最后无法实现课程总目标的严重问题。

教育是一种理性行为,是需要计划的。学期课程纲要作为一个学期的课程计划,是从课程的角度来审视一个学期的教学的。它根据"课程标准"、教材内容和学生实际情况,将"课程标准"中的学段目标分解成"学期目标",将课程总目标分解到每一个学期,这样可以使目标连贯而一致。除了目标之外,"课程实施"同样如此,对于培养的学科核心素养的活动安排,在不同学期有计划地安排不同的活动,可以有序地培养学生的技能和学科核心素养。这是一个对课程整体思考、计划的过程,是对一个学期的课程所做的计划。以小学阶段数学学科为例,学生需要掌握的技能有哪些,在每一学期分别注重安排哪些活动来实现,这都是需要计划的。没有计划的、无序的教学,就有可能会出现无法实现课程总目标的问题。

以"六下纲要"中"背景"中的某一段为例:"六年级下册的数学学习在前

11个学期的学习基础上，学生要着重认识一些常见的立体图形，迁移长方体正方体体积研究方法，探究圆柱和圆锥的体积等计算方法，进一步发展学生的空间观念和迁移能力……"它分析了六年级下册数学学科知识在整个六年中所处的地位与学生的认知结构，从课程的角度对本学期的内容做整体的背景分析，为师生更好地计划整个学期的教与学的活动做铺垫。

有了学期课程纲要这个计划文稿，我们就不再是那种教到哪里是哪里的无序教学，而是有严格计划的、指向目标的教学，解决了教学随意性的问题。

四、学期课程纲要是一种交流工具

在学校，不管是教师与教师之间的交流，还是教师与学生之间的交流，往往局限于课的内容。其实不管是教师还是学生，首先应该交流的是学期课程纲要，因为只有在课程开始之前达成学期课程纲要的共识，才能开始课程的实施，否则方向不一致，交流就没有意义了。学期课程纲要是一种让教师与教师、教师与学生之间，达成方向一致的交流工具。

学期课程纲要的制订过程本身就一种交流过程。首先是教师与教师之间的交流，同年级的教师需要对同一份学期课程纲要达成共识，避免同年级使用不同学期课程纲要而带来的质量管理问题；不同年级教师与教师之间需要对各自的学期课程纲要进行交流，避免各年级之间的学期课程纲要出现不连贯的现场，不连贯的课程纲要最后将导致学生课程总目标无法实现。其次是教师与学生之间的交流，教师最初设计的学期课程纲要需要与学生进行分享，经过学生的认同，只有学生认同的学期课程纲要才能真正成为约束学生学习行为的、指导学生学习的有用的学期课程纲要。最后是学生与学生之间的交流，商讨一学期的学习活动中学生之间需要经过交流达成共识，在学习过程中对与自己或者同学的过程性学习做出评价的时候，需要同学与同学之间交流，以实现公开、公正、合理的评价。

以"六下纲要"中"学习活动3"为例，本学期有"测量物体的体积"、"面积的变化"、"实际测量"三个综合实践内容的安排，关于这三次综合实践活动，要如何实施、如何评价等问题，就可以通过交流来确定。当然，关于这样的交流并非一定要在开学之初，在学习过程中同样如是，围绕学期课程纲要的交流可以让学期课程纲要不断地完善，可以帮助教师在教研活动中找到研讨的方向、帮助学生在学习评价中找到互评的依据。

有了学期课程纲要这种交流工具，改变了教师话语的不统一，让教师之间的交流成为基于学期课程纲要的交流，也提升了教师的交流水平。

学期课程纲要是一个学期的课程规划方案，它是一张认知地图，让教学走向连续；它是一份学习合同，让学生走向自主；它是一个计划文稿，教学走向标准；它是一种交流工具，让交流基于统一的话语。

（吴晓亮，本文发表于《教育视界·智慧管理》2015 年第 6 期）

6.3 课程纲要的四要素及其一致性

——以《英语课程纲要(六年级下)》为例谈如何编写课程纲要

课程纲要是指教师依据学科课程标准、教材和所教学生的情况编制的某学期、某门课程,体现课程元素,指导学生"学"与教师"教"的计划纲要,课程纲要的编写有一定的规范,它必须一致性地呈现一门课程的目标、内容、实施和评价这四个基本要素。因此课程纲要与教学进度表有着本质上的区别。本文试以我参与编写的《英语课程纲要(六年级下)》为例,从课程纲要的"四要素"着手来说明课程纲要的编写。

一、什么是课程纲要的"四要素"

课程纲要是以提纲的形式一致性的呈现一门课程的目标、内容、实施和评价这四个基本要素。课程纲要与教学进度表有着本质上的区别。以下是两者的一般格式:

教学进度表一般以表格形式呈现周次、时间和教学内容。

课程纲要的一般格式包括"一般信息"与"课程元素"两个部分。"一般信息":题目、设计者、课程名称、课程类型、教材来源、授课时间、授课对象。"课程元素"是课程纲要的主体,具体包括"四要素":课程目标,要求写出4-6条,必须全面、具体、清晰,涉及目标的三大领域与学习水平;课程内容,要清楚地写明实现目标所要学习的内容及课时安排,这一部分内容类似于"教学进度表",但只列出各内容所需要课时数,不具体标明具体日期;课程实施,要写明课程资源、教与学的主要活动;课程评价,主要说明如何评价学两相比较,两者最大的区别在于后者完整地体现了课程元素——课程目标、课程内容、课程实施与课程评价。而教学进度表主要包括教学时间和内容安排,主要是从教师的立场出发,回答教师这个学期要做什么,以及教师在什么时候教完教材上的内容,只是提供一个进度的安排,而没有教与学的活动设计,反映的是"教教材"的理念;而课程纲要则不同,它首先要回答的是学生在这个学期中要学会什么,紧接着要回答需要提供什么样的内容、组织什么样的活动来帮助学生更好地学会,以及什么样的评价任务能检测学生的学习进度及结果,反映的是"学课程"的理念。

二、如何编制课程纲要的"四要素"

编写课程纲要最关键的是处理好目标、内容、实施与评价等四个课程要素。所以编制课程纲要也就是从整体到局部回答四个问题的过程:课程目标,即你要把学生带到哪里去;课程内容,基本的凭借(资源)或活动是什么?课程实施,即你怎样把学生带到那里? 课程评价,即你如何确信你已经把学生带到了那里?

1. 如何编制"课程目标"?

目标所要表述的是将学生带至何方? 课程纲要中的学期目标并不是简单的各个单元目标的堆砌,而是描述通过一定的课时学习后之关键结果的表现,告诉别人通过此内容的学习如何指向学科素养或关键能力。那么如何确定和叙写学期目标呢? 第一,强调关键。即要强调是这个学期的"关键目标",要将诸多的"小目标"进行整合与提炼,形成关键目标4—6条,这些目标应体现"三维性",即知识与技能、过程与方法、情感态度价值观的整合。第二,目标基于课程标准、教材和学生而确定。如英语课程标准中要求六年级学生在写的技能上达到"能根据图片、词语或者例句的提示,写出简短的语句",而根据本册教材内容的安排和学生的实际情况,可以将这条目标调整为"在教师的帮助或小组讨论的基础上,能独立运用本学期所学的词汇、句型和时态等语言知识就习惯、饮食等8个话题编写大约50个词的小短文,逐步提高书面表达的准确性和条理性。"第三,目标必须是能评可测的。首先行为主体必须是学生;行为动词必须可测量、可把握、不可模糊;行为条件要为便于评价而设置。简单地说就是从目标中能看出通过什么方式学习什么，理解或者会做什么，提高或体会什么。

2. 如何确定课程内容？

教材是我们达成目标的素材，是课程内容的基本载体，我们需要明确一个观点，那就是我们是在用教材，而不是在教教材，因为它只是"载体"。课程内容的编制，我们要注意的是：第一，清晰写明各单元、话题、课文等教学内容的具体课时安排（即安排几课时），可以以表格的方式来呈现，让人一目了然，所以，看上去这一部分有点类于似"教学进度表"，这个"课时安排"，要特别注意把将开学第一课的"分享课程纲要"、期中期末的复习、阶段性检测等纳入其中；第二，要合理处理教材内容，要依据目标、学情和条件，对学习内容进行深入分析，以确定根据课程目标学生需要学习哪些知识和技能，要达到什么程度和水平，培养何种能力和态度，身心获得怎样的发展等等，因此，就有必要对教材内容进行删减和增换。如学完第一单元后可以增加一课时，即一般过去时梳理。因为六年级上册教材及本册教材第一单元所涉及的时态主要是一般过去时，在学完第一单元后，增加一课时来梳理一般过去时，这样学生就能避免在话题交流时语法上出错，同时也能提高口语表达的准确性。同样的道理，教材第五至第八单元主要涉及一般将来时，那么在学完第八单元后也可以增加一般将来时的梳理。再如，教材中第四单元和第八单元之后安排了一个综合语言实践活动，即 Project 1 和 Project 2，主要是引导学生通过体验、实践、参与、探究和合作等方式，综合运用前几个单元的语言技能和语言知识，完成一定的学习，展现自己的学习成果。这两块内容如果按照课时划分的话共需要 4 课时。但是从时间考虑，这个学期时间短，有必要对这两块内容进行缩减。从内容上看，Project 1 主要是讲 to be a good student 所需要形成的习惯，可以与前几个单元所涉及的习惯、饮食、安全等话题进行整合。Project 2 主要讨论旅游，可以与第七单元 Summer holiday plans 这个话题进行整合。

3. 如何设计"课程实施"？

如果说内容是为学生安排学习知识，那么实施就是为学生安排学习的机会。结合学习资源安排一个学期教与学的活动。实施，不但是让教师明白要开展什么活动，更要让学生一看就明白这个学期要做哪几件事。设计"课程实施"应注意的是：第一，规划好课程资源。如英语六年级下册的课程资源主要包括教材、课件、教学光盘、学具包及牛津英语教研网。第二,设计好学习活动。英语六年级下册的主要教学活动包括使用光盘进行听力训练;仿照教材内容围绕8个单元的话题以角色扮演、讲故事等形式进行口语练习;阅读教材文本,根据文本信息回答问题、填写表格、概括大意等;根据提示写出简短的语句,出一份英语小报;小组合作归纳语言知识。第三,选择好与目标相匹配的教与学的方法。如,为了实现"借助网络资源或课外读物,了解饮食、交通、景点等简单的中西方文化知识"这条目标可以开展以下教学活动:根据每个单元文化版块所涉及的内容及课外查找的资料,小组合作制作英语小报。

4. 如何布局"课程评价"?

课程纲要中的评价是贯穿整个学期的评价。第一,评价框架要明确。这个评价框架(评什么、怎么评、谁来评)的设计与结果解释要与目标匹配。如以"以角色扮演、小组合作等形式,运用本学期所学话题句型,能就习惯、饮食、安全等8个话题进行交谈,进一步提高口语表达的准确性"这条目标为例,根据这条目标教师可以设计的评价方式是"根据话题进行口头交流",评价标准是"口语流利,表达正确、得体得5分,口语表达基本正确、得体得3分,口语表达不连贯得1分"。第二,成绩结构与来源要清楚。六年级的英语教学评价应充分考虑学生的认知方式、认知水平和心理特点,以激发和保持学生的英语学习兴趣和自信心为主要目的,学期总评成绩主要包括过程性评价成绩和期末考试成绩。过程性评价体现对纸笔测试无法涉及的科目的关注;告知不及格的理由等。如学期总评成绩(100分)=过程性评价成绩(30分)+期末考试成绩(70分),总评成绩90—100分为优秀,75—89分为良好,60—74分为合格,不足60分为需努力。过程性评价包括学生每次的作业情况、每学期的口语交际、故事讲述、写作情况、英语小报、期中测试成绩。

三、如何保证"四要素"的一致性

编写课程纲要时如何使四个要素(目标、内容、实施、评价)达到一致呢?第一,要确保关键目标在内容、实施、评价部分的落实。目标在整个学期课程纲要里,引领内容,引领实施,引领评价。内容安排、课程实施和评价这几个方面要紧紧围绕学期目标来进行设置或撰写,做到目标、内容、实施、评价的一致性,也就是说,我们要针对关键目标组织与选择合适的课程内容、提出实施策略和建议、设置评价方案。这样一来,老师操作轻松,而且对如何落实目标,如何检测目标是否达成,做到心中有数! 学生也能深切感受到自己就是学习责任的承担者。同时明确每一课时学习的内容和作用(对自己的成长以及必须应对的测评比重等)。第二,要确保评价框架与目标的一致性。如六年级下册要求学生在口语方面达到的目标是"**以角色扮演、小组合作等形式,运用本学期所学话题句型,能就习惯、饮食、安全等 8 个话题进行交谈,进一步提高口语表达的准确性**",可围绕目标对各个单元话题内容进行课时划分,适当删减。同时这条目标也决定了其教学活动主要有仿照教材对话内容,以角色扮演、小组竞赛等形式就习惯、饮食、安全等 8 个单元话题进行口语练习,同时设计合理的评价标准来检测这条目标的达成。第三,内容实施与处理是否有利于学生更好的表现。在英语教学实施过程中要创设情景激发学生的学习动机,也就是学生能够用英语完成各种各样的生活化任务,这类任务既来自学生的生活,又能整合语言知识、语言技能、文化意识、学习策略和情感态度,使学生有更好的表现。

简单地说,课程纲要就是以最纲要的方式呈现一个学期的课。编写课程纲要最关键是处理好"四要素"以及保证"四要素"的一致性。

(钮雪芬,本文发表于《教育视界.智慧管理》2015 年第 6 期)

6.4 带着纲要去旅行

——以《美术课程纲要(三年级上)》的实施为例

接触课程纲要前,我"只见树木,不见森林",不知"森林"有多大,也不知"森林"有多美。只是在走,闭着眼睛。接触后,发现自己拥有放眼森林的气魄与胆量,那份果敢与精彩,请允许我与你分享。

带把剪刀走江湖

面对美术三年级上册教学进度表,自喻为认真负责,一课不落可谓上齐上足。然其中困惑,如人饮水,冷暖自知,特别是对编排顺序和内容选择存在质疑。如,第7课《黄色和蓝色的画》是造型课,要求学生用水粉颜料玩色彩;而第8课安排的是欣赏课《身边的设计艺术》,要求学生扔掉颜料评述设计美;第9课安排的是设计课《台历的设计》,要求学生动剪刀玩制作。工具材料你方唱罢我登场,我们忙着蜻蜓点水地体验,而所有的体验都因为走马观花而风轻云淡。当时我就想,为什么不把教学内容按照学习领域整合起来呢?可是,我不敢。

现在,面对美术三年级上册的课程纲要,我敢于整合课程内容。如,第12课《对印版画》是用水粉颜料学习对印技巧,将其整合在第6课《红色的画》和第7课《黄色和蓝色的画》后,让学生对色彩的学习真正"玩"起来。我还敢对课程内容进行删减或增补。如,依据本册课程纲要课程目标1"运用水彩笔、水粉颜料等工具,表现三原色或三间色的线条或色彩作品"和目标2"通过纸、树叶等媒材的制作活动,学生理解拓印等美术语言,体验造型的乐趣",删去15课《面具》和16课《一张奇特的脸》。这两课的目标是学习夸张变形的表现手法,与课程目标无关,大胆删去。如此大刀阔斧的专业勇气何来? 源于课程纲要。它让我们真正立足学生立场,走适合我们课堂的课程之路。

我想,从此我会带把剪刀走江湖。

虐你千回不厌倦

学期初,我与学生一起分享课程纲要。将课程纲要印成正反面,请学生贴于美术课本第一页,我称之为"分享旅行计划"。自认为是一个非常美好的词,却遭到学生的质疑。"老师,这个要来干嘛,考试?""是啊,看不懂!"……一个个,或疑问或惊恐。此刻,他们对这份课程纲要是陌生的,甚至是排斥的,这让我有点忐忑。"想带大家去旅行,这是份地图。"假装镇定。听说是旅行地图,高兴起来了。"可是老师,我们去哪儿?"小眼镜儿轻声发问。我得意,正在这儿等着你们呢:"旅行,当然有目的地,谁在地图上找找?"我循循善诱,假装淡定。"是——是课程目标?"回答迟疑,不确定。"是的!"热情的肯定后,决定趁热打铁,继续追问:"学习哪些内容能达到这些目标?"又接不下招了,陷入集体沉默,再无回音。我懵了,纲要的"内容与实施"罗列得很清楚,怎会启而不发? 愁!

硬着头皮继续:"本册学习内容有造型表现、设计应用、欣赏评述和综合探索,每块都有相应的内容,你们来找找。"先前的耐心等待终于有了成效,稀拉拉的小手开始举起来:"造型表现有《我的小天地》、《机器人》等。"很轻地回答,但似乎进入状态了。继续追问:"《我的小天地》,学什么?"终于迎来干脆利落的回答:"用绘画的形式表现和设计自己理想中的书房等。"至此,我长长地舒了口气,我们对纲要的分享终于进门了。

小宇被造型表现课《拓印树叶真有趣》吸引,根据实施建议细细研究:"我想和杰合作,用树叶印只大螃蟹。"他迫不及待地分享。很意外,他已根据纲要的实施建议开始学习预设,决定继着他的星星之火燎原:"选择喜欢的课,说说你的学习建议。"兴致很浓,五花八门,创意无限。有的还分门别类列好了"美术用品袋",标注要准备个大大的鞋印,看着这可爱至极的手绘纸袋,有点醉了。

跟着他们从质疑到困惑,又从困惑到点燃,一起经历课程纲要的解读,不容易。但看到他们根据纲要自主研究的那份仔细与认真,那自行罗列的"美术用品袋",还有那因为预设而爆发的满满期待,我想,一切都值得。

我的成绩我做主

我们把课程评价搞得风生水起,孩子们在自评互评里摸爬滚打,不亦乐乎。每课新授前,学生都会有"课前准备是否充分"的自评,画正字记录(见图3)。快临近学期结束时,他们在互相较劲:谁画的正字多?小涛已集有5分,而周围同学有的是7分,有的是8分。圆乎乎的脸,有些按捺不住。留心观察,发现有变化:回答积极了,课堂上目光紧锁老师,一有任务就有冲锋的意味,与先前的拘谨判若两人。刚开始奇怪,后来释然了。他在努力"上课积极参与"的评价指标。有趣的是,同桌识破了小涛的用意。每每提问,总会举手抢答。两虎相争,课堂就被搅得火热。当后面的"正"字越画越多时,那份得意与自豪溢于言表。最后,小涛的课堂表现积分从5唰唰跳到了10,与同桌持平,两人握手言和。当然,还会开始他们新一轮的角逐,我们以观后望。但有一点很肯定,他们在用自己的方式演绎我的成绩我做主。

美术档案袋是互评行动。其中"档案袋(作业本)个性化设计"在学期初分1分、3分、5分三档完成评定。玲玲是个动作较慢的学生,总会落下一些。那天,大家已互评结束,准备填写时,她迟迟不能结束手上的工作。"我想在这儿装饰一块蓝白相间的块面";"这里,还要增加一条绿花边";"如果,这里点缀黄色的星点,就好了!……"她慢条斯理,组上同学急得不行。再拖下去,本组就要失去全班展评资格,那这项评分每个人都会是最低1分。可不行!于是全组同学齐上阵,以分工合作的方式递交了这份组内优秀样例。功夫不负有心人,他们最终以"最佳作品"胜出,所有成员都以最高5分获得这项评定。热烈的掌声响起来时,每位组员都高兴得蹦起来!我亦拍红了双手。孩子们,祝贺你们!你们用智慧与合作,创造了评价之外的精彩。

课程纲要实实在在地影响着教学,影响着课堂中的每一个人。但对于它的践行,我们依然在路上,且行且思。

(潘洁琴,本文发表于《教育视界.智慧管理》2015年第6期)

6.5 课程纲要打磨记

等 闲 视 之

2014 年 9 月 4 日,结束了晨会之后我坐在办公室里,思绪有些乱,事情很多但是不知该先做什么。看着堆满了作业本的办公桌,想想还是先把作业批了吧。刚批了一组,我又放下了笔,把作业往旁边推了推。

"徐老师,我们要不要讨论一下课程纲要?"我弱弱地问了一句。

"好的呀,但是我们要怎么做呢?"徐老师笑着继续说,"吴老师你分配任务吧,我配合你,我真的不知道怎么弄的。"徐民英老师是从莘塔小学过来交流的,在原来学校从来没有接触过课程纲要,来我们学校也就几天时间,确实是一头雾水。

"没关系的,我也没弄过。我们不要被它高大上的名字给吓着了,应该和我们每年做的学期进度表差不多,只是多了几项内容而已。我们都写了十几年学期进度表了,有什么好担心的。"

"那好吧! 我们从哪里入手?"徐老师听我这么一说,信心也被提升了,从座位上搬了个凳子坐到我边上来。

"首先我们要根据这学期的教学内容制订这个学期的教学目标,然后要制订教学策略以及评价方式。"看着组里其他老师做好的课程纲要,我淡定地说。

"这个新教材,还真是不熟悉。"徐老师边翻阅着 2014 年下半年才开始使用的译林版英语六年级新教材边说。

"是啊！不过做完这个纲要,我们可以提早知道整个学期的教学内容了。"

"那我们一个个单元进行,先把内容这一部分做好。"徐老师建议道。

于是对照着教师用书,我们将每个单元每个版块的知识点都罗列了出来,占据了满满两面 A4 纸,让我们非常有成就感。和徐老师简单沟通之后,我们根据教学内容,制订了三条知识目标、三条技能目标和三条情感态度目标;在实施部分也模仿着引用了几个教学法,并给出了期末成绩评价方法。

"好了！好了！总算好了！可以交差了！"我激动地说。

"太好了！"徐老师也很兴奋。

遭 受 打 击

2014 年 11 月 11 日上午 8 点 30 分,我们十几个老师准时来到 311 会议室,按照分组情况坐成两排。大家闲聊着,等着崔允漷教授和他的团队来指导我们进行课程纲要和教学设计的修改。

周校长拿着手机进来,用洪亮的声音告诉我们:"大家还要再耐心地等一下,由于高架堵车,崔教授团队会晚半小时到,大家可以趁这个时间熟悉一下自己的课程纲要,以便更好地跟崔教授交流。"

于是大家都安静下来,不到半小时崔教授团队到了,为了抓紧时间,大家很快分头进行。我们组由周文叶博士主持,周博士为我们提供了《学期/模块课程纲要》评议要点,并就每一项内容作了详细的介绍与讲解。听着周博士激情洋溢的讲解,我突然发现我写的纲要好像跟这个评议要点相去甚远,没有一项是符合要求的。虽然我的纲要上也有她所说的四要素,但是目标、内容、实施和评价完全是"四张皮"啊！脸上感觉一阵冷一阵热的,真想把我的那份课程纲要从周博士的手里抽出来,有些无地自容的感觉。

重 整 旗 鼓

12 点左右会议结束了,吃过中饭后,我想趁热打铁,重新编写,但又觉得无从下手。于是我先整理了上午周博士的培训笔记:

课程纲要最主要的是目标、内容、实施和评价四个要素,这四要素要讲究一致性。

目标描述的是通过一定的课时学习后的关键结果的表现,只要罗列出关键目标。每一条目标都要以三维目标来思考,每一条至多三句话,包括方法与过程、知识与技能、情感态度价值观,但并不是每一条都要写成三维目标。

内容并不需要将每个单元每个板块的内容罗列出来,只要交代一下话题和课时数。同时它是与目标相匹配的,可以依据目标、学情、条件对教材进行删、减、合、增、换,然后合理安排课时,课时数据包括复习、考试时间。

实施是针对具体目标的表现性任务,给学生提供学习机会,经历学习过程。也是回答怎么去的问题。选择的教与学的方法与目标必须是匹配的。并不是几个教学法的指导意见,而是以资源、活动、事件来陈述的。

评价是回答到了哪里的问题,对于每一项教学活动,都要有相应的评价标准,我们设计的评价框架要包括评什么、怎么评、谁来评三方面的内容,结果解释要与目标相匹配;成绩结构与来源清楚。特别是对于纸笔测验无法涉及的学科目标,我们也要设定评价标准,纳入最终的课程成绩中去。

整理好了笔记后,突然想起我曾在图书馆借过一本名为《基于标准的课程纲要和教案》的书,于是赶紧找出来琢磨了半天。模仿加上自己的理解,花了两天的课余时间终于出炉了一份全新的课程纲要。相比前一份而言,我对此更加满意了。

又 受 打 击

2015 年 1 月 27 日 3 点 30 分,我带着学期课程纲要进入 311 会议室,这一次还是修改课程纲要,崔教授带着他的专家团队来校作个别辅导。

一进会议室,崔教授笑着说:"吴老师你先来说说自己的想法。"

我的心里咯噔了一下,我完成这个稿子已经有一段时间了,说实话我都有点忘记了,于是稍微看了一下,简单介绍了一下自己的想法。

听了我的叙述,崔教授笑了笑说:"这个课程纲要是今天所有的纲要中模仿得最像的一个。"

"因为我借到了《基于标准的课程纲要和教案》这本书,其他老师好像都没有借。"我不好意思地说。

"所以初具模型了,但还是存在一定的问题。比如目标是围绕国家课程标准来制定的,那么在背景部分就应该交代一下课程标准二级水平的几条关键要求,二级水平的要求是什么?"

"不太清楚。"我小声地说。"《英语课程标准》,对了,我怎么完全忘记它了呢?"我在心里嘀咕着,这才意识到,我在制定目标时是脱离了国家课程标准的,我是根据教材来定目标的。

"那你要好好研究一下国家课程标准了,然后围绕课程标准制定学期课程纲要目标。二级目标中对于听、说、读、写应该都是有要求的,但是你的目标中没有对于听力的叙述。"

"听力在六年级其实不是特别重要的,六年级的主要目标是阅读、口语交际与写作。"不知哪来的勇气,我反驳道。

"那考试不是还有 30 分的听力测试吗? 说明听力不是不重要的,它是伴随在这些目标当中的,包括词汇,词汇肯定是要教的,但是你的目标中也没有关于词汇的叙述。"

我想了一下,好像很有道理,这应该跟我没有研究国家课程标准有关了,所以我也不敢再反驳了。"那么词汇、听力等都要和阅读、口语交际与写作一样作为一条目标吗?"我追问。

"如果是和阅读、口语交际与写作同等重要的可以单独列一条,不是特别重要的可以合并,每条指向一个方向。"

我似乎明白过来了,但还是要好好研究了国家课程标准再说。

再 接 再 厉

晚上,哄女儿睡觉后,我来到书房,再一次翻开了 2011 年版《英语课程标准》,发现了很多以前不明白的问题。

《英语课程标准》的总目标是由学习策略、语言技能、语言知识、文化意识和情感态度五个方面共同构成的。它正好体现了三维目标的几个维度,学习策略即过程与方法;语言技能、语言知识即知识与技能;情感态度和文化意识即情感态度价值观。

它也非常清楚地给出了二级标准该达到的目标,正如崔教授所言,我确实忽略了听力与词汇,它虽然不是最重要的,但是也要达到一定的要求。于是在制订目标时就将听力与阅读合并,将语音、词汇、语法也合并为一条,口语交际、写作、文化意识都单独列一条,按照三维目标续写方式制订出了五条目标。全新理念下的目标续写让我觉得倍感新鲜,也很激动。

再 受 打 击

2015 年 5 月 13 日下午,还是在 311 会议室,又是一次和崔教授交流课程纲要的机会。

"吴老师,你的目标还要再修改一下,要从简单到复杂,从显性到隐性,用词要准确,最后的落脚点要清晰。实施部分,是要让学生在拿到这个课程纲要后,明白这学期要做哪几件事。"

"啊!"我如梦初醒。一直以来,我都以为课程纲要是给我们老师自己看的,还因为能清楚知道自己要做哪些事,还沾沾自喜呢,不经意地感到不好意思起来。

"针对目标设计的表现性评价任务,就要给出评价标准。如口语交际怎么评,谁来评都要写清楚,那就是评价。评价要起到导向作用,让学生有意识地实施。"

原来每一项实施活动都要有评价标准,否则将不能真正实施起来,我还以为只要大概举个例子就行了。由于自己的盲目自信,我深感惭愧,把头埋得更深了。

前 路 漫 漫

下午的交流结束后回到办公室已经很晚了,办公室的同事都回家了。我却没有回家的打算,我决定重新修改课程纲要。

简单地修改了目标中的几点问题后,我把主要的精力放在实施和评价上,将原先的老师视角转变为学生视角。从原先的阅读教学、语法教学、对话教学、写作教学和其他板块教学中老师要做的事情,转变为正确朗读故事、复述或表演故事、口语交际、写作、归纳语法和语音规律并能运用、出英语小报等几个学习活动,并结合这些活动制定评分比例以及相应的评价标准。比如用英语来表演讲述(总分 5 分),每人每学期轮到一次,至少 10 句话,由老师和同学一起评。其标准是:"1. 能运用语言材料,语言流畅(3分),有创造力和感染力(2 分);2. 能恰当运用语言材料,语言流畅(2 分),能引起共鸣(1 分);3. 能根据语言材料进行基本交流(1 分),没有感染力(0分)。"让学生明白做到这样可以得到几个学分,从而完成活动,达到目标。

英语六年级上册的学期课程纲要终于完成了,但我却没有了前两次的喜悦之情,因为我知道,这一次的修改并不代表着结束,需要改进的地方还有很多。

路漫漫其修远兮,吾将上下而求索。

(吴晓芳,本文发表于《教育视界·智慧管理》2015 年第 6 期)

6.6 一次颠覆传统的试卷编制体验

世间万物都在时间长河中发生着改变,或大或小,唯一不变的是始终在变化,我们的教育也是一样,没有一成不变的时刻,而正是这种变化,让我们成为了教育叙事的"主角"。这次,在一张小小的试卷上,在一次颠覆传统的试卷编制中,我有了一次与众不同的体验。

丈二和尚摸不着头脑:编制不一样的试卷?

4月8日那天,当我捧着作业本从教室走出来时,迎面碰到微笑着走过来的吴主任,他神采奕奕地对我说道:"顾老师啊,现在我们去张校长办公室一趟,有个全新的任务等着你!""什么任务啊?"看着吴主任神秘的表情,我忐忑地问道,"不会是开一节公开课吧?"吴主任摇了摇头,"去去便知,走吧!"我急忙把作业本放回办公室,随之来到了张校长办公室。

一进去,发现已经有六七个老师坐在那儿,"会是什么事儿呢?"我一脸疑惑地挨着坐下了。

"你们还记得上学期崔教授指导我们编制的课程纲要吗?"张校长首先问道。怎么不记得?当然记得!上学期,华师大的崔教授还有周文叶博士,来过我们学校N多次,就是来再次指导我们修订课程纲要的,其间反复修改、指导、再修订,和同事们经历了很长一段时间的揣摩思考,才算勉强交出了一份让崔教授满意的课程纲要。这个制订课程纲要的过程历历在目。张校长继续说:"这次,我们要继续利用好我们的课程纲要,真正发挥课程纲要的作用。"张校长顿了顿,看着我说:"顾老师,你根据你们年级的语文课程纲要,编制一份单元检测卷,你看行不行?"我一个字一个字地消化着,张校长让我出一份试卷,还要根据课程纲要来？我不解地望了望吴主任,吴主任接着说:"就是你出的试卷上的题目,是根据课程纲要来的。"张校长点了点头,"接下来你们教研活动,就可以一起来研讨下根据课程纲要编制的试卷的效果。但首先,你要先编制这份试卷出来。"

哦,原来是这个任务啊！依据课程纲要编制试卷,这话听来并不新鲜,在我们刚接触"课程纲要"的时候就听说过这样的要求,也听数学组等别的教研组做过。但是,我自己呢,真不好意思,只是听听罢了,几年来,试卷倒是出了不少,可哪次需要看课程纲要啊？看了课程纲要再编制题目,会和以前不一样吗？我带着疑惑走出了张校长办公室,不管怎么样,先试试看吧！

十五个吊桶打水七上八下：勉强一份试卷出炉

晚上回到家,我对着我们四年级语文课程纲要,着实发了一会儿呆。看着窗外飘起的淅淅沥沥的春雨,如耳语般消融在苍茫的夜色中,想来,明早墙角的那些花草,应该被一夜的春雨滋润得更富生机了吧？思绪拉回来,还是研究下我现在脑海中的花草——试卷编制该怎么滋润吧。打开 QQ,看到张校长的留言:"按照课程纲要来编制试卷,是和原来你们凭经验制卷不一样的,现在是科学制卷,要整体把握一学期的课程目标,选择题目内容不要只根据教材内容,要由课程纲要决定。试试这样的思路编制题目看。"

一番话,让我似乎找到了点方向,张校长就是这样,在我们老师困惑时,能及时地给予我们每个人指点帮助。我重新审视了课程纲要中的本学期目标,从识字、写字、阅读、朗读、写作等几个方面的目标入手,结合了我们要检测的第三单元教学内容,开始着手编制起了试卷。编制过程当然不轻松,之前单元检测卷,我们都是借鉴上一届留下来的试卷,小修小改发下去就完事了,而这次,我的心中首先得有个框架,那就是由课程目标决定的,我想让这张试卷检测哪些目标,再在此基础上去构思题目,看看能否有效检测目标的落实情况。夜已深,我看看编制的试卷,只是完成了三分之一,想到明天课较多,需要好精神维持,我只好搁置一边。但起码这个晚上的收获是很多的,我有意识地在利用课程纲要来进行科学制卷,这和以往三下五除二拉出一张试卷就让学生考是大相径庭的。同样一件事,不同的操作思维,让我倍感新鲜。

第二天,虽然上着课,但一直惦记着要尽快完成试卷的编制。下课时,又抽空去了趟张校长那儿,交流了下自己昨天制卷的进度与体会。张校长听完我的汇报,轻松一笑:"这是与之前出卷完全不一样的体验,你自己多思考,还要和办公室同年级老师可以多沟通,听听他们的想法和意见。"也是,办公室几个有经验的老师总能给我有用的建议。在回办公室的路上,也碰到了吴主任,简单交流了几句,他说:"你想想这个第三单元要达到的课程目标,也要想想其他单元达成的其他目标,有一个系统的规划,然后在这张卷子上增添一些可以检测语文素养的题目。"我听了,感觉制卷思路越来越清晰,急匆匆赶回办公室,开始抓紧时间编制剩下的题目。

三天时间,一张根据课程纲要来编制的试卷出炉了!我兴冲冲地把电子稿发给办公室的每个老师,迫不及待地让他们看看这张"新鲜"的试卷如何。

未完待续:等待学生回应

4月14日,我拿着这试卷,和我们办公室的老师一起小小讨论了一番。岳霞老师认为,这张试卷的语言训练题目还是有点偏难,检测文字运用的题目偏多。凌洁老师指出,虽然《三顾茅庐》很重要,但是这张试卷上围绕这篇课文展开的题目还是偏多。细心的杨红燕老师说:"第六题和课文填空的填空内容有重复呢。"我一拍脑袋,自己检查了一下,怎么还是连这个低级错误都没发现呢?

下班回到家,根据老师们的意见,我又重新修改了下题目,准备在明天的教研活动上拿出来,和组内的老师再讨论一番。

4月15日周三,我们中高语组的教研活动如约开展,吴主任也过来参与了我们的讨论。和大家介绍了下这张试卷的编制思路后,张勤老师首先说道:"这样编是可以,但是难道我们原来的出卷方式就不对吗?以前的试卷也能在课程纲要里找到对应的课程目标呢。"吴主任立马变身吴专家,开始对两者的区别娓娓道来。他解释道:"原来出卷,当然也能检测学生,但关注的只是教材内容,目标虽然也能达到几个,但其实是零散的,是拼凑起来的,纵观整个四年级下学期的每个单元卷,就没有一个目标的系统性。我们现在按照课程纲要来出试卷,就是在一个大规划下,每张试卷都是有一个系统规划为支撑的。"听了这样一席话,老师们若有所思。过了一会儿,韦添老师打破安静,说道:"那这样来说的话,是不是出试卷的形式都要改变呢?"我们不解地望着韦老师,他继续说:"根据课程纲要来,在课程目标的指导下,何不拿篇有针对性的短文,在此短文中,设计各类题型来考察呢?不是更系统吗?"吴主任哈哈一笑,"未尝不可啊!这个就是内容编制还是形式编制的两种思维方式嘛!"

坐在后面一直沉默不语的陈小红老师说:"按课程纲要来编试卷,不也就是我们学校一直在做的'教—学—评一致性'的又一个落实吗?"其他老师纷纷点头。我突然有些"理论开窍":是啊,"教—学—评一致性",我们以前主要在课堂教学领域去探索,依据课程纲要来制卷,不是更大领域的"教—学—评一致性"吗?这么一想,我觉得眼前的世界一亮……

研讨结束后,我又马不停蹄地修改了这张卷子,也真可谓是一腔心血赋予一张纸上。当这一张编制好的试卷出炉时,得到了我们四年级老师的一致认可,大家也决定就将这张和以往不同的试卷发到学生手上,看看学生的反馈如何,能不能通过这样的试卷来更好地促进学生的学习。

故事还在继续,学生对于这样的一张试卷,会有怎样的反应呢?我们拭目以待。而这张试卷编制结束时,下一个单元又要开始,这才是拉开了序幕。

(顾颖颖,本文发表于《教育视界·智慧管理》2015 年第 6 期)

7. "教—学—评—致性"专题

7.1 一致性地思考目标、评价与教学

成就好课，是每一个教师的梦想。成就好课，不是偶尔地上一节公开课，也不是点缀式地有几节"拿手课"，而是改善我们整个的课堂生活。研究如何成就好课，首先要回答的问题是"何为好课"。本文试从阐述"好课观"开始，主张通过一致性地思考目标、评价与教学，以成就好课。

一、我的好课观：根据学生的学习信息来评价一节课

关于何为好课，层出不穷的各种"标准"令人目不暇接。笔者丝毫不怀疑这些标准的价值，但又非常怀疑上课的老师们能否"记住"这些标准——哪怕仅仅是"记住"！所以，本文在论述"何为好课"的时候，想寻找另外一种思路：用一种简单的描述来说明好课之本质。笔者的所谓"好课观"，包括三层涵义：第一，是"学生在学习"的课；第二，是"学生向着目标学习"的课；第三，是"大部分学生达成学习目标，一部分学生创造了目标之外的精彩"的课。

1. "学生在学习"。这样的要求是针对学生"疑似学习"而提出来的。学生坐在课堂里，人在课堂，可是，他们是否真的在进行学习，这是需要我们格外警觉的。笔者在 2006 年时就组织过相关的课堂观察，观察者分工负责对全班学生的观察，记录每一个学生在整节课上的学习投入状态。在一节看似一直在推进教学的课上，学生游离于学习的情况，是非常令人震惊的，而执教的老师常常并不知道。这种"身在曹营心在汉"的现象，非常值得警惕。因此，我们把"学生在学习"作为好课的第一条标准。

2. "学生向着目标学习"。也有很多时候，学生的确在学习，但是他们

并不是向着目标学习。从更广泛的意义上来说,学生的学习可以包括目标之外的学习,但这是学生的自学行为,而不是课堂学习行为。课堂上的学习,不能离开目标而进行。

3. "大部分学生达成学习目标,一部分学生创造了目标之外的精彩"。这是课堂最终的状态描述。课堂是围绕着学习目标而进行的,因此,必须是大部分学生达成目标;当然,这还不够,一节好课,还应该能够促进"一部分学生创造目标之外的精彩"。"达成目标"与"创造目标之外的精彩",都很重要,前者解决是的"温饱问题",后者解决的是"让一部分人先富起来的"的问题。"一部分人先富起来",是必须得到重视的,但"温饱问题"是课堂教学的首要问题。

从笔者的"好课观",我们可以思考"怎样评课"。我们再也不必把评课的重点瞄准教师的教——我们丝毫不怀疑教师教的重要性,但我们这里要讨论的是"如何评价一节课",我们的评价对象是"课"。就像我们评价一件产品的好坏,我们应该根据产品的标准去评价,而不是丢开产品本身的标准去评价创作这件产品的人;研究是谁、他怎样上课的、他为什么能够上好课或者为什么上不出好课,研究诸如此类的问题,也是重要的,但这不是本文讨论的焦点。

如果笔者的好课观是成立的,那么我们评课的目光就必须从"看教师"转向"看学生"上来,因为"教了,不等于学了;学了,不等于学会了"。具体来说,就是要看学生的学习信息,看学生的学习信息是否能够证明"学生在学"、"学生向着目标学"、"大部分人达成目标,一部分人创造目标之外的精彩"?

那么,我们怎样才能催生这些学习信息呢? 这就涉及本文的题旨:"如何成就好课?"如何成就好课,如何催生我们所要的学习信息,涉及三个内在一致的重要概念:学习目标、评价任务与教学活动。

二、学习目标:成就好课的核心问题

目标是什么? 是我们要去的地方。在没有确定要去何处之前,就在那里绞尽脑汁地思考"我们怎样去",这是很可笑的。但是,我们常常会做这样的事情:在学习目标还没有明确之前,我们就开始研究"怎样教",就在研究

"设计怎样的小组讨论"、"设计怎样的情境"、"设计哪些好的问题",等等。这些问题都是重要的,但只有置于学习目标的框架中与学习目标进行一致性思考,才是有意义的。事实上,对于"学习目标"这样的一个核心问题,我们还需要更多的启蒙,这是一个"老生常谈而又时常被忽略的话题"。成就好课,我们必须研究目标,必须首先研究目标。从国家的教育目的到各学段的培养目标,到各课程的课程标准,到一个单元的学习目标,都属于"目标"的范畴,都是预期的学习结果。本文关于"目标"的讨论限于"一节课",这个"预期"的"期"是一节课。

1. 目标的科学性。目标的科学性,首先是指定位的科学性,即定位在"一节课的目标",我们习惯于把"爱国主义感情"、"朗读能力"等作为学习目标,其实,这不是"一节课的目标",而是更长学习时间的目标。第二,是指表述的科学性,即要明确行为主体、行为动词、行为条件与表现程度。行为主体是学生,表述的主语是学生而不是老师,我们再也不要把"让学生"、"培养学生"、"使学生"这样的词组作为学习目标的打头了;行为动词要清晰、可评、可测,是"写出"、"说出"、"指明"、"绘制"、"解决"等,而不用"领悟"、"感悟"来表述;行为条件,是指"影响学生产生学习结果的特定的限制或范围等";表现程度是"学生对目标达到的最低表现水平",而不是最高要求。

2. 目标的课程性。一节课的目标,是一门课程的目标在这节课上的体现。一节课的目标,必须体现这门课的课程性质。如老师把《小动物过冬》一课的目标之一设计为"学生通过朗读学习,知道小动物不同过冬方式及其原因",把"朗读"作为过程,把"知道小动物不同过冬方式及其原因"作为"预期的学习结果",语文老师就做了科学老师的活儿了。"一节课的目标"与"这门课的课程标准"的关系,类于"父子"关系,儿子总是要承续父亲的血脉,一节语文课的目标,要让人看得出是"长得像语文课程"。

3. 目标的有限性。一节课所能够达成的目标是极其有限的,我们一般可以设定在三项左右。目标设计不能求全,不要害怕别人指责你漏了这漏了那,一节课不可能解决所有的问题,有限目标才能实现有效教学,有限目标才能创造无限精彩。我们很多的课堂就是抱着这样那样的担心,就这里也"点到了",那里也"讲过了",看似什么都教了什么都学了,实质是处处留情蜻蜓点水,这样的课不可能是好课。要教,就教个透;要学,就学到位。

4. 目标的具体性。一节课的目标,是具体化了的目标,而不是"普适性"的目标,如果这个目标这节课也可用,换节课也可以用,那么,它很可能并不是"一节课的目标",而是"一门课程的目标",或者"一个单元的目标"。所以目标的表述,不要说"普通话"。比如说"有感情地分角色朗读"就是一个普适性的表述,没有落实到本课的具体要求,可以具体化为:"通过文中轻声词、问句的处理,能读出小燕子关切的语气,能读出小青蛙、小蜜蜂回应中让人放心的语气。"

5. 目标的适切性。目标的适切性,要求我们研究学生、研究教材。研究学生,就是研究"本班学生"的学习起点与学习可能性,可以通过"前测"或"样本调查"来进行,不能通过想当然"他们应该已经学过了"来替代学情研究,如是这样,肯定会误断;研究教材,就要研究学习目标如何凭借教材得以实现,切不可被教材所囿。目标必须与学生适切,并不是定得越高就代表教师水平越高;目标必须与教材适切,用目标去解读教材,而不是无休止地对教材进行过度开发。

三、评价任务:成就好课的关键技术

评价任务强调学习任务对学习目标的"指向"。学习目标,描述的是"预期学习做到怎样";评价任务,描述的是"要求学生做什么"、"怎样做"以确保"做到怎样"。举例说明,有老师设计数学课《三位数除以一位数》,其中一项学习目标是:"通过观察、对比、交流,能说清算法算理,做到四个说清:(1)说清计算的顺序;(2)说清商的位置;(3)说清余数的处理;(4)说清每个数字表示的意义",教师设计的学习任务是:"计算一道习题,抽样指名说算法算理"。在这项任务中,指向学习目标,都是可评价的,那些指向学习目标的、可评价的学习任务,就是"评价任务"。按理说,学生的课堂学习,本身就该是一种目标行为,因此,课堂学习任务,本身就应该是内含学习目标的、可评价的,但事实上,我们常常忽略学习任务的这种特性,为了强调之,我们称合乎这种特性的学习任务为"评价任务",包括传统的作业题、问答题、纸笔测试等,也包括"表现性评价"。

1. 评价任务的指向性。评价任务是指向目标的,怎样确保这种指向,怎样确保目标与评价的"一致性"? 我们采用两种策略。第一种策略,是"逆向设计"。传统的课堂设计是遵循这样的线路进行的:"学习目标—教学活动—评价任务"(当然,这样的表述已经是一种假设,事实上我们甚至跳过学习目标,直接去设计所谓的教学活动,即还没有知道"去哪里",竟然直接思考"怎样去"),我们思考的第一个问题是"学习目标",第二个问题是"怎样达成目标",即"教学活动",第三个问题是"学生学会了吗?"所以,这样的"评价"是"对学习的评价",这样的课堂是"评—教分离"、"评—学分离""先教后评"、"先学后评"的课堂。而"逆向设计"的线路则是这样的:"学习目标—评价任务—教学活动",在这个线路中思考的第一个问题"学习目标",第二个问题是"用怎样的学习任务来证明/促进/帮助目标的达成",第三个问题是"怎样落实评价任务来促进学生的学习"。这里的"评价",是"为学习的评价",是"促进学习的评价",这里的课堂是"边教边评"、"边学边评"的,是"教—学—评一致性"的。第二种策略,是"对应思考",即学习目标与评价任务的对应,这种对应不一定是"一一对应",但只要有目标,必定有评价任务与之对应,有目标而没有评价,无法保证目标是否已经达成。

2. 评价任务的明晰度。一个明晰的评价任务要让学生清楚三个问题:我要做些什么? 我怎么做? 我要做到怎样? 明晰这三个问题非常重要,明晰的任务可以起到"导学"的功能。关于如何使评价任务更明晰,我们提供如下建议:第一,语言明白。教师语言表达的清晰度极其重要,究竟要学生做些什么、怎样做、做到怎样才算是好的,要讲得明明白白,要采用儿童能懂的语言,确保学生的明白,必须强调的是:不仅仅是教师明晰,而是让学生明晰。第二,教师示范。必要的时候,教师作示范,比如怎样的朗读算是"读出关切之情",教师示范读一遍。第三,提供样例。比如美术课《猜猜我是谁》中,关于怎样算是今天的好作业,分头部外形、发型特征、服饰发饰、整体构图四方面打星评定,但具体怎样算一星、二星、三星,仅靠语言描述不清,教师利用样例来说明,就非常有效。第四,给予辅助。老师们上课喜欢把教材的内容搬到 PPT 上,笔者是反对的,但建议将重要的学习任务用 PPT 的方式进行呈现,因为有些评价任务,仅仅是讲解一遍还不够,PPT 呈现可以方便学生的学习。第五,提供支架,比如作业纸、分析表等等。第六,强调参与与介入。比如评分规则的制订、解释与运用,要强调学生的参与、介入。

3. 评价任务的"空间感"。这里的"空间感",是指评价任务能够给学生带来更加丰富的学习机会,有利于符合好课要求的学习信息的产生,而不是用评价任务把学生"搞死"。保证评价任务的"空间感",涉及两个问题,一个是评价任务本身要设计得好,一个是这些评价任务要使用得好,评价任务执行的过程中要确保空间感。这里讨论第一个问题,第二个问题在讨论"教学活动"时展开(本文第四部分)。怎样的评价任务是有空间感的?首先要简约,任务本身是简约的,而不是极其复杂的,更不是零碎而繁多的,零碎而繁多的任务给人"逼仄感"。第二求丰富,任务可能催生的"学习信息"是丰富的,而不是单一的、封闭的;第三有趣味,任务尽可能是有趣的,能够引起学生学习热情的。我们有老师两上《长方形正方形周长计算》,第一上用了很多小任务来组织教学,教师上得累,学生得累,而且学不好;第二次上的时候,只用了一张长方形纸作载体,学生先用这张纸探索长方形周长,再裁出一个正方形探索正方形周长,再利用裁下的长方形及这个裁下长方形的对折进行相关图形周长的计算。这样,"一张纸,一节课",探索长方形、正方形周长计算,教得轻松,学得扎实且有趣,学生能够获得的学习体验更加丰富。

四、教学活动:成就好课的现场功夫

"目标",回答的是"去哪里"的问题(目的地);"评价",回答的是"我怎么知道自己在哪里"的问题(GPS全程导航);"教学",则回答"怎样去"的问题(交通工具)。这三个问题需要一致性思考,在具体的操作中,"教学"是最后的汇聚处:所谓好课,总是要上出来的。那么,我们如何确保教学活动与目标、评价的一致呢?

1. 教学活动嵌入评价任务。从"评价与教学"相整合的理念来看,教学活动就是安排"评价任务"。怎样安排评价任务,何时落实,怎样实施,就构成了教学活动。根据这样的理解,我们可以把教学活动看作是这样的一个过程:"明确评价任务—执行评价任务—交流学习情况"(这是从学生学习角度进行的描述)。"明确评价任务",就是学生在教师的指导下,明确自己将做什么、怎么做、做到怎样,这里的"明确"非常重要,如果事先不明确,到"执行评价任务"时就一团糟,老师就得全班叫停,重新再来;"执行评价任务",就是学生在评价要求的引领下进行学习,因为用内嵌目标的"评价任务"来导学,所以学习不会盲目,不会变成撒手不管的"放学",这里要强调的是教师的"让学"责任,千万不能做"扰学""替学"的事,强调要完整地执行评价任务,以保证评价任务的"空间感";"交流学习情况",就是在教师的组织下对学习情况进行交流、分析、评价、补充等,是对"评价任务"完成情况的总结与提升。整体地看,"明确评价任务—执行评价任务—交流学习情况",是一个学习链/评价链,一节课的教学活动就是由若干这样的学习链/评价链构成的。当然,在具体的教学活动中,这个学习链/评价链需要灵活运用,比如"评价任务的呈现时机",就非常重要,在《猜猜我是谁》一课的教学中,在"明确评价任务"的环节,老师组织学生参与、介入评分规则的制订,运用样例分析让学生明晰了评分规则,但是却没有要求学生根据评分规则来进行绘画与互评,一直到学生绘画结束之后,才要求根据评分规则来评分,这里"评价任务的呈现时机"就不是最佳,如果能够前置到学生习作之前,就会更好地起到"评价引领学习"的作用,会更好地实现"学生在学"、"学生向着目标学"及"大部分学生达标—部分学生精彩"。

2. 教学活动优化评价信息。从"课堂是创造学习信息的地方"的理念来看,所谓教学活动,就是围绕学习目标,展开评价任务、获取(收集)评价信息、利用(处理)评价信息以促进学习的过程,教学过程使得评价信息得以优化。从这个角度来看,教学活动可以整体地将"展开评价任务—获取(收集)评价信息—利用(处理)评价信息"(从教师角度来描述)视作一个"教学链/评价链",一节课的教学活动就是由若干这样的教学链/评价链构成的,从而使评价信息足以证明"学生在学"、"学生向着目标学"及"大部分学生达标—部分学生精彩"。信息处理考验教师的教学理念,在教学中,我们经常会看到一些好的评价任务,处理得不好,仍不能催生有效的学习信息,比如,好端端的一个具有"空间感"的评价任务,一个需要学生整体思考的任务,经常会被教师"拆分"、"零卖",把原本的"大任务"、"大问题"进行"肢解"、"零散化",使本能促进系统思考的教学重新回到"点到点"的肤浅"互动",结果,使课堂失去应有的"空间感"。比如,一道一题多解的习题,教师在处理的时候把它进行肢解,每一个学生都只探索一种解法,教师指名回答,一个学生说一种,最后教师总结,宣布说:"我们已经学习会了 N 种解法。"而事实上,对于每个学生来说,只是学了一种解法啊!这种教学满足于"点状信息收集",不追求更加优化的评价信息,怎么可能把学生教聪明呢?

3. 教学活动的设计遵循"从框架到细节"的思路。具体到一节课的教学,笔者主张"从框架到细节"的设计思路。所谓"框架",就是学习目标的确立及评价任务的落实,具体地说,就是"学习链/评价链"、"教学链/评价链"

的建立,因为只有这样才能确保学习目标、评价任务与教学活动的一致性。在一致性思考"目标、评价、教学"的课堂框架中,我们研究相关细节才是有价值的,否则,我们对课堂的研究总是在"点"上打转,转得再怎样辛苦,转得再怎样久远,也只能像驴牵磨一样,走不出这个圈子!

一节好课,首先要确保目标的正确。在目标正确的前提下,确保目标、评价、教学三者的一致性。怎样确保这三者的一致性?那就要采用"逆向设计""对应思考"的策略,框架设计先于细节设计,评价设计先于教学设计,根据学习目标设计评价任务,根据评价任务安排教学活动,在课堂框架中充分思考关键细节的设计,只有这样,我们的课才可能是"学生在学习的课"、"学生向着目标学习的课"以及"大部分学生达成学习目标,一部分学生创造目标之外精彩的课",才可能成就必然的、自觉的好课。

(张菊荣,本文发表于《江苏教育研究(理论版)》2014 年第 6 期,人大复印资料《中小学教育》2014 年第 11 期全文转载。)

7.2 用结构变革撬动课堂转型

课堂教学的变革是课程改革的"最后一公里"。这是一场攻坚战,但最好的"武器"只有在合理的"结构"中才能发挥其功效,因此,"结构"的变革才是基础性的变革。我们学校进行的"教—学—评一致性"课堂结构的探索,试图通过课堂结构的变革实现课堂教学的转型,实现日常课堂生态的改善,成就师生美好的课堂生活。

通过"课堂结构"化解课堂变革难题

在眼花缭乱的课堂变革中存在四个问题,这四个问题与我们缺乏合理的"课堂结构"有关。

缺少"内核"支持。课堂的"内核"是什么? 笔者认为,是"学习目标",没有"学习目标",课堂教学"结构"就无法建立。

缺少证据支持。"教—学—评一致性"的课堂理论认为,好课堂的关键不是看教师个人素养的表现,而是要依据学生的学习信息,即"证据",证明学生"在学习""围绕目标学习"。

缺少学理支持。经验是重要的,是理论之源,但经验也是危险的,仅仅依靠经验不能回答"好课堂好在哪里"这样的叩问。课堂变革的学理首先应该体现在"结构"上,怎样的学理支持怎样的"结构"。

缺少稳定质量。我们常常会遇到这样的情况,所谓"好课"是偶一为之的,在进行研究的时候,"好课"出现,研究活动过去,课堂又走回到老路上去了。长期的、稳定的课堂质量,必须依托于相对稳定的"课堂结构"。

学习目标与评价任务的设计是前提

"教—学—评一致性",即"教学"、"学习"、"评价"三者统一于"学习目标"。依据学习目标设计的评价任务是其基本元素,"评价嵌入教学"是主要特点,因此在"教—学—评一致性"的课堂变革中,必须采取逆向设计的思路,即"评价设计先于教学设计",在教学设计之前要先设计好用于检测目标达成的评价任务。"教—学—评一致性"课堂结构的前提是评价任务的设计,评价任务设计的前提是学习目标的设计。

学习目标是课堂结构的内核。课堂学习目标描述的是预期的学习结果,主语是学生,必须清晰明确,应该可评可测;学习目标"数量有限",因此我们不必纠缠于"这节课还有很多没有学习的内容"。课堂学习目标依据课程标准、教材解读、学情分析进行设计。

我校顾颖颖老师执教苏教版小学语文五年级上册《厄运打不垮的信念》一课时,这样设计学习目标:

1. 通过圈画、朗读、讨论,理解四字词语在文中的表达效果。

2. 通过比较谈迁两次撰写《国榷》,领会有详有略地处理文字材料的写作方法。

3. 理解运用数据表现人物品质的写作方法。

4. 通过理解谈迁在逆境中不屈不挠意志坚定的信念,升华对校训"恒"的理解。

评价任务是指用以检测、达成学习目标的具体的学习任务,是"教—学—评一致性"课堂结构的基本元素与关键要素,决定了课堂的质量。

评价任务的设计要做到三点。第一,与目标对应。完成评价任务的过程,是学生学习的过程,也是考量学习目标是否达成的过程,我们建议在教学设计中,在每一项评价任务后面注明所检测的目标。

第二,用学生视角设计。评价任务的描述要让学生明白,让学生能学、爱学,避免由于评价任务本身的不明晰,教师一次又一次地"补充说明",一次又一次地"扰学"。

第三,为学生的"学"而设计。要特别强调学习是一个真实的知识建构的过程,我们应该考虑评价任务的"长度",要通过整合形成"大任务",而不是"短兵相接式"一个一个的琐碎的"小任务"。

上例中,顾老师设计的评价任务如下:

1. 圈画出本文的四字词语,读一读,同桌讨论四字词语在文中的表达效果。(检测目标1)

2. 比较第1段和第3段内容,说说为什么不详写第一次创作《国榷》,有感情地读好第3段。(检测目标2)

3. 默读课文,找出运用数据表现谈迁治学刻苦和信念坚定的句子,说说被哪些数据震撼。(检测目标3)

4. 浏览课文,结合谈迁的事迹,说说对校训"恒"新的理解。(检测目标4)

教师可以在基本结构的基础上去寻求变化、创造变式

"教—学—评一致性"的课堂结构由两个层面组成:整节课板块化的"大结构"与每个板块程序化的"小结构"。完整的"教—学—评一致性"的结构,也就成了围绕学习目标的"小结构"的循环。

一节课要有板块化的"大结构",一般而言是这样呈现:

板块1:导入 — 板块2:…… — 板块3:…… — 板块N:总结

"导入"板块是课堂的常规板块。"总结"板块不仅是教师和学生的总结,同时也是教师了解学习目标达成情况的途径,可以将学生所总结的学习收获与教师所预设的目标相比较,以了解"一致性问题"(教师想教的是学生认为已经获得的吗?),借此改进教学。

中间的板块设计,我们的经验是:第一,一项评价任务对应一个板块;第二,板块对应的评价任务应是"大任务",是有"长度"的学习任务;第三,根据学习目标与评价任务确定主题,简明扼要地说明该板块的学习目标或学习任务;第四,板块之间或并列,或递进,避免交叉、重复。板块的安排、板块

间的关系,取决于评价任务的设计,再一次证明了评价任务在"教—学—评一致性"课堂结构的基础性地位。

语文教学一大误区是将"课文内容"直接理解成"课程内容",课文写什么,我们就教什么,学生就学什么。因此,老师在做教学设计时,容易将"学习第一自然段"等作为"板块名称"。

因此,给板块确定主题的工作极其重要,从设计上使整个课堂朝着"课程"的方向走,而不是朝着"教材"的方向走。这样,课堂就把课文作为"例子"(即叶圣陶所言"教材无非是个例子"),而所学的内容即是"语文素养",指向"课程素养"而不是仅指向"课文内容"。

根据这样的理解,顾老师设计的板块及主题是:

板块1:读题导入→板块2:理解四字词语的表达效果→板块3:领会作者处理详略的技巧→板块4:理解运用数据表现人物品质的写作技巧→板块5:联系人物升华校训"恒"的理解→板块6:总结。

另外,每个板块要有程序化的"小结构",我们倡导要对每个板块作"结构化"的处理,其基本程式为:

呈现评价任务 — 围绕评价任务的学习 — 交流与反馈

这个"程序化"的"小结构"所构成的"教学过程",最显著的特点是"评价任务嵌入教学过程",把"教学过程"理解为"安排与组织评价任务",实现教师的教、学生的学与课堂评价的"一体化"。

据此,顾老师这样设计"板块2":

板块2:理解四字词语的表达效果	1. 评价任务的呈现 (1)圈出文中的四字词语,并读一读。 (2)同桌讨论:四字词语是不是越多越好?课文大量运用四字词语,为什么我们感觉很贴切?
	【评注】这一步的关键要点是使学生理解、明确评价任务,根据任务的特点与学生的学情来确定呈现方式,如教师讲解、PPT呈现、举例说明、示范、提供框架、师生讨论等。
	2. 围绕评价任务学习 (1)学生自主圈画词语,并朗读。 (2)同桌讨论:四字词语是不是越多越好?课文大量运用四字词语,为什么我们感觉很贴切?

【评注】这一步关键是让学习充分展开,切忌教师"替学"。教师可以通过巡视、关注样本学生等收集学生的学习信息,但不能急躁地"干扰"学生的学习。学生围绕评价任务的学习,有相对的"长度",经历真实的学习,可以采用多种学习方式,个别研究、合作讨论、朗读体验、动作操作等,但学习始终围绕着评价任务进行。
3. 交流与反馈 　　(1) 学生交流四字词语,教师 PPT 出示文中的四字词语,朗读。 　　(2) 指名交流:课文大量运用四字词语,为何我们感觉很贴切? 　　　　教师指导:大量的四字词语增加"古文色彩",与文章意境(写古人、编史书)相符。如果我们写文章的时候不考虑这种语言环境,一味用四字词语,可能反而给人堆砌的感觉。 　　(3) 有感情读好四字词语,进入古人谈迁的世界。
【评注】这一步关键是让学习结果显性化,评价信息要充分呈现,教师要根据评价的情况开展教学。教学与评价相整合,且教发生在学之后,根据学习信息来展开,体现"以学论教""以学定教"的思想。

"教—学—评一致性"课堂结构改变的是课堂的学习生态,使教师从碎片化的"教"到建立在整体思考"目标—教学—评价"之基础的"教"。

在运用上述范式的时候,教师可以在这个基本结构的基础上去寻求变化、创造变式;"教—学—评一致性"的课堂变革不排除细节的探索,包括各种教学手段、教学方法、教学技巧的运用,但所有的细节一定是在"结构"的框架之内才是有价值的。

（张菊荣,本文发表于《人民教育》2016 年第 13 期,人大复印资料《小学语文教与学》2016 年第 11 期全文转载。）

7.3 "教—学—评—致性"给我们带来了什么

"教—学—评—致性",是有效教学的基本原理,这个原理要求教师的教、学生的学、课堂的评价是一致的,而不是各自为阵、四分五裂、互不相干的。这种一致性体现在教、学、评必须共同指向学习目标,教师的教,是为学习目标的教;学生的学,是为学习目标的学;课堂的评价,是对学习目标的评价,教学评在目标的统帅下实现一致性。"教—学—评—致性"对课程建设的全过程发生着深刻的影响,本文仅讨论其给课堂带来的变化。

一、学习目标从似有若无走向核心统领

在日常教学中,学习目标常常是纸上谈兵式地存在于教师的备课本上,似有若无:你说它无,老师说已经写好了;你说它有,我们在课堂上又观察不到它,你课后去访谈老师,老师们通常也支支吾吾讲不清楚,就是说了,也讲不出来目标的确定依据与过程。我们在探索"教—学—评—致性"课堂时,做的第一件事是研制学习目标,正确的学习目标是"教—学—评—致性"的前提,是课堂教学的核心。学习目标是教师对学生预期学习结果的表述,为了确保"教—学—评—致性",我们应设计"该学"、"能学"、"可教"、"利评"的学习目标。一要做到"该学",要明白究竟什么学生在本课中该学的,就要研究课程标准,要依据国家课程标准来研制本课的学习目标,要理解课堂学习目标的实质是国家课程标准的具体化,这涉及到课程的规定性,有了这样的思考,我们就不会把语文课上成自然课,不会把"了解鲸的生活特性"、"理解某某某的爱国主义情操"等当作核心的语文学习目标了。二要做到"能

学"，这就要求我们研究本班学生的学习情况，他们的学习起点在哪里，哪些学生可能会哪个学习目标上有困难，是什么困难，他们的学习潜能在哪里，学习目标该确定怎样的程度，每个班级的学习基础与学习能力不同，每类学生的学习基础与学习能力不同，在目标设计时如果没有了解这些情况，那么"教"、"学"、"评"都会措手不及。三要做到"可教"，这就要求我们研究教学资源，教材中用以达成学习目标的资源有哪些，教师的自身条件怎样支持教学的可能性，课外资源如何合理开发，这些都是合理设计教学目标的依据。四要做到"利评"，这就要求我们所表述的目标是"可评价的"，我们在叙写学习目标时，多使用"能说出"、"能写出"、"能归纳"、"会总结"等可评可测的行为动词，而不太使用"理解"、"感悟"、"体会"等难以评价的词语。该学、能学、可教、利评的学习目标，才能成为合理的"课堂核心"，也才能使"教—学—评一致性"成为可能。

二、课堂设计从始于教学走向逆向思考

我们可以回忆自己进行课堂设计的一般顺序，拿到一个教材，我们首先考虑的是设计什么。我们无数次地听老师谈备课思路——尤其是"家常教研"中的备课，十有八九的老师首先思考的是我该怎样教、我需要设计怎样的一个情境、我需要设计怎样的一个课件、我需要设计怎样的一系列提问、我需要补充怎样的一些资源，等等。这种思考的共同特点是从"教学"开始，在还没有设定学习目标的情况下，首先就考虑"怎样教"，就好像是在还没有明确"去哪里"的情况下，首先就考虑"怎样去"。这样的设计思路也许每天都存在，然而却是那样地不合逻辑，我们可以称之为"始于教学的课堂设计"。"教—学—评一致性"理念下的教学设计，其逻辑恰好相反，是一种逆向设计，我们可以称之为"始于目标的课堂设计"，它所遵循的线路是"学习目标—评价任务—教学活动"，首先设计学习目标，确保课堂核心与方向的正确性；然后根据学习目标设计评价任务，评价任务用以检测学习目标，确保教师对课堂教学效果有基于证据的把握；最后才是教学活动的设计，教学活动的设计内嵌评价任务，并通过有序的环节帮助学生达成目标。在这种逆向设计中，学习目标、评价任务与教学活动是一个整体，具有内在的一致性，为了保证这种内在一致性，我们采取了"对应式"备课的框架：

目标	评价任务	教学活动(环节)
目标1：……	评价任务：……	板块1：……
目标2：……	评价任务：……	板块2：……
目标3：……	评价任务：……	板块3：……

三、课堂评价从随心所欲走向理性导航

在接触"教—学—评一致性"理念之前，关于"课堂评价"，我们更多地停留在教师对学生的回答说"对"、"好"、"正确"等"评价语"的层面上，而缺少关于评价的系统设计，因此，往往是随意的，甚至是随心所欲的。在"教—学—评一致性"的课堂教学中，课堂评价是课堂推进的"导航系统"，它不断地检测学生的学习进程，不断地对学生的学习进行评价，以决定教学过程。"教—学—评一致性"框架中的课堂评价有这样一些特点：一是有依据的评价，课堂评价是依据目标的评价，评价与目标是紧密相联的两个概念，没有评价，我们何以知道目标达成与否？因此在确立学习目标的同时，我们必须设计评价任务，比如为了评价学习目标"初步理解倒叙手法的作用"，我们设计了这样的评价任务："请说出本课中倒叙的好处；请说出补充材料中的倒叙的好处。"二是"为学习"的评价，在课堂中，我们用评价任务引领学习，并不断地把学生学习现状与学习目标相对照以掌握学情，他们是懂了还是没有懂，是会了还是没有会，然后进行教学决策，评价的目的不是为了给学生的学习一个终结性的评分，而是为了掌握学生的学习情况，以更好地组织教学，帮助学生进行后续的学习。三是"在学习中"的评价，教、学、评一致的评价不是在课堂结束后的测试，而是嵌入教学的，是在课堂教学过程中进行的。学到哪里、评到哪里、教到哪里，学什么、评什么、教什么，"教—学—评一致性"让我们的课堂评价不再随心所欲，不再连自己也不知道自己究竟缘何而评，而是用评价为课堂的教与学进行理性导航。

四、教学活动从低效繁琐走向有序开放

"教—学—评一致性"对优化课堂教学结构也有着重要启迪，在"教—

学—评一致性"的课堂中,教学活动从纠缠于繁琐细节的低效走向了在目标、评价导引下的有序开放。在目标不明、评价不清的情况下,教学活动会很沉重,教学活动会承担着无穷无尽的责任,然而难以明白究竟什么才是自己应负的责任。因此,教学只有雾里摇船一般地到处瞎转,生恐少讲了一句话就被人指责,担心漏了一个提问就没有完成任务。"教—学—评一致性"原理告诉我们,课堂不是无限责任公司,教学的责任在于为学生达成目标提供帮助。这样的理念带来了教学活动的有序开放,说是"有序",因为它是聚向于学习目标的;说是"开放",因为在目标明确的前提下,它不会背负太多的担负,因而是有空间的。在具体操作中,教学活动具体化为教学环节,比如,《线描画中的黑白对比》一课中有一个目标为:"能根据评价要点对学生的作品进行评点",相应的评价任务为:"指名小组代表:请你选择一幅学生作业进行评点"。这样的目标与评价设计指向非常明确,为教学活动提供了广阔的空间,老师设计了这样有序开放的教学活动环节:一是出示、学习作品评价要点;二是小组内根据评价要点评价其中一位同学的作品,形成评点意见;三是小组代表人进行上台展示、评点。这样的教学活动充分反映了"教—学—评一致性"带来的变化:目标指向明确,教学活动为学习目标服务;评价合理嵌入,教学与评价有机整合;学习充分展开,学生的学习活动非常开放,避免了因繁琐设计造成的学习空间逼仄的现象,这样的学习,既保证了学习目标的达成,又可以迎来学生表现中种种意料之外的精彩。

五、学习信息从熟视无睹走向深度关切

深度关切学习信息是"教—学—评一致性"给我们带来的又一深刻变化。"教—学—评一致性"的课堂时刻关注学生的学习与学习目标之间的差距,因此,对学习信息极其关注。在"教—学—评一致性"的课堂上,当评价任务落实的时候,学生就会产生各种各样的学习信息,这些信息是我们进行课堂评价的证据,我们必须善于捕捉、收集,进而研判,并在研判的基础上决定后续的教学活动,或继续,或调整,使教学始终向着目标的方向,又始终基于学生的学习,最终保证学生获得目标引领下的进步。教师如果对丰富的学习信息视而不见,他就会变成一个"蒙着眼睛上课的人",他就会自顾自地看着教学预案推进"教程",却没有关注"学程"——于是,表面上看教师都教了,但无法

知道学生究竟有没有学、究竟有没有学会。"教—学—评一致性"的课堂教学深度关切学习信息，学习信息就成为了推进学习活动的依据，在"教—学—评一致性"的课堂教学中，这样的教学环节是极其普遍的：落实评价任务—收集学习信息—研判学习信息—调整教学活动。比如，教师在教学《足弓传球》时设计了这样的一个学习任务："分两队距4米面对面足弓传球练习。"学习任务落实后，学生练习，教师观察，教师通过观察获得的信息是：动作基本准确，但方向难以把握。获得这个学习信息后，教师做了两件事：一是请两位同学进行示范；二是教师提示，要注意，这个动作是"击打"，踢出去之后，脚要迅速回来。经过这样处理之后，学生继续练习，方向的把握就有改进了。在这个教学过程中，教师对信息的关注度是非常高的，他自觉地搜集学习信息，正确地研判学习信息，根据学习目标适时调整教学活动，充分体现了对"教—学—评一致性"的理解。

认识与实践"教—学—评一致性"的原理，给我们带来了深刻的变化，学习目标从似有若无走向核心统领，改变的是课堂目标观；课堂设计从始于教学走向逆向思考，改变的是课堂设计观；课堂评价从随心所欲走向理性导航，改变的是课堂评价观；教学活动从低效繁琐走向有序开放，改变的是教学观；学习信息从熟视无睹走向深度关切，改变的是学生观。也就是说，"教—学—评一致性"，其实是给我们带来了理念的变革，让我们对课堂的思考建立在原理的层面，而不仅仅是经验的层面，而只有进入原理层面的思考，我们才能走向专业化，我们课堂的成功才会成为必然。在学会原理思考之前，我们的所谓"好课"，或者说"有效课堂"，常常是偶一为之的，我们更多地追求点缀式的大餐而无意于让每餐菜都成为好菜。而要让每餐菜都成为好菜，让每一个课堂都成为有效课堂，就必须建立专业自信与专业自觉。"教—学—评一致性"就让我们建立了这样的自信：我们之所以这样设计教学，之所以这样开展教学，是我们想通了的，是我们确信了的，而不是仅仅依靠外部评价来肯定的；而因为这种自信是来自于我们对"教—学—评一致性"原理的深刻领会，是我们有足够的课堂现场的证据证明了的，因而，我们又必然会建立专业自觉，这种专业自觉，既是理论自觉，也是技术自觉，我们知道方向在哪里，我们知道路径在哪里，因此，"教—学—评一致性"的探索一定会给我们带来更多的收获与变革，有效课堂一定会从偶一为之的无心插柳走向高度自觉的日常必然。

（张菊荣，本文发表于《中小学管理》2013年第1期）

7.4 目标导向下"教—学—评一致性课堂"的设计

"教—学—评一致性课堂"的设计应该是指在教学设计中达成教学目标、教学活动和评价任务三者的一致性。而当前课堂中的教学设计并非都能做到这三方面的一致性,因为没有学习目标的系统思考,导致课堂教学中出现"虚目标"、"泛目标"、"去目标"等现象,教师教到哪里是哪里;因为没有评价设计的先行,学生学到多少是多少,究竟达到的怎样的学习结果、是否达到怎样的学习目标,并不清楚。这样的课堂,效率自然低下。因此,我们必须走到目标导向下的"教—学—评一致性课堂"的设计中来,以教学目标为导向,设计评价任务与教学活动,确保课堂教学的有效性。

一、目标设计:在综合分析中实现精准

拿到一篇课文时,我们首先要知道这篇课文到底要教什么,教到什么程度,知道自己到底要带学生到哪里去,也就是确立教学目标。可以说教学目标的设计直接决定着教学的方向和质量,我们需要在综合分析中进行不断修改与调整,从而设计出最精准的教学目标。设计教学目标可以根据以下三方面进行综合分析。

第一,以课程标准作为依据。研究课程标准是每节课备课时要做的工作,在全面研究学科课程标准的基础上,找出相对应年段的教学目标,这是设计本课教学目标的依据。老师们在制订教学目标时往往直扑课文,根据课文内容确定教学目标,没有大方向引领的教学目标往往会"误入歧途",尤其在我们语文教学中,老师很容易把"课文内容"理解成"教学内容",而不是

把"课文内容"作为"教学内容的载体",这样很容易出问题,如把语文课上成了自然课、上成了思品课。

第二,正确把握教材特点。不同教材有不同的特点,不同的教学内容也有不同的教学要求。要吃透教材,千万不要面面俱到,只有找出属于这篇课文的特点,才能准确地定位目标。教材中具有丰富的教学素材,我们要将课程标准的要求具体地落实在课堂教学中,就要善于将教材特点置于课程标准的视角之中去思考与提炼。

第三,研究学生的学习。一是要研究学生的学习起点,也就是学生的"已知"、"已会";二是要研究学生的学习可能性,也就是学生的"应知"、"应会";三是要研究学生的差异性,在"本班"中,不同的学生有不同的学习能力。当然,这样的研究是与课标研究、教材研究联系在一起的,当我们把课程标准的要求放在具体的学生、具体的教材中来研究的时候,教学目标才可能是精准的、合理的。

例如,制订苏教版小学语文一年级下册第8课《小松树和大松树》的教学目标时,我是这样做的。首先根据课程标准,找到相对应年段的目标:"喜欢阅读,感受阅读的乐趣。学习用普通话正确、流利、有感情地朗读课文。借助读物中的图画阅读。结合上下文和生活实际了解课文中词句的意思,在阅读中积累词语。阅读浅近的童话、寓言、故事,向往美好的情境,关心自然和生命,对感兴趣的人物和事件有自己的感受和想法,并乐于与人交流。"接着把握教材特点:它是一篇童话,发现这篇童话中蕴含着"向往美好的情境,关心自然和生命"等价值观层面的内涵了。于是,我最终根据课程标准中以上的几个目标落实这一项内容:"阅读浅近的童话、寓言、故事,向往美好的情境,关心自然和生命,对感兴趣的人物和事件有自己的感受和想法,并乐于与人交流。"具体分解到这节课,设计的目标就是:通过对关键词语的理解,能评价课文中的人物特点,并能说出自己喜欢的人物及其原因。以学生为主体,根据学生的特点进行分析,一年级的小朋友要评价这么多人物的特点,是比较困难的,适合优秀的学生,于是我又把目标进行重构:通过对关键词语的理解,学生能说出自己喜欢的人物及其原因,部分学生能评价课文中的几个主要人物特点。

就这样,我在目标设计过程中对课程标准、教材、学生方面进行了综合分析,在分析中进行调解,期望能实现精准。一旦目标设计完成之后,有了目标的导向,评价任务的设计和教学设计就显得简单轻松了很多。

二、评价设计：对教学目标反复考量

　　明确了学习目标之后,学生究竟是否能到达目的地,到达的程度如何,是我们必须时刻关注的,这就是评价设计。在评价设计的过程中,通常需要考虑以下几个方面。

　　第一,反复审视原定目标的合理性。在设计教学评价时,首先需要对教学目标进行再次"审核",看是否存在"虚目标"现象。我们需要考虑原教学目标是否精准,是否具有可测性。若发现目标存在问题,我们就需要重构目标。

　　第二,以学习目标为归宿设计评价。在以教学目标为导向的课堂中,学习者是否产生了如教学目标所期待的变化,这是要通过教学评价来回答的。所以,评价则又是对教学目标的具体落实,也是教师不断了解学生的目标达成情况的参照物。

　　第三,在评价设计中思考可能的教学设计。你要告诉学生学什么、你想让学生知道什么、你想让学生掌握到什么程度,这些都必须在进行前有一个测量的尺子,也就是评价设计。在教学设计前我们都已做到了心中有数,评价设计就会引领着我们进行教学设计,影响我们对教学设计的具体处理,评价是引领教学设计的。

　　例如,在设计苏教版小学语文一年级下册第16课《这儿真好》的评价任务时,我首先对目标进行了再审核。我的原教学目标是："通过对小岛的两次取名,知道小岛因种树后带来的巨大变化,知道环境的重要性。"我随即发现这个初定的教学目标可测性不强,于是重新修订了教学目标为："通过对小岛的两次取名,学生能说出小岛因种树后的巨大变化,说出这儿具体好在哪里。"重构后的教学目标就具有可测性。教学目标精准了之后,我就以这个教学目标为归宿进行评价设计,在这一目标的导向下,设计了表演的评价任务,让学生进行表演,演一演这儿的小动物,说出自己为什么要住在这儿,通过表演的任务了解学生是否能说出这儿好在哪里,检测学生对这一目标的达成度。老师需要有评价引领教学设计的意识,在评价设计时思考可能的教学设计,既然用表演的评价方式检测学生是否达成目标,那么引导用怎样的教学方法进行表演就是一个重要教学设计。我采用先引导学生比较小岛前后的不一样,再采用小组合作为小岛取名的方法,引导学生进入情境,和师生进行对话,最后让学生进行小组表演等方法进行教学,达成目标。

教学目标与评价是相互作用的。目标为评价提供了标尺,而评价又为目标的调整提供了依据,可以说这是目标到评价再到目标的过程。在这个过程中,目标和评价各自发挥其对于教学导向和反馈功能,从而提高课堂效率。

三、教学设计:追求目标实现的最大可能性

根据学习目标的几个主要要素,我们在教学设计中可以从以下几方面落实学习目标。

第一,尊重学生的学习规律。学习目标中的主要要素的行为主体必须是学生,教学设计是对学习目标的落实,所以,在教学设计时也必须以学生为主体,尊重学生的学习规律。教学设计一要充分借助学生已有的知识、经验、生活经历等自身资源,二要尊重每个学生应有的权利,三要准确把握和策划学习活动的切入点和生长点,引导学生自主性合作、探究性学习。

第二,科学选择教学方法。教学方法是为了通往学习目标的,是把教师的教学、学生的学习和教材的内容有效地连接起来,使这些基本要素能够在教学过程中充分地发挥它们各自的功能和作用,实现预期的学习目标。要科学选择教学方法,就必须与特定的学习目标相适应,充分考虑教材内容的特点、学生的特征及教学环境和教师自身的素质等因素。

第三,与"过程性评价"一体化。评价是嵌入教学的,评价的作用不仅在于总结目标的达成情况,也在于指导下一阶段的教学活动。依据评价结果,我们可以对教学活动进行及时分析与调整。教学设计与"过程性评价"一体化,追求目标实现的最大可能性,从而实现"教—学—评一致性课堂"的设计。

例如,苏教版小学语文一年级上册第7课《秋姑娘的信》中的主要目标是:"通过对课文句式的学习,能说出句式特征,能根据句式结构背诵全文。"我们在教学设计时首先考虑以学生为主体,尊重学生的学习规律。一年级刚入学的学生概括的能力还较差,让学生自己概括句式结构起点太高了,所

以可以采用老师出示句式,学生进行比较,找出每句话的相同点,老师帮助一起归纳特点。教学方法也应该具有科学性,由于一年级的学生特别好动,让他们自己默背,会提不起兴趣,就需要采用同桌互背的方法,互相检测,再指名不同层次的学生进行检测。教学设计要与"过程性评价"一体化,如果根据评价发现学生并不能很好地完成这一目标,那么就可以及时调整教学设计。

因为教师预设教学内容之前已经确定了本节课或本篇课文的学习目标,所以,每一项教学内容的设计,都应该有明确的目标指向性,即为了达成教学目标而设立。我们不能一味地想怎样的教学活动会出彩,最关键是看是否落实了教学目标,是否体现了了目标导向下"教—学—评一致性课堂"的设计,从而追求目标实现的最大可能性。

(蒋银华,本文发表于《中小学管理》2013年第1期)

7.5 课堂现场的"教—学—评一致性"

—— 以《解决问题的策略——替换》一课为例

课堂是教学最终发生的地方,教研团队的集体备课、教师个体的精心设计,都是为课堂教学服务的。"教—学—评一致性"最终需要再课堂上呈现。本文以我执教的苏教版小学数学六年级上册《解决问题的策略——替换》一课为例,来简单阐述我们是如何在课堂上落实"教—学—评一致性"的。

"教—学—评一致性"的核心是学习目标。所谓"教—学—评一致性",乃是学习目标引领下的教师的教、学生的学、课堂的评价达成一致性。因此,要落实课堂现场的"教—学—评一致性",关键在于保证学习目标的始终在场、课堂评价的全程跟进、教学活动的充分展开。

一、目标始终在场

目标是一节课的灵魂,只有目标始终在场的情况下,才有可能实现"教—学—评一致性"。从以往的课堂教学中,我们常能发现目标意识的缺失的现象。很多教师在做教学设计时是有学习目标的,但在上课时就会忽略目标,导致课堂现场与设定的目标处于分裂或游离的状态。

在"教—学—评一致性"的课堂,学习目标必须始终在场。

首先,强调落实。例如,在一节课中,为了落实第一项目标"**能根据数量关系,结合画图的方法,进行"大杯"与"小杯"的替换**",我在教学例一时提出了这样几个具体的目标要求:(1)说出"小杯的容量是大杯的1/3"的意思(至少一种)。(2)画出替换的示意图。(3)进行正确的计算。"

其次,注重评价任务的执行。执行评价任务其实就是让目标在场。例如,还是这个环节,教学例一的三个要求即我的评价内容。我的具体做法是:(1)提问:题中告诉了我们哪些已知条件? 怎么理解"小杯的容量是大杯的1/3"?(2)告诉学生选择自己喜欢的替换方式替换在老师发的纸上画出示意图来。(3)请学生根据示意图,列出算式解答。(4)同桌交流后,把方法介绍给大家。以上涉及学生思维过程的评价,对于教师把握学生完成学习目标的情况非常重要。这样的教学过程也就是通过评价执行,始终观照学生目标的过程。

二、课堂评价全程跟进

评价是课堂效果检测的手段,只有评价全程跟进的情况下,才有可能实现"教—学—评一致性"。

其实几乎每位老师每一节课上都有评价,但是很多教师往往只关注一些结果性评价,这样的难以在课堂上及时发现学生的学习问题并作出相应调整。评价既是检测目标又是改进教学的重要手段,因此,评价的全程跟进是"教—学—评一致性"的重要体现。

评价过程就是随着学习进程不断检查目标实现情况的过程。

首先,评价是引领学习的。例如,本课的第二项目标是:"能在交流回顾中推断替换的目标和依据,感受替换策略的价值。"那么,学生交流到怎样的程度,才算是"理解了替换的依据"? 我的解决办法是将评价具体化,通过让学生讨论例一的解题过程来检测目标2,要求:(1)说出由"复杂"到"简单"。(2)说出"小杯的容量是大杯的1/3"是替换的依据。我采用在学生讨论时聆听他们的交流、让学生汇报交流等方法,检测目标的达成情况,确保目标的在场与落实。

其次,评价是整合教学的。例如,我设计的第三个评价是将"倍数关系"的练习和"相差关系"的练习进行对比,以检测目标3"能在比较中区分'倍数关系'和'相差关系'在数量变化上的不同"的达成情况。具体要求是:(1)正确解答;(2)用自己的语言说出"'倍数关系'的替换,杯数不同,总量相同;'相差关系'的替换,杯数相同,总量不同"。据此,我最初的教学设计是:(1)把条件改成"大杯容量是小杯的4倍"。提问:可以怎样替换? 能不能把小杯替换为大杯呢? (2)把条件改成"大杯的容量比小杯多20毫升"。提问：现在还可以替换吗？（生小组讨论）提问：这个题目与刚才的例题在做法上有什么不同？（3）对比"倍数关系"和"相差关系"的替换。

但是，在学生解决"相差关系"的练习时，我发现学生出现了非常严重的错误。如有的学生还是按照"倍数关系"的替换方法去替换杯子，而不改变果汁的总量；有的学生想改变果汁总量，却不知道增加还是减少。从学生的画图中我也能发现，学生对于"相差关系"的替换还没有掌握。我原本想先通过简单的分析，让学生自己尝试解决这个问题，再通过对比，让他们加强认识的，但是发现学生在尝试中出现了严重的问题，于是我马上调整原本的设计：（1）课件演示大杯替换成小杯的过程，提问：如果这样替换总量会发生什么变化？为什么？（2）你能试着将小杯替换成大杯吗？这样，学生不单有了画图的参照，也知道了"相差关系"时总量的变化情况。事实证明，这样的调整后，学生就很少出现错误的情况了。

虽然评价在课堂中很重要，但它并不是一个单独的活动，它源自于目标，落实于教学，三者之间的一致性确保了课堂教学的有效性。

三、教学活动充分展开

教师只有充分展开教学过程，才有可能实现"教—学—评一致性"。

在课堂上，教学没有充分展开的现象很多：学生说得不充分，即当学生回答问题时，教师急着替学生说完；做得不充分，即当学生练习还没有结束时，教师就急着开始讲解；学生的合作与探究不充分，即教师只是把合作探究当成形式，学生并没有真正进行深入的探究。这些现象的出现归根结底是教学目标意识的缺失，目标、评价与教学在课堂上没有真正达到一致。

当然，教学的充分展开是建立在一定基础之上的。

首先，教学展开是指向目标的。什么时候该展开，什么时候不该展开，都是由目标决定的。目标中要求学生达到怎样的程度，教师的教学展开就应该达到怎样的程度。例如，在本节课中，我为了实现上述第三个目标，把这个环节的教学设计成学生讨论，让学生对比两种题型，观察两者之间的区别。在学生讨论时，我巡视发现，大部分学生只能发现总量的变化情况，却没有发现杯子数量的变化情况，经过教师引导和学生展示交流，大部分学生都能同时关注杯子数量的变化和总量的变化情况，但是还不够，因为目标要求"能区分",就是要知道"相差关系"和"倍数关系"各自的变化情况,所以还需要有一个总结提升的过程。于是,我在学生展示交流之后,再请学生进行进一步的归纳总结,最后用自己的语言说出"'倍数关系'的替换,杯数不同,总量相同;'相差关系'的替换,杯数相同,总量不同"。在这个环节的教学中,我根据目标对教学进行的合理的、较为充分的展开,这样就确保了目标的达成。

其次,教学的充分展开是依托评价的。教学过程就是评价的实施过程,教学展开是否达到了目标的要求,需要评价的检测。还是上面的例子,我的评价是将"倍数关系"的练习和"相差关系"的练习进行对比,检测目标3,并提出了两个具体的要求。这个评价可以检测学生是否达到了目标要求的程度。这样,评价既保证了教学展开的程度,也保证了"教—学—评一致性"的实现。我们常说,教师要时刻把握好教学的"度",而这个"度"由谁来掌控?我想应该是我们的目标,目标决定了教学展开到何种程度,而评价则保证了这一过程的实施。

综观这堂课,学习目标是始终在场的,它落实于评价,通过教学得以实现;课堂评价是全程跟进的,它引领学习、整合教学;教学活动是充分展开的,它依托评价,指向目标。教、学、评三者之间是一致的。这种课堂现场的"教—学—评一致性"让教者知其所教,学者明其所学,确保了课堂的真正有效。

(吴晓亮,本文发表于《中小学管理》2013 年第 1 期)

7.6 由"教"向"学"的课堂转型
——以《平行四边形面积的计算》一课为例

课堂不是"教堂",课堂理应是"学堂",是学生在教师的指导下学习的地方。自新课程改革提出后,传统的满堂灌的教学方式已然被我们否定,以学生为中心的教学观受到大众的认可与推崇。在反对死记硬背、机械训练,提倡自主学习、合作学习、探究学习等新课程观下,课堂教学的方式在转变。作为一种理念,这已经成为共识,但在实际的课堂上要实现"由教向学"的课堂转型,仍需艰难地付诸努力与实践。本文试以苏教版小学数学五年级上册《平行四边形的面积计算》一课的教学为例谈谈我的体会。

一、目标定位:由"抽象"转向"具体"

根据新数学课程标准,义务教育阶段的数学课程目标可以从知识技能、数学思考、问题解决和情感态度四个方面加以阐述。基于以上理论,第一次备课时,我将《平行四边形的面积计算》一课的教学目标设定如下:

1. 理解并掌握平行四边形的面积计算公式,能运用公式正确计算平行四边形的面积。

2. 在动手操作、观察、分析、比较等数学活动过程中体会转化的数学思想,发展学生的空间观念,培养学生的推理能力和解决问题的能力。

3. 在合作交流和自主探索的过程中,体验数学学习的乐趣,培养学生的合作意识和探究精神。

然而在实际教学过程中,我却难以从学生呈现的学习信息中检测教学目标2、目标3的达成情况。因为学生思维能力的培养和数学情感的升华是需要长时段的学习慢慢累积和提高的,就一节课而言,一是量化难度大,二是主观因素影响检测效果。

课堂教学目标应从课程标准中来,但又不能简单地复制课程标准。课程标准是总目标,其定位是大视角、全方位。而课堂教学目标则不宜太泛太抽象,要追求具体、可测、可评。于是,在第二次备课时,我将教学目标修改为:

1. 学生能利用透明方格纸、剪刀、直尺等工具,通过小组合作,探索出平行四边形面积的计算方法,并学会用转化的数学思想方法推导平行四边形面积的计算公式。

2. 学生能运用平行四边形的面积计算公式解答简单的实际问题。

这样,教学目标由课程标准而来,又是课程标准的"具体化",一是经历"探索",得出公式;二是"运用"公式,解答问题。可评、可测、可教。

二、任务设计:由"封闭"转向"开放"

教学目标指导下的学习任务,要为学生提供广阔的学习空间。学习任务的设计如果过多地牵引学生的思维方向,就会造成学生思维的狭隘。第一次备课时,我设计了这样的学习任务:

1. 将平行四边形沿高剪开,通过移一移、拼一拼将其转化成长方形。

2. 求出转化后长方形的面积,再填写下表。

转化成的长方形			平行四边形		
长	宽	面积	底	高	面积

3. 小组讨论:

(1)平行四边形与转化成的长方形面积相等吗?

（2）长方形的长和宽与平行四边形的底和高有什么关系？

（3）根据长方形的面积计算公式，怎样求平行四边形的面积？

第二次备课时，修订如下：

同桌两人一组，合作讨论，可以利用手边的工具：一张每小格面积为 1 平方厘米的透明方格纸、剪刀、直尺。动手操作，探索平行四边形的面积计算方法，要求至少想出一种方法。

第一次设计的学习任务干预性指令太多，将平行四边形转化成长方形后再求其面积的方法不是学生思考得来的，而是教师提示所得的；第二次设计的学习任务则思维空间较大，从课堂的实效来看，学生呈现出了超出教科书教学内容以外的更丰富的学习信息。学习任务由"封闭"转向"开放"，课堂也就由"教"转向了深度的"学"。

三、学习主体：由"替学"转向"让学"

学习是学生自己的事儿，没有谁能够替代，教师能够做的就是创造学习机会让学生学，让课堂由"替学"转向"让学"。如小组学习，任务刚布置下去，还没等学生打开思路，生怕学生探索后得不到结果，教师就在学生探索的过程中给一点提示，再给一点提示。最后，学生就又沿着教师提示的方向走下去了，一条道走到既定终点，迷迷糊糊不知来时路。学生的思维空间没有打开，被教师牵着鼻子走，久而久之，就不能完整思考了。所以该放手时就得放手，教师无须担心学生出错，也不用急于纠正学生的"错"，在交流汇报时，那些"错"反而会成为最有效的反证。

例如，学生在小组合作探索平行四边形面积的计算方法的过程中，部分学生感到困惑是正常的，也是在教师预设之中的。我们可以引导学生思考"是否可以将其转化成学过的图形来计算面积"，但类似的引导更宜于轻声个别指导，不宜大声打断全班学生的思考，教师要保证学生小组活动的完整性，若中途打断学生活动穿插教学提示，学生原本的思维活动也会因此被打乱和替代。课堂教学过程中，教师应由"演员"转换为"导演"，学生应由"观

四、信息处理：由"散点"转向"系统"

信息处理是指教师对学生学习信息的搜集、分析和解释。学生在学习过程中会产生丰富的学习信息，教师如何利用这些学习信息来调整和组织教学，以保证教学的有效性？

本课教学，学生在小组活动探索出的平行四边形面积的计算方法如下：

1. 将平行四边形放在透明方格纸下通过数格子，计算得出平行四边形的面积。

2. 将平行四边形沿高剪下来，变成一个三角形和一个梯形，通过平移转化成长方形，求出长方形的面积即平行四边形的面积。（图 1）

3. 将平行四边形沿高剪下来，变成两个梯形，通过平移变转化成长方形，求出长方形的面积即平行四边形的面积。（图 2）

4. 将平行四边形沿左右两边两条高剪下来，变成两个三角形和一个六边形，通过旋转转化成长方形，求出长方形的面积即平行四边形的面积。（图 3）

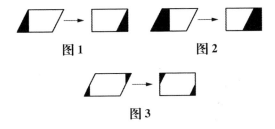

图 1　　　　　　图 2

图 3

第一次上课时，我的处理方式是逐条呈现学习信息并逐条进行分析与解释，汇报交流过程中的师生互动方式是一问一答式。这样的信息处理方式是散点的，看似每一个要点都讲到了，彼此之间却联系甚少，学生自然很难发现并总结规律。

第二次上课时，我改为整体呈现学习信息后整体分析与解释，即 4 条学习信息同时呈现，让学生在观察和比较的过程中发现规律。学生思考片刻后发现后三种计算方法都是运用了"转化"，并且都是沿着平行四边形的高剪的(即满足了长方形四个角都是直角这一基本特征)——这个"发现"过程就是学生真正的学习过程。信息处理由散点转向系统,学生学的品质也就得以提升。

学生在具体的教学目标下明确自己要学什么和做什么,在开放的任务下穷尽思维并探索发现,教师不再替代学生学习而是充分地"让学",在信息处理时让学生经历系统思考的过程,这样的课堂就会实现"由教向学"的转型。

(叶叙英,本文发表于《江苏教育》(小学教学版)2014年第9期)

7.7 教学目标：一个老生常谈而又时被忽略的话题

在我们日常的教学中,有一个极为奇怪的现象,对于这个现象,我们又见怪不怪,熟视无睹,这个现象是:对于教学目标的漠视。关于"教学目标",几乎所有的老师都会说是"重要的",但到了我们的课堂上,"教学目标"也常常会变成"说起来重要做起来不要"的事情。我们不妨做一些随机调查:"你的教学目标是哪里来的?"老师会说:"教参上的。""你为什么写教学目标?""给领导检查看的。"下课了,你去问:"你的教学目标是什么?"老师们多半支吾不清:"这个么……嗯……我的教案上有的……"——教学目标的自觉意识的确令人堪忧。

在当下,我们重提"教学目标",而且把"教学目标"作为学校课程与教学研究的核心工作去展开。当我们经历了一次次的困惑与迷茫之后才从内心深处说一声"教学目标真的太重要了!"的时候,我们认为我们找到了有效教学研究的"正途"。

一、现象观察：教学目标全程缺失的现象熟视无睹

当我们用"目标意识"去观察教学现象的时候,我们会发现教学目标正在呈现出"全程缺失"的危险,而且,我们对于这些危险熟视无睹。

1. 教学设计时目标意识缺失:不讨论要"去哪里",专门讨论"怎样去"。当一个老师拿到一个"教材"进行教学设计的时候,他首先考虑的问题通常是什么? 我们的首选思维是"我该怎么教?"可是,在考虑"我该怎么教"之前,我们有没有首先想通一个问题呢? ——这个问题是:我希望学生能学

到什么？也就是说，我们的"教学目标"在哪里？在"教学目标"还没有确定之前，我们就在想：在什么地方我要设计一个"对话情境"，在什么地方我要设计一个"小组讨论"，在什么地方我们要设计一个"游戏"。这种思维方式是不对的，这种思维方式就好像我们还没有确定要去哪里旅游（目的地，类似于"教学目标"），就在讨论我们该怎么去（类似于"教学方法"）。我们并不认为这些关于"教学方法"的讨论不重要，我们同样认为是重要的，但是，它们的重要正在于它们对于"教学目标"的贡献——教学方法只有服务于教学目标的时候，才是有价值的。王荣生教授曾经这样批评："语文教师在备课活动中所自觉关注的，往往不是实际耗费他大量工时的教学内容，而是从一开始就陷入在教学方法中，在'教什么'还拿捏不定的时候，一心去'设计'有新意的'怎么教'。""教学内容还没有着落、还稀里糊涂、还有扭曲错漏，却一个劲地'研究'怎么教——怎么导入、怎么……即使不是缘木求鱼，也一定是'越研究越糊涂'，越糊涂越费事。"[①]王荣生批评的是"语文"教学，其实，其他的学科又何尝不类似；王荣生批评的是"教学内容"的糊涂，而"教学内容"的糊涂，首先因为"教学目标"的糊涂。——我们当然不反对研究"教学方法"，但我们反对把"教学方法"作为教学设计的出发点，只有把"教学目标"作为教学设计的出发点，我们才能避免教学设计时目标意识的缺失。

2. 教学过程中目标意识缺失：以己昏昏，如何使人昭昭？由于教学设计时目标意识的缺失，我们的课堂就变成"脚踩西瓜皮"，跟着感觉走。教师的心里没有一个"目的地"，教师自己对于"学生的学生结果"一笔糊涂帐，以己昏昏，如何使人昭昭呢？这样的课堂，哪怕教师的"基本功"最好，哪怕教师的"教学艺术"最好，哪怕课堂最"活跃"，都是很令人怀疑的——我们无从知道缺乏目标导引的课堂的有效性，因为"有效教学"首先是"教学目标的有效"，如果我们基本上处于"无目标导引"的课堂之中，我们又如何知道我们的"有效性"呢？我们又如何评价学生是否进行了"有效的学习"？如果一节课下来，教师"表演"得很好，而学生没有围绕"目标"去学习，那么，课堂存在的意义又何在呢？

3. 教学评议时目标意识缺失：不断在解决"点"上的问题，无法替代系

---

① 王荣生.听王荣生教授评课[M].上海：华东师范大学出版社，2007：26—27.

统的改善。教学评议如果不能围绕着教学目标进行,评课也就找不到核心。于是更多的时候,我们的评课就变成"零碎意见"的批发站。这个说:"这个地方花的时间太长,可以压缩一下。"那个说:"嗯,对,教师的提问好象太多,有一个问题提得不好。"……我并不认为这些讨论没有必要,但离开了"教学目标"去讨论这无数的细节,那是没有用处的。有人说,我们每次教研活动解决一个小问题,一年下来,我们就可以有很大的进步了。我说:就"小问题"研究"小问题",最后不可能解决大问题的;"点"上的问题的不断解决,无法替代整个系统的改善,"教学目标系统"的研究与改善,是有效教学的前提。——教学评议时目标意识的缺失,正是造就教学研究活动效率低下的主要原因。

二、要义再审:教学目标"灵魂"价值的认识似有若无

那么,对于"教学目标",我们有哪些基本的认识呢?关于这些认识,我们如果还是停留在"似有若无"的模糊之中,就必须唤醒。"为什么要研究教学目标?""什么是我们要研究的教学目标?""怎样来研究教学目标?"我们有必要对这些问题重新进行审视。

1. 核心性。教学目标是教学的核心——这是我们对于"为什么要研究教学目标"的基本回答。无论在教学设计还是在教学过程、教学评价中,教学目标应始终作为"核心"而存在,始终在导引着教学与研究活动的展开。没有教学目标的导引,教学设计将无从着手;没有教学目标的导引,教学过程将成为一盘散沙;没有教学目标的导引,教学评议只能是"点"的堆积。"譬如北辰,居其所而众星拱之",教学目标的"地位"亦如是。用"教学目标"引领教学的全程如下:

(1)在教学设计时,我们走的路子是:首先,通过研究课标、教材与学生,提炼出聚焦化的教学目标;然后,围绕教学目标进行展开,确定教学内容、设计教学环节与步骤。(2)在教学过程中,把教学过程作为促进目标达成的过程,这样的教学就会明明白白而必有所成,教学过程就会与促进目标达成的评价同时实现。(3)在教学评议时,如果是预知执教老师教学目标的,就该重审教学本身的合理性(教学目标往往要在经历课堂之后才能最后肯定其合理性),就该审视教学目标达成的有效性,如有必要就需重构教学

目标;如果是未知教学目标(如一般的外出听课、录像课观察等),就该首先做"目标还原"的工作,然后,审视目标的合理性、审视目标达成的有效性、考虑目标的重构(如有需要)。

2. 层次性。要理解教学目标"是什么"的问题,首先应理解目标的层次性。所谓"目标",就是对预期结果的一种描述;所谓"层次性",就是我们要清晰地明白我们在怎样的层次上谈论预期结果。如果我们在"课程"的层面谈论"课程目标",我们所谈的就是整个课程学习之后所希冀的结果;如果我们在"学段"的层面谈论"学段目标",我们所谈的就是整个学段学习之后所希冀的结果。不同的层面上的谈论都是"目标",但属于不同层次的目标。下一级层面目标是上一级层面目标的具体化与特殊化,上一级层面目标指导着下一级层面的目标,但不能包办代替。我们要明确的是:我们通常在讨论的"教学目标",也就是课堂教学目标,是"这一节课的教学目标"。如果我们动辄把"教学目标"表述为"培养爱国主义情操",很可能把"教学目标"与"培养目标"混杂着谈论了。

3. 研发性。教学目标不能"拍脑袋"拍出来,教学目标有一个"研发"的过程。怎样研发?首先,要对课程标准、教材、学生进行"同时"的研究,要以"课程标准"为依托、深入研究教材、根据"本班的学生"来确立教学目标,而且,这三者一定要进行"同时"的思考。然后,要经过教师的创造性劳动,这种创造性劳动表现在从"罗列"到"整理"的过程,我们可以罗列所有我们所要达成的教学目标,在此基础上进行"如切如磋"般的归类、整合、提炼,最后形成"教学目标"。

三、实践探索:课堂教学目标的操作技术

关于教学目标的认识,固然需要理论的学习,但是更需要在实践中去体验。不经过实践体验,直接被告诉的"知识",不会成为"认识"。当我们潜心于教学目标研究之时,我们发现,我们关于课堂教学目标的操作技术十分缺乏,如果只是停留于"教学目标很重要"的层面而不能进入"技术操作"的层面,教学目标的继续被搁置也将是理所当然的。

1. 求诸"成长":目标的实质是关于"成长"的描述。"教学目标"是关于"预期结果"的描述。什么是"预期结果"? 预期结果就是把 40 分钟前的

"我"变成 40 分钟之后的"我",如果 40 分钟的学生我们用"S"来表示的话,那么,40 分钟之后的学生我们可以用"S′"来表示,S 变成 S′的过程,就是教学发生的过程,就是成长的期待。而这个"S′"就是教学的预期结果。关于教学目标的思考,我们必须叩问两个重要问题:

(1)经由教学,我们预期学生会抵达何处? 这个"何处",就是"教学目标",我们必须要进行描述。换言之,我们在描述教学目标的时候,必须要叩问:这就是我们希望学生们经由学习抵达的地方吗? 如果学生们在上课前与上课后一点积极的变化都没有,我们可以说这节课是无效的;如果我们无法说清上课前后最重要的积极变化,我们可以说我们的课堂一定是一笔糊涂账,我们就不能成为"明师"。

(2)学生的成长是经由教学获得的吗? 这句话听上去很奇怪,好像学生的成长很显然是通过教学获得的。但事实上,我们经常会发现课堂里会有这种情况发生:教师喜欢教那些我们不教学生自己早就懂了的内容。这就很难说我们的教学是真正发生了。所以,我们要寻找这样的教学目标:学生的成长,是经过了教学才获得的。——"教学目标"应该具有的引领与提升的价值。

2. 付诸"行动":"行为描述"是目标叙写的核心技术。教学目标应付诸"行为",同时关注行为背后的隐藏的东西,而核心目标总是围绕"行为"展开。教学目标的叙写是重要的专业技术,"行为描述"是目标叙写的核心技术。事实上,我们经常看到这样的一些"教学目标叙写":"有感情地朗读课文"、"培养学生的爱国主义情感"、"提高学生的逻辑推理能力"、"提高学生的阅读能力"……我们很难说他们有什么错误,但这样的叙写无法指导我们的教学,更多的指向教师行为,更多的属于"课程目标"而非"课堂教学目标"的叙述,难怪,我们会有"目标无用论"。那么,怎样来叙写我们这些可以付诸"行动"的教学目标呢? 我们采用了三种模式:

(1)马杰模式(行为目标叙写)。这种模式强调三个要素:行为条件、行为动词、行为标准。如,我们这样设计《桂花雨》一课的教学目标之一:"通过教师的讲解、例举与学生的课外阅读经验的回忆,能联系文本说出'状物散文'的基本特点;能说出三十年之后远在他乡时会思念家乡的一至二种事物。"

我们可以这样理解这个教学目标:

行为条件	行为动词	行为标准
通过教师的讲解、例举与学生的课外阅读经验的回忆,能联系文本	说出	"状物散文"的基本特点
	能说出	三十年之后远在他乡时会思念家乡的一至二种事物

(2) 格兰伦模式(内部过程 + 外显行为)。马杰模式叙写的都是"可测评"的外显行为,有时候,我们也需要描述一部内部过程的行为结果,格兰伦模式主张,内部过程的行为叙写方式最好能辅之以外显行为的描述。以下为我们研制《大禹治水》的一个教学目标之后的分解表:

形式	例子
总体目标(内部过程)	能理解大禹被当时人称为"伟大英雄"的理由。
分目标1(外显过程)	能描述"滔滔的洪水"的景像,说出洪水凶猛与"伟大英雄"的关系。
分目标2(外显过程)	能说明大禹从"察看"到"挖通""劈开"的过程,能解释"吃尽""走遍"的意思,知道"千""万""九"等词语的意思,能通过理解"吃尽""走遍"等词句,说出大禹被时人称为"伟大英雄"的理由。
分目标3(外显过程)	能说出第3小节中数字背后的意义,能揭示"三过家门不入"与"伟大英雄"的关系。

(3) 艾斯纳模式(表现性目标)。有时,人的认识和情感变化并不是经过一节课的教学活动就会立竿见影的,教师也很难预期一定的课堂活动后学生的内在心理过程、外在行为将会出现什么明晰的变化。艾斯纳提出了"表现性目标"。这种目标要求明确规定学生应参加的活动,但不精确规定每个学生应从这些活动中习得什么。比如,"学生能参与小组中关于校服设计的讨论,并发表自己的见解"这样的表述就是一种"表现性目标"。但是,有关专家建议:"这种目标只能作为教学目标具体化的一种可能的补充,教师千万不能依赖这种目标,不然,他们在陈述目标时又会回到传统的老路上去。"①

需要强调指出的是:第一,无论是哪一种叙写模式,其行为主体必定是"学生",所有的教学目标都必须是指学生的学生目标,是学生学习的预期结果,而不是描述教师怎样教,所以在具体叙述中,我们可以将主语"学生"省

---

① 皮连生.教与学的心理学(第五版)[M].上海:华东师范大学出版社,2009:206.

略;我们必须告别"使学生"、"让学生"之类的目标描述用语。第二,我们所叙述的预期行为结果总是有限的,我们还应该更加关注行为背后的东西,我们善于将三维目标隐含于我们设计的"核心目标"之中。比如,我们确立的《九色鹿》一课的目标为:"能围绕'惭愧'、'斥责'、'惩罚'、'保护'四个方面写出国王所说的话,在小组中分享交流""联系上下文理解'灵魂肮脏的小人',能对调达作出评价。"这两个"核心目标"就包含了过程与方法、情感、态度与价值观方面的目标。

3. 对应"环节":卷起来是几句目标,展开来是一个"微型教案"!经常有老师会发生这样的困惑:教学目标写多少条为好,具体到怎样的程度为合宜。我们常常用这样的比喻来回答:教学目标好比是旅游的目的地,你关于教学目标的叙写与描述好像是一张地图,这张地图要详细到一个什么程度,取决于你对目的地的熟悉程度。当然,这是一个比喻,在具体教学研究的过程中,我们主张:目标应做到"聚焦",聚焦于"环节"——教学过程是在"环节"中进行的,我们有多少环节,我们就有多少目标——设计好每一环节的"核心目标",是我们在实践中最重要的事情。当然,一位老师在研究"教学目标"的时候,决不会"形而上地"考虑目标而不去考虑目标背后的教学过程,甚至我们可以说,我们几乎是同时在考虑"教学目标"与"教学目标的展开",因为只有能展开的教学目标才是合理的目标,也只有聚焦了的目标才是可以展开的目标。因为,在我们看来,教学目标"卷起来是几句话,展开来是一个'微型教案'"。具体的操作方法,有"步骤化"、"层次化"、"聚核化"。

(1) 步骤化。教学环节需要分解出基本的教学步骤,基本教学步骤是把教学目标清晰化的过程。比如,教学《分数的认识》一课时,我们设计的教学目标之一为:"能根据标准,在小组中用提供的纸张制作出'几分之一'并说出其意义。"这样的一个教学目标,就可以分以下步骤展开:第一,制订"标准",如同一组内制作出不同的分数、每一位成员都能把自己制作的分数意义说清楚(两个要点:一是说明"平均分成",二要说明"谁的几分之一",缺了"平均"与"谁"的就是错的)、能倾听别的小组的发言等;第二,各自制作并在小组中解释意义;第三,不同组之间交流。——这就是"步骤化"。

(2) 层次化。教学如果没有一种层次化的展开,停留于平面化的认识,就很难把学生从"S"引向"S′"。当我们用一种"层次性"的目标取向去看教学内容的时候，会造就很多的"深度"。比如，我们给《蒲公英》一课设定的教学目标之一为："能通过词语辨析、联系生活、结合上下文理解'嘱咐'等词语。"那么，具体究竟怎样去展开呢？我们设计了这样的三个层次：第一，生活中怎样的情况下才会用到"嘱咐"这个词语？（一是长辈对小辈；二是重要的事情。）第二，你从这段文章的哪些地方看出太阳公公是在"嘱咐"而不是一般性的"告诉"？第三，联系全文，说说为什么这是"嘱咐"而不是一般性的"告诉"，这件事情的重要性在哪里？——层次化展开，将把学生引向理解的深处。

（3）聚核化。"聚核化"是教学目标的理想状况，因为只有找到"核心目标"，我们的教学才能充分地展开。缺乏聚核化，目标太多太散，课堂就会"看上去什么都教了其实什么也没有学"。我们强调，教学目标的确立是一个"如切如磋，如琢如磨"的过程，在不断"琢磨"的过程中凝聚教学目标，使教学目标得以"至简"，而唯有"至简"，才能"至丰"，才有充分的余地来展开教学，才能让学生真正地得到更丰富的成长。

教学目标，当这一老生常谈的话题不再忽略的时候，当我们真正能够去学掌握教学目标的专业技术，去学会用"目标意识"思考与开展教学活动的时候，我们的课堂、我们的教学就会发生一场静悄悄的革命：因为这个话题的重提将会深刻影响我们的教学观念，所谓"基于课程标准"，所谓"关注学生"，所谓"促进发展"，有效教学的种种理念追求，那些重要的思想，将会在课堂教学上得以落实。

（张菊荣，本文发表于《江苏教育》（管理版）2011 年第 4 期）

7.8 变革教研活动，让"教—学—评一致性"思想落地生根

"教—学—评一致性"思想在课堂中的落地生根,就必须变革教研活动。我校教研活动落实"教—学—评一致性"思想经历了一个漫长的过程,这一思想是在每个活动流程赋予的意义和价值中实现的,是在围绕团队发展主题进行深度对话中产生的,是在一次次教研活动中历经挑战提升的。

一、教研活动要建立正确的过程观

"教—学—评一致性"的研究不是一种运动,而是一段研究过程。

"教—学—评一致性"的研究是一段研究过程,是在教研组里慢慢做出来、在课堂教学实践中慢慢磨出来的。它没有固定的、现成的研究模式,更不会一抓就灵。"

1. 第一阶段：体悟学习目标研究的价值

我校于 2009 年 9 月开办之初,各教研组就围绕学习目标这一主题进行研究,在教学设计的研究活动中,我们重点研究如何研制学习目标;在课堂教学研究活动中,我们重点观察学习目标如何达成的;在课后交流研究活动中,我们重点反思学习目标是否正确、合理、清晰,应该如何重构。

在研制学习目标的一年多时间里,经历了一次次的困惑与迷茫之后,我们才发现"学习目标真的太重要了"! 我们认识到:学习目标原来"卷起来是几句话,展开来是一个'微型教案'"。

2. 第二阶段：反思评价任务设计研究的意义

随着我们对学习目标研究的不断深入,我们了解到学习目标是需要评

价来检测与跟进的。2010 年,我们开始了对评价任务设计的研究。

于是,在研究教学设计的过程中,我们不仅关注学习目标,还关注达成学习目标的评价任务设计;在课堂教学研究中,除了观察学习目标之外,我们还关注围绕学习目标的评价任务是否有效;在课后交流研究活动中,我们除了反思学习目标,还反思评价任务设计,将重构目标、评价作为研究重点。

3. 第三阶段:"教—学—评一致性"的整体思考

2011 年,我校各教研组在学习目标和评价任务研究的基础上,开始对"教—学—评一致性"思想有了真正意义上的理解,并且开始对"教—学—评一致性"的研究进行整体思考。在教学设计中,我们除了要求从课程标准、教材解读、学情分析三个方面来制定学习目标外,还特别强调学习目标—评价任务—教学设计的一致性思考。2012 年,我们在"教—学—评一致性"研究中又寻找到了与之相关的评价信息,于是再次以"基于学生视角的课堂评价信息"为研究点,在各教研组中开展相关的研究活动。

"教—学—评一致性"思想越来越影响着我们的教研活动和课堂教学。对于我校教研组来说,"教—学—评一致性"的研究是一段珍贵的研究历程。

二、教研活动要富有意义的流程

"教—学—评一致性"的研究活动不是走流程,而是给流程中的每个环节赋予意义和价值。

教研活动不是一种流程,不是把每一个环节"做了"就可以有实质性的效果,而是要看我们对每一个环节赋予了怎样的价值和意义。我校每次教研活动都有相关的流程:各教研组在研究活动开始前有"学科教学细揣摩",在研究活动中有"观课议课流程",在研究活动结束之后会及时汇编"教学研究动态"。例如,我们的议课流程主要包括"教后说课"、"观点呈现"、"交互议课"、"经验分享"四个环节,每个环节都与教研活动主题一致,突出主题引领下的课堂思考。

比如,关于张美娟老师执教的四年级数学《游戏规则的公平性》一课,在"教后说课"环节,张美娟老师以"表现性评价引领下的新课堂教学结构"为主题,反思了自己整节的教学处理;在"观点呈现"环节,教研组老师们又分别以"学生从'点状思维'走向'系统思维'"、"坚守学生立场之有效设计评价任务"、"'表现性评价'的课堂更利于学生数学语言的训练"、"评价任务保证学生学习空间"、"评价活动让教学更有序"、"如何在评价教学中释放学生自主学习空间"等主题进行了交流,每位教师分别阐述了自己在课堂观摩中对"教—学—评一致性"思想的深刻理解。教师们思考更多的是如何把"教—学—评一致性"思想落实在课堂。这样的交流不仅可以促使教师在课堂上落实"教—学—评一致性"的思想,而且提升了教研活动的研究品位,充分发挥了教研活动过程中的流程效应,凸显了议课流程的价值。

为教研活动的各个环节赋予"教—学—评一致性"的"主题值"其实就是要把教师推到"教—学—评一致性"研究的风口浪尖上,"逼"着教师对这一主题进行思考。

三、教研活动要实现团队化的推进

"教—学—评一致性"的研究不是个体独白式的思考,而是教研团队的集体话题。

1. 注重充分表达,保障教研组团队中个体观点的完整呈现

我们特别强调教研团队中个体观点呈现的完整性,团队中每个人的充分表达,是团队合作的基础,否则就会影响团队智慧的发挥。

例如,在讨论沈燕玲老师执教的二年级语文《孔繁森》一课时,语文组的教师分别以"学生为主的思想在这节课的落实"、"朗读训练如何扎实体现"、"加强朗读帮助理解课文"、"思路清晰但不到位"、"加强朗读,升华感情"、"站在学生的角度上考虑问题"、"眼中要有具体的学生"、"思考:朗读中拖调问题如何改善"、"新教师如何把握教材"为主题,充分呈现了个体的观点。虽然这些观点看似与"教—学—评一致性"思想关系不大,但我们还是给每位教师充分发表自己观点的时间,当最后一位教师观点呈现结束后,我们不难发现,其中所涉及的问题归根结底还是学习目标、评价任务、教学设计不一致产生的。

为此,教研组全体教师再次从课程标准、教材解读、学情分析三方面重新进行了梳理,对学习目标进行了重构,对评价任务进行了重新设计,就教学设计如何展开深入交流,并且给上岗才一年的新教师提出了本课在"教—学—评一致性"思想下具体落实的建议。

2. 注重合理安排,保障教研团队的深度对话

我们强调教研组团队的深度对话,这种深度对话一是基于现场的,二是基于现象的,三是基于主题的,四是充分展开的。每次教研活动,我们一般都是上午进行课堂观察,中午进行个体反思,下午围绕主题进行现场研究。这样的安排保证了团队深度对话的各种时空需求,也保证了"教—学—评一致性"思想在团队中的落实。

3. 注重开放教研,保障教研组团队的专业支持

我们还强调教研组团队应是开放的,而非封闭的。一是向内部成员开放,团队中的每个个体都应有一种开放的心态,开放地暴露自己在研究中的不足,开放地接受团队中每个个体的观点。二是向外部专业力量开放,如,向来自安徽、河南、昆山等地的教育同行开放,向我们周边的兄弟学校开放,尤其是向与我们合作的华东师范大学课程与教学研究所崔允漷教授专家团队开放,"小课堂"迎来"大教授",在我校已成为平常事。

在开放中,我们的教研组团队得到了专业的支持,也促使我们对"教—学—评一致性"的理解和研究达到了一定的深度。

四、教研活动要在突破挑战中不断提升

"教—学—评一致性"的研究不是日复一日的平面重复,而是在历经挑战中的纵向超越。

随着各个教研组对"教—学—评一致性"的研究不断深入,我们需要面对的新的难题会越来越多,比如,教师会出现研究瓶颈,在认识上无法突破;教师各种理念会出现冲突,在课堂教学中无法落实。这些,对于教研组而言都是挑战。

例如,当高年级语文组叶雪娟老师带着自己设计的目标、教学版块信心满满地进入组内研讨时,迎来的却是组内同行不断的质疑与追问,叶老师不得已放弃了原有的设计,并进行了"二次备课"。从"基于学生立场""评价引领教学"理念出发,结合前期研究,经过探讨与交流,最后,完成了《麋鹿》一课的教学设计,与学生一起经历了难忘的一课。可是,还没等叶雪娟老师回过神来,陈小红、凌洁、岳霞、张勤等老师已在学校论坛开始对这一课"热议"。这些"热议"让张菊荣校长兴奋了起来。于是,他就"评价与教学"这一

话题同高年级语文组老师进行了探讨,并形成了3000字的思考与建议。

之后,在高年级语文组的教研活动中,新上岗教师凌洁老师在执教《诚实与信任》一课时,在《麋鹿》一课研讨的基础上,进一步研制了评价标准、并在具体的活动设计中将评价标准落到了实处。在"评价引领教学"的课堂教学探索中,这种尝试无疑又向前跨了一大步。

高年级语文组两位老师的课堂教学实践中,挖得了"评价与教学"的第一桶真金,随后,各个教研组相继开始了这一主题的研讨。最终,"评价与教学"成为学校第四届"成长课堂"研讨会的主题,叶雪娟老师还在大会作了题为"评价标准:坚守学生立场"的主题发言。对于各教研组而言,每学期一届的"成长课堂"研讨会都是一次挑战,它不仅提供了课堂现场和文本资料,更在前期不断总结提炼的基础上有了新的提升。

(周建国,本文发表于《中小学管理》2013年第1期)

8. 课堂评价

8.1 基于学习视角的课堂评价信息

　　课堂评价是指教师在教学过程中,为促进学生的学习而实施的、对学生的学习过程与结果情况所作的评价。课堂评价信息是指在课堂教学过程中出现的、与目标达成相关的学习信息。文章特别强调"基于学习视角",是因为在实际的教学中,经常会发现教师很少从学习的视角来审视评价信息,或者只教不评,没有设计与实施促进学习的课堂评价;或者只评不研,虽然实施了评价但没有及时收集、研判、利用评价信息,使评价远离"促进学习"这一基本追求。基于学生学习的视角设计评价任务、收集与研判评价信息,进而利用评价信息调整教学策略,确保学习目标的实现与教学的增值,是有效教学的保证,是教师的专业使命。本文试从"评价任务设计—评价信息获取—评价信息利用—评价结果分析"等方面展开阐述,探索利用课堂评价信息促进学习的基本操作思路。

一、设计评价任务,导引学习方向

　　没有合理的评价任务,在课堂上就难以呈现出高质量的学习信息。而没有高质量的学习信息,教师就会像蒙着眼睛走路的人,无法引领学生的学习。因此,评价任务的设计十分重要,具有导引学习方向的功能。事实上,在传统的教学设计中,我们是非常忽视评价设计的,更不要说评价任务设计的科学、合理。在评价任务的设计中,我们要坚持三个"为了"。

　　第一,设计评价任务是为了准确地检测学习目标的达成情况。因此,课堂教学的设计首先是学习目标的设计。"学习目标"与"教学目标"其实是同一个事物的不同说法,"教学目标"的准确表述其实也就是"学习目标"。但在这里,我们要强调"学习目标"这种提法,因为没有这种意识,我们容易失去"学习视角",在学习目标的表现上把学生的主角(主语)地位给剥夺了。我们经常看到老师把学习目标表述成"使学生……"、"培养学生……",这种表述是不符合学习目标表述的基本规范的。设计合理的学习目标,要符合两个条件,简而言之,我们称之为"合理"与"合情"。

所谓"合理",一是合教学目标表述的基本理论,主要是指符合目标表述的 ABCD 原则,即行为主体(描述的应是学生的行为)、行为动词(学生所形成的可观察、可测量的具体行为)、行为条件(影响学生产生学习结果的特定的限制或范围)、表现程度(学生应达到的最低表现水准)[①];二是合课程标准中阐述的课程理解,就是在设计课堂评价任务的时候,要把"课堂"置于"课程"的规定性中去考量,课堂教学目标是课程标准的具体化,如果课堂教学目标不能体现课程标准的规定性,那么,这样的教学目标仍然不能"合课程之理"。

所谓"合情",就是要符合具体的学习情境,一是指合具体学生的学习情境,在教学目标设计中,我们倡导对学生学习已知、已会情况的前测,充分了解本班、"这些"具体学生的学习起点与学习可能性,据此来设计"合情"的学习目标;二是指合具体教学内容(教材)的学习情境,这就要求我们深入研究教学内容(教材),挖掘与梳理"此"教学内容(教材)中的课程价值,使学习目标的设计符合具体的教材情境。

第二,设计评价任务是为了规范课堂教学的方向和结构。设计评价任务的实质是以学习结果规范教学与学习的过程,是一种"倒逼法"。所谓设计评价任务,自然是针对学习目标的评价,除却学习目标,我们去评价什么呢?所谓评价就是要评价学生学习目标的达成情况。因此,学习目标与评价任务要呈"对应性",即设定学习目标,必定有相应的评价任务。这样,就基本规范了课堂教学的方向与结构:这个方向,是由评价任务来主导的;这个结构,是由学习目标与评价任务的"对应性"来决定的。

第三,设计评价任务是为了更好地整合到后续的教学环节设计之中。在评价意识缺失的课堂中,"评价"与"教学"一般呈分离状态,而设计评价任务,是为了实现"评价"与"教学"的整合,根据"评价引领教学"、"评价设计先

---

① 崔允漷.有效教学[M].上海:华东师范大学出版社,2009:113—114.

于教学设计"的思路,教学设计中往往了包含了评价且是在评价任务引领下展开的。评价任务大致上可以分为两类,一类是传统的测试题,一类是表现性任务。我们说的测试题,既包括纸笔测试,比如在课堂教学过程中进行的作业纸测试;也包括口头测试,比如指名学生回答问题;还包括动作测试等,比如体育课上要求学生完成某个动作,诸如此类的传统的测试题,一般教师在设计的时候也同时根据学习目标预设了学习标准。表现性评价"要学生在课堂内外的真实情境中证明自己运用所学知识完成复杂、有意义任务的能力"[①],比如完成一个作品、设计一个实验、朗诵一首诗歌。而教师/同学则通过对照评价标准、观察学生完成指定任务过程中的表现,对学生的学习作出评价。在表现性任务的设计,必须考虑对任务的评价标准,这种标准常常以"评分规则(或称为量规)"的形式呈出,评分规则可以由教师设计时制定,也可以由师生共同完成。

在教学环节设计中,这两类评价任务经常会与教学活动的设计整合成"二合一",而且因为它们都指向学习目标,因此又成了学习目标、评价与教学三者的"一致性""三合一",而这三者的一致性正是有效教学必须遵循的基本原理。

二、获取评价信息,掌握学习进程

评价任务的设计使学习有了正确的方向,学生在学习的过程必然会"贡献"出大量的评价信息,我们也可以称这信息为学习的"证据"。教师在课堂教学中必须及时获取这些信息,以掌握学习的进程。事实上,教师在课堂教学中往往习惯于按照教案的流程"赶课",而对于课堂中出现的大量评价信息视而不见,教师在不清楚学生学习进程(即"学程")的情况下推进"教程",这是典型的无视学生学习的教学:教学只管教,学生只管学。难怪经常会出现这样的情况:学生早就懂了,教师还在教;学生无法自己学懂的,教师却不肯教;教与学不能处于积极的互动之中。而有效教学的核心却在于要基于"学程",教师必须及时地、智慧地发现、收集与分析评价信息,只有这样,才能掌握学习进程,才能知道学生朝向学习目标的方向究竟走到了哪

---

① 崔允漷. 有效教学[M]. 上海:华东师范大学出版社,2009:116.

里。获取评价信息是教师重要的专业基本功,这里要解决一系列的问题:我们要获取哪些评价信息?我们从哪里去获取评价信息?面对班级授课制尤其是大班教学,我们无法获取所有人的信息,那又怎么办?

第一,专业化发现评价信息。课堂是一个信息世界,我们不可能也没有必要获取全部的信息。通过评价任务的"下放",学生自然会出现相应的评价信息,这些信息在课堂中常被漠视,却是丰富的宝藏,因为如本文第一部分所述的,它们与学习目标紧相关联。在这些评价信息中,我们特别要发现如下三种重要信息:一是面上的信息,即能够反映大部分学生学习情况的评价信息,老师们喜欢问"做对的请举手"来获取这样的评价信息,是有他们的道理的,当然,有经验的老师还会用巡视等方法避免学生的"滥竽充数";二是"与众不同"的信息,即与大部学生的想法/做法不一样的学习信息,这些与众不同的学习信息,常常包含着特殊的学习过程、思维方式、情感体验,是值得教师特别重视与理解的;三是错误的信息,课堂上出现学生犯错的信息,无论是结果性的错误,还是过程性的错误,是最正常不过的事情,成尚荣先生曾经说过"教室,出错的地方"[①],在那些错误的学习信息中一般都包含着深刻的教学契机,问题在于我们能否敏锐地发现这些信息、专业地利用这些信息。

第二,多渠道获取评价信息。评价信息在不同的评价任务中获得,从学习的视角来看,在完成评价任务中出现的学生学习证据,都是评价信息,其获取渠道是多样化的,常见的有以下几种:一是学生话语,用评价任务引导学生说(个人或代表小组都可以),从学生的"说"中,我们可以获得大量的评价信息;二是学生作业,通过巡视、交流学生的作业,从学生的"写"中,我们可以获得非常清晰的评价信息;三是学生表现,包括学生在完成测验与任务过程中的表现,也包括学生学习中的动作、表情,学生在学习过程中表现出来的方方面面都是评价信息;四是学生作品,即学生根据要求完成的相关作品,如报告、论文、绘画、方案等,这里保存着学习轨迹的学习证据,在这些作品中隐藏着丰富的评价信息。

第三,适当选择信息样本。教师凭借实践经验,在课堂上能够敏锐地发现一些重要的评价信息,如"与众不同的信息"、"错误的信息",这些都是重

---

① 成尚荣. 教室,出错的地方[J]. 江苏教育研究,2002(2).

要的。但是,我们同时提倡要建立"样本学生"的概念,不同的教学内容,教师可以选择不同的样本学生,我们说在"备课"的时候要"备学生",其实也包括了对此课中样本学生的选择,样本学生的分布应具有相当的代表性,一般可选择10位左右学生,包括学优生、中等生与学困生,掌握这些样本学生的信息,大体上也就掌握了班级整体上的学习进程。当然,我们也要警惕无限放大样本学生的代表性而误判学情。

三、利用评价信息,调整教学策略

获取了评价信息之后,我们就可以对这些信息进行分析,并调整教学策略。当然,因为课堂生活是瞬息万变的,我们不可能坐下来细加分析,然后再慢慢地研究对策,所以,对评价信息的研判,以及研判基础上教学策略的调整,其实是教师长期积累的实践智慧。那么,我们利用评价信息,一般可以作哪些方面的调整,我们又有哪些具体的方法呢?

第一,教学调整的基本内容。教学策略的调整,一种是方向上的大调整,一种是程度上的微调整。在获取评价信息之后,我们应该将获得的信息与预设的学习目标进行比照。我们一直假设我们的学习目标是"合理"、"合情"的,但事实上,在课堂的现场中,我们经常会发现预设目标还要经受实地的考量,在我们从评价信息的分析中得到反馈之后,会出现两种情况:一种是发现目标方向上的确有问题;一种是目标本身没有问题,但通过目标的教学过程发生了问题,比如教师讲解不明的问题、小组讨论质量的问题等,没有在教学过程中实现目标的达成,都需要调整教学策略。如果说是方向上有大的偏差的,那么就应该作方向上的大调整,或者重设教学目标(生成性目标于是诞生了)以使学习更符合实际情境;或者重调教学任务,以使偏差了的学习重新向着学习目标的方向前行。如果方向上没有大的偏差,可能是学习速度、坡度等方面的问题,那么就作程度上的微调整,加强或者放慢学习速度、提高或者降低学习坡度等;有些则可能属于个别学生的学习问题,可以个别化地解决或者留待课后补充。——需要指出的是,这些调整都非常正常,是课堂教学的实践本质,是课堂教学的常态过程,不必大惊小怪,课堂就是在信息场中调整着发展的。从中我们也可以看出,只有从学习的视角依靠评价信息,才能发展教师的实践智慧,实现有效教学。

第二,教学调整的常用方法。教学的调整是对评价信息的利用,智慧的老师总是善于将获取的信息作为后续教学的资源,在这一方面,教师的智慧是源源不断的,我们只能简单列举一些常用方法。一是理答,这是教师在获取评价信息之后最常用的应对,包括肯定、强调、重复、纠错、提升等;二是补充,比如从评价信息来看,学生的学习还有不到位处,如果再补充一个知识点的教学就可以解决问题,教师可以采取"补充"的方法;三是梳理,比如,教师从学生的回答中发现学生对问题的理解处于散点的状态,可以提供一些"脚手架"式的提问,启迪学生对散乱的认识进行梳理;四是展示,比如教师将典型的学生作业进行展示(比如在巡视中发现的有评点价值的学生习作通过实物投影仪投影),组织学生进行评点,在展示与评点中促进学习;五是重组教学内容,有时候,教师可能会发现所收集的评价信息中蕴含着的新的教学资源,利用这些资源重组教学内容可以顺着备课的预设思路使学习更加有深度,就重组学习内容组织学习;六是组织讨论,我们要善于抓住评价信息中的关键点(比如有认知冲突的地方),组织学生进行讨论,在讨论中提高学习水平;七是个别指导,在教师巡视学生作业、自学的时候,对于一些个别问题,经常会采用个别指导的方法。

四、分析评价结果,反思教学质量

以上的叙述其实是关于一节课的叙述,沿着"评价任务设计—评价信息获取—评价信息利用"的线路展开,在理想状态中,这一节课就会是一节有效的课。在这节课中,课堂评价作为促进学习的手段重要地存在着。但是,一节课的结束,并不意味着教学的结束,评价与教学都是连续体,一次评价/教学的结束,也就意味着后续教学的开始,分析本节课的评价结果,反思本节课的教学质量,正是后续教学的基础,而教师的专业水平也就在这样的分析与不断改进中获得发展。我们一直在倡导反思,认为反思是教师专业发展的必经之路,那么,我们怎样来分析一节课的评价结果以反思教学质量呢?

第一,分析学生学习的评价结果。就一节课而言,学生学习的评价结果比较集中地反映在学生的作业上,但是我们平时对学生作业的分析,显然是不太专业的,甚至习惯于用简单的"太粗心"、"不认真"等专业水平的话语来分析千差万别的、复杂的学习错误。分析作业,应该是一项非常专业的行为,而不是没有经过教育学训练的人都轻易具备的能力。分析作业,就是分析学生学习的评价结果,在这些评价结果中,同样充满着评价信息,作为一种分析,我们一是要进行量的分析,有多少学生能够达到学习目标的要求,教师应该非常明白,并以此反思学习目标设计的合理与否;二是要进行样本学生的作业分析,提倡用前后测对比的方法进行分析,分析学习目标达成中的教学贡献度(即教学在学习目标达成中究竟发挥了多少作用:学生会做了,是因为教学吗? 会不会在教师没有教的时候,学生就会了呢?);三是要进行个别化的分析,对于学习中的"与众不同"与"错题",要通过他们的作业分析他们的思维过程与知识基础,必要的时候,要进行个别访谈,以进一步了解他们的思维方法与知识结构。只有对评价结果进行深度分析,评价结果才能成为后续学习的基础。

第二,分析评价信息的利用效果。分析一节课,可以有多种角度,从这节课的评价信息是否被合理利用的角度来分析,也不失为一种很好的分析路径。分析评价信息的利用效果,要思考这样的一系列问题:我预设了哪些评价任务? 我实施了哪些评价任务? 我发现/获得了哪些评价信息? 我利用/怎样利用了哪些评价信息? 利用这些评价信息对促进学习发挥了怎样的作用(从目标达成的角度去分析效果怎样)? ——这一系列问题分析清楚了,我们大体上也就把这节课思考清楚了,而且是从原理层面到具体层面都思考清楚了。

在目标设计的前提下设计评价任务,实现"目标—评价—教学"三者的一致性,在评价任务实施的过程中,合理获取重要的评价信息,利用这些信息丰富教学内容,改进教学策略,提高教学质量,课后,又通过分析评价结果及评价信息的利用效果反思教学,为后续的教学积累经验,经历如此循环往复的实践与研究,我们一定能够真正地走向有效教学。

(张菊荣,本文发表于《江苏教育》(小学教学)2013 年第 6 期)

8.2 评价任务设计：追寻清晰的语文学习信息

　　语文，一直以来被认为是"模糊课程"，教师模模糊糊地教，学生模模糊糊地学，教什么，学什么，不像数学一样清晰。诚然，语文课程的学习内容与学习方式有其特殊性，但其学习的基准应该是清晰的、明白的。教师应该在课堂教学中清晰地看到学生的语文学习信息，依据这些信息可以清晰而自信地说：学生就是这样在学的，学生学会了这些。追求清晰的语文学习信息，是有方法可依的，最重要的就是要设计好评价任务。

　　在没有卷入"基于学习视角的课堂评价信息"这个教研活动主题之前，总觉得，语文，这个千头万绪的东西，很难像数学一样理性而清晰地设计评价任务，并给予评价。但，历经了一次次的愈见明晰的教研活动、一次次愈见深度的主题对话后，我们语文教研组的老师一个个豁然开朗：原来，语文课中，也可以很清晰地将学习目标—评价任务—评价活动一一对应起来；原来，语文课堂，是从评价任务设计开始的。那么，何为"评价任务"？就语文课而言，大到一个话题、小到一个问题；长则全文的朗读，短则段落的诵读；多至整句整段的感悟，少至一字一词的品味……只要用以检测学习目标是否实现学习任务，都是评价任务。设计好评价任务，追寻清晰的语文学习信息，是我们语文教师的基本功。

一、指向性：评价任务直指学习目标

　　所谓指向性，就是评价任务要指向学习目标，尤其是语文课，关于目标的真正理解是体现在评价任务的设计之中，设计不好评价任务，很难说已经

深入理解了学习目标。因而,目标与评价任务并不是两条永不相交的平行线,而是相对应的,是你中有我、我中有你的。评价任务从目标中而来,而目标引领着评价任务,只有指向学习目标的评价任务,才能催生清晰的学习信息。

以往的语文课堂中,我们不难发现,教学设计中的目标和课堂中落实的评价任务,并不是一致性的思考,而是率性而为的,往往就是种下的玫瑰花的种子,长出的却是月季花,即目标和评价任务是南辕北辙的。在一次教研活动中,执教老师给苏教版小学语文五年级上册《金蝉脱壳》一课设定了这样一条目标:

学习"脱壳时"的内容,抓住关键词说出对"神奇有趣"的独特感受并通过朗读体现,归纳出写作方法。围绕这个学习目标,她设计了这样一系列的评价任务:(1)提问:金蝉脱壳中最感兴趣的是哪个部位? (2)排序题:出示脱壳时的五幅图,排序。(3)填空题:出示第一幅图(背),图文结合,填空。(4)填空题:出示第二幅图(头),理解比喻句。(5)出示第三幅图(脚),图文结合,填空。(6)出示第三幅图(尾),图文结合,填空。(7)提问:这四幅图中,有的写的少,有的写的多,这样的写作方法叫——有详略。(8)提问:这四幅图是按照怎样的顺序来写的? 这样的写作方法叫——有顺序。

这一系列的"评价任务"在课堂上落实时,延续了 15 分钟,而在这 15 分钟的评价任务的落实中,学生连书本都未翻开,更别提进入文本咬文嚼字了。显然,这样的评价任务是脱离目标的,因而导致学生的学习很茫然、他们不知道这个环节老师的"目的地"在哪里,更不知道"怎么去"。所以,必然导致地这样的学习结果:(1)在落实评价任务三"图文结合填空"中,学生很生疏,填的也是疙疙瘩瘩;(2)在落实评价任务四"按照什么样的顺序写的"中,学生也不能正确地回答。

为了让这个目标更好地落到实处,教师则必须围绕着目标设计评价任务,目标是圆心的,那么,评价任务就是圆周,评价任务是为目标服务的,旨在让学生更好地达成目标。为了让学生达成《金蝉脱壳》中的这一条目标,我们教研组的老师第二次设计了评价任务:

1. 默读课文第四小节,完成默读要求:(1)圈出动词,写出对"神奇有趣"的感受,(2)圈出表示时间的词语,写出对"神奇有趣"的感受;

2. 小组内交流各自的感受,并练习朗读;

3. 各组指名代表交流和朗读;

4. 整体有感情地朗读第四小节;

5. 浏览第四小节,用"先——接着——然后——最后"说出脱壳时的过程,这样的写作方法称之为——有顺序;

6. "脱壳时"写的最多、最有趣的是什么? 而写的最少的是什么? 这样的写作方法称之为——有详略。

这样的评价任务,设计从目标出发,落实又指向目标,是目标的出发点和溯源点,是对目标的真正的、深入的理解。因此,当执教教师二次执教《金蝉脱壳》时,在以上的评价任务的落实中,学生呈现出了清晰的学习信息:既明确了"学什么",也清楚了"怎么学"。这些学习结果也是可测的,学生既于语言文字中说出了对"神奇有趣"的独特感受,也于语言文字后说出了"有顺序""有详略"的写作方法。这样的目标,明确地聚焦评价任务;这样的评价任务,清晰地指向目标。我们的语文课堂还有什么理由不能检测学生的学习是否达成目标了呢?

如果说目标是橘子,那么指向目标的评价任务就是一杆秤,它可以秤一秤这些橘子究竟有多重,它是测量学生目标达成的工具。

二、可执行:评价任务明晰学习活动

所谓可执行,就是评价任务要清晰,要具体,要明白,让学生"可做"、"可说"、"可写"、"可表达",评价任务使学生学习更自觉,这样的评价任务就让学生的学习在评价引领下进行。换言之,教师设计的评价任务模糊不清,那么,学生的学习活动也就乱作一锅粥了,学生不知道在课堂上说什么、读什么、写什么了,我们就得不到清晰的学习信息了。

为什么日常教学中,我们时时有这样的感受:一堂课下来,教师教得吃力、学生学得吃力,感觉像是老牛拉车,怎么拉都拉不动学生的学习,而对于篇幅较长的课文,没有个三课时拿不下来。究其主要的原因还在于——教师评价任务设计缺少十分明确的可操作性。有时候,评价任务过于琐碎,学生一两言可解决的问题,自然无话可说;有时候,评价任务过于抽象,即不可执行,不可操作,学生对着文本也自然是无从着手了。而我也在自己的课堂上经历过这样的错误。在执教苏教版小学语文六年级上册《鞋匠的儿子》一课时,为了让学生"说出参议员们态度变化如此之大的原因",我设计了以下评价任务:

1. 用心默读林肯的三段话,完成表格。

探究参议员们态度变化如此之大的原因				
话语	关键词	言外之意	人格魅力	参议员态度
小组合作收获: (课后完成)				
小组合作建议: (课后完成)				

2. 小组交流

3. 班内交流

当学生拿到这张表格的时候,都诧异了,拿着笔,徘徊于文字中,却不知从何处着手。三分钟后,只有个别学生在填写,但也只是一些"话语"和"关键词"而已;五分钟后,学生依然是拿着一张张空白的表格围在一起"交流",这是无声的"交流",这也是对我设计的评价任务的抗议。显然,我此次设计的评价任务是失败的,是不可执行的、不可操作的,我是为了"评价任务"而"评价任务"。原本人文性极浓的林肯的语言和人格魅力,被我这张过于理性的表格、层次不明晰的评价任务给破坏得体无完肤。为了能让学生真真切切地说出"参议员们态度变化大的原因",我再次设计了评价任务:

1. 浏览课文 1—4 小节,划出参议员态度变化的词语。

2. 朗读第一段话,扣住关键词"感谢"、三个"永远",你读到了林肯的什么品质?"我——总统"与"父亲——鞋匠",之间有可比性吗?林肯想要表达怎样的思想?

3. 默读第二、三段话,划出关键词,写出你感受到的林肯的品质和思想。

4. 小组内各自交流,指名代表班内交流。

5. 看来,参议员们态度变化如此之大的原因不仅是因为林肯(　　　)的品质,更因为他(　　　)的思想。

这样评价任务的设计,由扶——放,先带着学生学习第一段话,让学生明确了学习方法——扣住关键词感悟人物的品质和思想,也为后面的评价任务的落实提供了具体可行的操作方法。如此一来,学生既品味了语言文字,又学会了方法。评价任务,清晰可行,也必然会落到实处,而在落实的过程中,学生也清楚地知道了"说什么"、"写什么"、"做什么"了,也就自然而然地解决了"怎么学"的问题了。

如果说,指向目标的评价任务,是测量学生目标达成的工具,那么,可执行的评价任务则是引领学生自觉落实目标的途径,教师也可以很清晰地看到语文学习信息。

三、空间感:评价任务拓展学习空间

所谓空间感,即评价任务的设计要为学生的学习提供学习空间。学习空间,就是要让学生有"大问题"思考的意识,而大问题思考的意识来自大问题设计的评价任务。围绕着大问题设计的评价任务,会引领学生进行一个系统的、完整的学习,从而训练学生的结构化思考和完整性表述。对于语文课而言,尤其是高年级的语文课,要想让学生有深入而完整的表述,就一定要让学生沉下心来静思默想,当然,并不是天马行空的胡思乱想,而是围绕着话题思考,是要给予学生一定的时间和空间的。

曾经一度,课堂关注的是"满堂闹",似乎,"不闹"的课堂不是好课。要是课堂上有三分钟的沉默,那时的老师必然觉得非常之尴尬。因而,为了摆脱这种尴尬,老师们总是依托声图并茂的课件,设计丰富多彩的评价任务,往往一个任务还没结束,另一个任务已然开始,学生像赶场子似的,赶完一个又一个,忙忙碌碌之余,试问:花式的评价任务后的学习成效呢?

外出听苏教版小学语文六年级上册《钱学森》一课,为了让学生感悟"钱学森的爱国之心",执教老师设计了一系列的活动:

1. 浏览课文,从哪儿感受到钱学森的爱国之心,边读边画;

2. 交流(从头至尾,基本上绝大部分的句子都能传达出钱学森的爱国之心);

3. 章虽然没有一个"爱"字,浓浓的爱国之心却蕴藏其中,比如说,他所说的话;

4. 自由读这两段话,分别是在什么情况下说的;

5. 交流第一句,指名读、齐读;

6. 交流第二句,范读、齐读;

7. 聆听、哼唱歌曲《我的中国心》,哪几句歌词说出了钱学森的心声;

8. 再次齐读两句话;

9. 指名朗读第五小节,思考:能否去掉"终于";

10. 阅读课外补充资料,交流"回国历程艰难";

11. 小结:虽然回国历程艰难,但是支撑他度过这段苦难历程的决心是——力量是——信念是——

······

看着这一大环节的评价任务的落实,作为旁观的老师听着都累,更何况是学习的主角——学生呢? 马不停蹄地思考着、交流着、朗读着……看似学习着、忙碌着、充实着,但是"繁华过后成一梦",这一串评价任务的设计、落实究竟留给学生的记忆是什么呢? 学生大费周章地历经这些热闹的评价任务后,又有什么样的变化呢? 之所以有这么多评价任务,无非是让学生"学习课文2—5小结,说出钱学森的爱国之心"。那么,为什么执教教师会设计如此多的、来来回回、兜兜转转的评价任务呢? 其主要原因还在于教师在设计评价任务时,话题意识不强,因而,他也不会想到为学生提供学习空间。

其实,这篇课文的字里行间无不流露出"钱学森的爱国之心",学生哪儿都能感受到钱学森的爱国之心。那么,执教教师只需设计一个话题——"紧扣'1934年、1949年、1955年'概括出当时的重大事件,说出钱学森的爱国之心。"而与之相应开展的评价任务也就删繁就简,只需两步就行:

1. 浏览课文,概括三个时间段的重大事件;
2. 默读课文,结合事件内容说出钱学森的爱国之心,并通过朗读体现。

如此清晰、聚焦的一个话题、两个评价任务,为学生提供了学习的时间和空间,也让学生对"钱学森的爱国之心"有了一个系统的思考,学生的表述也不是"你一点""我一点"的拼凑,而是一个完整的回答了。

如果说,可执行的评价任务是引领学生自觉落实目标的途径;那么,为学生提供学习空间的评价任务,则是让学生更好地达成目标的保障,在这样的评价任务中,学生的学习信息一定会在清晰中不乏丰富。

语言文字,虽是感性的,但也不可随性教之;语文课堂虽然人文情怀较为浓郁,但也是有章有法的。因而,语文课堂中评价任务的设计也并非走马观花、模糊笼统的。而是对指向性、可执行、空间感的一致性思考。只有三者皆容的评价任务,才能引领学生在学习活动中,检测目标、落实目标、达成目标的。语文课堂,目标聚焦、评价任务清晰,那么,学生在课堂上听、说、读、写的训练也就能落到实处了,语文学习过于"一笔糊涂账"的难题也就得到了破解。

(叶雪娟,本文发表于《江苏教育》(小学教学)2013年第6期)

8.3 利用评价信息推进后续学习：方法与策略

—— 以综合实践活动课程为例

课堂评价是指教师在教学过程中，为促进学生的学习而实施的、对学生的学习过程与结果情况所作的评价。课堂评价信息是指在课堂教学过程中出现的、基于目标达成的学习信息。美国教育学博士、国家评价标准及学生测试研究室中心主任 Joan L. Herman 指出，评价的有效性体现在，它向老师提供了学生当前的学习情况，并成为相应地改变下一步教学，改变学生下一步学习的依据，如果只是检测结果，评价没有起到应有的作用。我们把评价信息看作一种教学资源，学生的后续学习是建立在评价信息的基础上的。课堂是一个信息世界，在生动的课堂现场，到处可见丰富的评价信息，它包括学生在课堂上所有听、说、读、写、做、演，我们不可能也没有必要获取全部的信息。对于有些可以做明确判断的学习信息，我们只要做出简单回应后继续推进教学即可；而对于信息却必须充分利用，充分利用学习信息可以使课堂精彩纷呈，教师必须敏锐地发现并且加以分析、利用，发挥其对后续学习的正面影响。

那么，我们怎样利用评价信息来推进后续的学习呢？本文试图以综合实践活动课程课堂教学为例，为大家呈现相关的方法与策略。

一、总结与导向

正确的评价信息是一种教学资源。当学习任务抛出后，学生围绕学习任务进行学习，这时有经验的老师通常会采用巡视的方法去获取学生的学习信息。当教师发现学习中正确的信息多于错误的信息时，要善于捕捉典型的正确信息，即和老师预设的目标一致的具有典型性的学习信息，把它放在全班交流，引导学生从中总结出正确的、规律性的东西，从而对全班学生的学习做出正面导向。

以《快乐世博游——小组合作》一课为例，为了指导学生进行小组分工合作，我设计了一个游戏，让学生们以小组合作的形式，充分发挥各自的想象能力、生活经验和几何知识，用身体构建出(公交车、地铁、私家车、垃圾桶、世博会、旅行箱)任意一种物品或内容。各小组在进行充分讨论的基础上进行了表演。在各小组表演后，我用采访的方式向参与表演的学生以及观看表演的学生提出了如下问题：你们组表演成功的秘诀是什么？你觉得他们组的特色是什么？他们组合作的好的地方是什么？通过全班的交流，总结出了小组合作的几条重要的标准：按照特长进行分工，每个组员都能认真完成自己的工作，在团队合作中，有时个人必须做出一些牺牲……在此基础上，我提出了学生在"快乐世博一日游"旅游方案设计时要突出小组合作分工。实践证明，有了前面正确信息的引领，学生的旅游方案中很好地体现了合理分工这一点。

在课堂教学中，教师发现学生的正确信息并且及时地进行总结，从而对学生的后续学习作出导向，当然比教师自己提供的信息要好。因为，来自于学生自己学习信息最贴近学生的学习实际，最能够得到学生的认可。

二、讨论与厘清

日本教育家东井义雄指出，孩子是出错的天才。因为他并不是胡乱出错的，他有自己的思想，他有自己错误的思考，加以利用就会成为重要的教学资源。然而，通常为了课堂教学的顺利进行，教师在课堂教学中更多地把目标聚焦于学生的正确的学习信息。有的时候甚至为了避免错误的信息影响到预设的教学流程，课堂上老师会把那些在他们眼里的后进生晾在一边，课堂成了老师和优等生的"精彩双簧"。教师也要关注学生错误的学习信息，当发现学生的学习信息中错误信息比较多的情况时，我们要善于引导学生通过讨论，厘清这些错误信息背后的原因，从而将学生引向正确的学习道路。

以我执教的《校园绿化调查——选题指导课》为例,在带领全班同学参观校园的绿化后,我让学生在自己的笔记上写出想要知道的问题。在巡视的时候,我发现很多学生提出的问题不适合展开综合实践活动的探究活动。于是,我选择了几个具有典型错误的问题匿名出示:"1. 树为什么要长叶子;2. 汾湖有多少种树;3. 枇杷树为什么叫枇杷树?"围绕这几个问题我让全班同学展开了讨论,思考:这几个问题提得好不好,能否成为本次研究的主题?经过激烈的头脑风暴,同学们发现,第一个问题没有什么研究的价值;第二个问题,研究的范围太大了,依靠他们的能力解决不了;第三个问题太简单不适合作为综合实践活动研究的主题。在同学们讨论的基础上,我引导学生归纳出了提出的问题的几个标准,即可研究、有价值,且要有一定的研究空间。有了对以上错误信息的分析,同学们再对自己先前提出的问题进行重新的审视并且进行了调整。学生在后来呈现出来的问题就明显有了进步。

学生的错误学习信息是课堂教学的一种重要的资源,它反映了一部分学生的学习情况,如果我们忽视了,就会忽视这一部分学生的学习效果。但是如果我们加以利用,引导学生通过讨论发现错误背后的原因,并且在此基础上形成正确的结论,错误的信息也会变成一种"美好的信息"。

三、拓展与生成

很多时候在我们的课堂教学中还会出现一些"与众不同"的学习信息,如果你是一个依赖教案按部就班的老师,这或许在你眼里是一种另类的信息而置之不理,但它其实是一种我们求之不得的教学资源。因为,在这些与大部学生的想法/做法不一样的学习信息中常常包含着特殊的学习过程、思维方式、情感体验,是值得教师特别重视与理解的。教师要善于发现指向于教育目标的"与众不同"的学习信息,并加以利用,使课堂教学中的学习资源得到拓展和生成。

如,在《我的校服,我做主——校服设计》一课的指导中,我让学生通过合作完成一张"我心目中的校服"设计图。在动手设计之前,我让学生说说有什么要求。同学们提出的建议都围绕着设计的技巧,比如,要有实用性、要更加美观等。这些都是我事先预设到的,通过学生的嘴说出来我很高兴。

可是,也有学生和我想得不一样。这不,平时脑子里装着无数怪念头的张同学就提出:平时看到的服装都是有品牌的,所以他也要给自己小组设计的校服设计 logo,并且创造一个品牌名称。他的想法引来了很多学生的共鸣,同学们纷纷讨论起耐克、李宁、利郎等品牌的 logo。一个意想不到的回答打乱了我的教学思路,按照预设进行学习已经是不可能了,但是这个话题对于我们设计校服不也是一个有价值的补充吗?我让学生谈谈对这些品牌服装logo 和名称的创意和价值认识。同学们的回答出乎意料,因为他们发现了每种服装的设计理念是和它的品牌有着密切的联系,例如,"利郎"的服装设计秉承简约而不简单的理念;"耐克"代表着着速度,同时也代表着动感和轻柔……我很惊喜他们有这样的发现,于是我鼓励各小组在设计校服的时候加入一项内容:为自己设计的校服创设一个品牌,设计一个 logo。正是有了这样的生成,学生的设计活动变得更加有意思了。如,第一小组的 logo是"四叶草",他们的设计有四种色系,他们的设计理念是:红色代表快乐,黄色代表活泼,绿色代表幸福,蓝色代表宁静,希望同学们在学校里幸福、快乐地成长;第二小组的 logo 是英文"So nice",他们的设计阳光而朝气,因为他们的设计理念是:当第一缕阳光越过地平线,"So nice"还原世界的精彩……

生成创造了别样的精彩,而生成来自于对那个"与众不同"学习信息的利用。

四、梳理与引导

如果把综合实践活动比作捕鱼,那么课堂教学则是捕鱼过程中的结网和学习捕鱼方法的过程。然而真正开展捕鱼的则是在另外一个时间、空间。综合实践活动的课堂教学更多地是对学生的活动方法的指导,活动的阶段性成果的分析。因此,对学生活动的成果和经历进行分析,从而发现规律性的东西,用以指导学生课后更好地探究活动显得尤为重要。

以《传统游戏调查》一课为例,在学生经过了一个阶段的调查活动后,我组织学生进行了一次中期汇报。课堂上,各个小组将自己调查到的资料进行了交流。虽然他们交流的内容很多,看上去也很丰富,但是仔细分析这些资料绝大多数都是来自于学生在网上搜集来的。而学生的调查研究过多地依赖网络,就会缺少亲身体验,这和综合实践活动的课程理念是背道而驰的。于是,我让学生对各小组交流的内容进行梳理,引导他们发现通过上网搜集资料的局限性并在此基础上,在组内展开讨论怎样通过多种途径展开调查。同学们的讨论非常热烈而且有成效。游戏发展组提出了可以通过采访不同年龄阶段的家长了解他们童年最喜欢的游戏;游戏种类组倡议可以在本年级开展一次传统游戏比赛;游戏器材组提出可以向家长请教学习制作传统的游戏器材;游戏体验组提出可以根据现在学生的爱好将传统游戏进行改编,从而在学校推广……同学们的想法很好地弥补了活动方式单一的缺陷。在肯定了学生的想法后,我鼓励学生在课后的调查中将这些想法逐个实现。在后来的一周时间里,我欣喜地看到了各个小组的活动变得丰富多彩了。

综合实践活动课程特点决定着人们的关注点往往聚焦于课堂之外的活动体验和活动成果,而课堂教学往往会决定着这门课程实施的成效。充分地利用学习信息并以此作为引导学生课外探究活动是综合实践活动课堂教学的重要任务。

课堂教学评价很多,但老师并没有真正地利用这些评价信息改进教学,教师会在多大程度上利用评价信息转化成学生学习的资源是摆在老师面前的一个重要的课题。因此,教师要成为自己课堂质量的检测员,同时要善于利用好这些评价信息,推进学生的后续学习。我们提出灵活地、不失时机地通过总结与导向、讨论与厘清、拓展与生成、梳理与引导等方法与策略进行一些尝试。

(闵荣生,本文发表于《江苏教育》(小学教学)2013 年第 6 期)

8.4 课堂理答实例分析：评价信息的角度

理答是教师对学生回答问题后的反应和处理,是课堂问答的重要组成部分。理答既是一种教学行为,更重要的,它还是一种评价行为。它是教师对学生的回答作出即时评价,以引起学生的注意与思考。与理答相应的教学行为有提问与答问,从"评价信息"的视角来看,提问就是落实评价任务,答问就是产生评价信息,理答就是处理评价信息。从评价信息的角度审视课堂理答,对于课堂教学的改善具有极其重要的意义,本文试以实例分析的方式揭示之。

一、关注信息的方向性,变随意理答为聚焦目标的理答

课堂信息的产生,有时候是杂乱的,学生的回答并不能和教师的预设想到一处去,所以关注信息的方向性是教师在理答的时候必须要注意的问题,不能让学生的随意回答连带着教师的理答也走向随意。在这里,我要提出的是根据学生的回答,教师要做到心中有目标,理答聚集目标,每一句的评价与引导都直接指向目标。

【案例】认识厘米

师：尺子上还有一些东西,也许你们平时没有注意到。请看大屏幕,注意看!(出现"cm")看见了吗?

生：看见了(有的不作反应)。

师：再看一遍(重新播放)。看见了吗?

生：（齐答）看见了。

师：我们把它放大一点儿就能看清楚了。（放大"cm"）

生：cm。

师：对了，两个英文字母c、m，它们合起来表示什么意思，谁知道？

生1：代表开始。

师：不是，请坐，你说。

生2：表示厘米。

师：对了！表示一个小小的，很有用的长度单位，就是"厘米"（板书）。厘米用汉字表示就是这样，用字母表示就是"cm"。你们的尺子有没有这样的标志？

生：有！

这个小环节的目标是认识厘米的标志，然而教师在教学中的提问与学生的回答，显得有些散乱。在"看见了"还是"没看见"之间来回了几次，对学生认识英文标志没有什么帮助性，教师的几次理答没有聚集于目标。

二、关注信息的主体性，变"替学"式的理答为"让学"式的理答

课堂的对话通常是教师和学生之间，那么在对话中，谁是主体？显然是学生，可是我们在教学中真的做到了学生是主体吗？我们有没有在不经意间把主体的位置调换了，而调换的结果是"替学"与"替说"充斥在课堂上，学生失去了主动学习的机会。所以关注信息产生的主体，又是课堂理答注意问题之一，从"替学式"的教学变为"让学"，让学生主动想、主动做、主动说，从而真正成为信息产生的主体。

【案例】认识平行

师：如果要画一组间隔是10厘米的平行线，或者更宽、更窄的平行线，我们的直尺没有那么宽，方格纸也没有正好是间隔10厘米，该怎么办？

生：……（只是思考没有回答）

师：跟着电脑学一学。

一画（用三角尺直角边画一条直线，并按住不动）

二靠（用直尺贴近三角尺的另一直角边）

三移（移动三角尺，注意直尺不要移动）

四画（沿三角尺原来的边再画一条直线）

师：这样画的两条直线就是平行线，会画了吗？用这个方法在练习纸上画一组平行线

理答就是处理评价信息，这组的理答在提问之后，却没有出现学生的回答，教师根本没有让学生产生信息，而是直接把平行的方法展示给学生看，让学生照画，这就是一个明显的替学现象。学生没有机会去想去说自己的设想，产生画平行线的需求，也没有经历错误画法，或是别的比较繁琐的画法带来的烦恼，而是直接走向了机械学习。因此，我认为这个环节可以这样修改：如果要画一组间隔是 5 厘米的平行线，可以怎样画？更宽还是更窄的呢？尝试画几组平行线。提供学生直尺、三角尺和白纸。让学生主动去探索画法，才能体现信息的主体性。

三、关注信息的真实性，变"走过场"的理答为深度展开的理答

评价任务的下放落实，必然有信息的产生，然而信息产生的数量和深度，和教师在理答中的追问与探究的时间有关。一个评价任务的完成，有时候一问一答间就能完成，而有些教师则会通过不断地深入追问，让理答从走过场变成深度展开。

【案例】轴对称图形

A 教师

师：我们一起看看这些图形有什么共同的特点？

生：这些图形的两边都相同。

师：是的，我们把这些图形对折一下看看。你发现了什么？

生：两边都一样，重合。

师：这就是对折后完全重合了。

师：同学们仔细瞧了，如果我们把这些纸看作一个个图形的话？大家看一看这些图形大小怎么样？一样还是不一样？

生：不一样。

师：但是，你们有没有从中发现共同的地方呀？

生1：他们的左右两边都相同。

师：有点感觉了吧，他们的左右两边都相同。谁还想深入地说一说！

生2：我认为它们是轴对称图形。

师：你是怎么知道的这个词儿的？

生2：我从书上看到过。

师：那再深入地观察，左右两边仅仅是大小一样吗？试想，我们再把他重新对折的话会怎么样？

生1：我认为它的形状也一样

生2：我认为它的面积也一样

生：我认为把它们叠在一起的话，会完全重合。

师：想象一下，我们把这三个图形沿着原来的方向对折，想一想，折痕的两侧是不是完全重合？

这个环节的评价任务是认识轴对称图形的特征，然而如何才算是认识，是一个学生两个学生会说就可以了吗？关注信息的真实性，就不能让它仅仅是教师与个体之间的对话，让优生代替了所有的学生，把一些人的认识当成全班的认识。我们看到B教师从不同的图形引导学生观察共同点，让学生充分地诉说自己的发现，从左右两边相同到对折后的情况，信息都是来源于不同学生的真实思考，彼此之间互有补充，且逐步深入，一层层探究轴对称图形的特征。

四、关注信息的发展性，变平面化的理答为纵深化的理答

数学课的理答中，我们不仅关注信息的正确性，也关注思维的发展性。在理答中，就要给学生以宽度，让他们在产生信息的同时，鼓励他们去突破平常，想更深层次的东西。教师的思维也要改变，变平面化的理答为纵深化

的理答。

【案例】认识厘米

师：你能说一说，在尺子上，从几到几就是1厘米？

生1：从0到1就是1厘米。

生2：尺子上从2到3是1厘米。

师：有道理，一会儿我们会看到。谁愿意再说，尺子上从几到几是1厘米？

生3：尺子上从9到10是1厘米。

生4：尺子上从6到7是1厘米。

师：同学们非常会学习，老师只给出了一条小小的线段，标志只有从0到1是1厘米。我们同学还能通过自己的联想，想出了从4到5是1厘米、从9到10是1厘米。真了不起！

师：说了这么多句话，有什么共同的特点，从几到几是1厘米，能不能用一句话来表述？

生：两个挨着的数字就是1厘米。

师：就是这样，好极了。

师：找到数4，找到了吗？从4到几是1厘米？

生1：从4到5是1厘米。

生2：从4到3是1厘米。

师：有新意，有创意，有自己独特的想法。这个同学的想法与众不同啊，他不仅会顺着想，还会倒着想。从4到3也是1厘米。

这段理答围绕"在尺子上，从几到几就是1厘米？"展开，学生的思维一般都是从0到1居多，生2、生3等的想法比生1要进一层，走出0—1的常见思维区域；教师并没有满足于学生现在所产生的信息，而是接着让学生概括方法，再反问找到4，如何确认4到几是1厘米，于是因为教师的不断追问，我们接下来看到了更有创意的说法：从4到3是1厘米。不同的说法，它背后折射出来的是学生对几到几就是1厘米深刻的理解。纵深式的理答让我们看到了课堂上学生的精彩。

五、关注信息的丰富性,变单一线路的理答为多元互动的理答

信息的丰富性如何产生,转变理答方式就是一条有效途径。从单一的师问生答,转变成师问、生答和生问、生答的多种结合,特别是学生间的互动为信息的丰富性提供了最大的可能,并且这样的理答方式让学生觉得心理负担轻,学习更有乐趣,也更为主动。这样的方式更适合于高年级,也能培养学生一定的自学能力。

【案例】长方体和正方体体表面积和体积的复习课

师:同桌交流家庭作业,把要补充的内容或修改的公式用红笔写下来。

师:那组同学愿意跟我们分享一下你们组找到了哪些计算公式?其他同学情认真倾听,准确地拍两下手掌,表示通过,还有补充的同学,在他们组回答完后,请举手补充。

生(2人,一人指大屏幕说,一人一块一块展示作业):长方体表面积公式,正方体表面积公式,长方体体积公式,正方体体积公式……

生3:他们关于侧面积的公式,我们还有不同的计算方法,我认为可以再补充进来。

生4:长方体表面积的计算方法和正方体体积公式不够简洁,应该要化简。

生5:我同意他们整理的计算公式,我们跟他们想的一样,只是顺序不同。所以我觉得有顺序地整理更好。

……

师:你们接受其他同学提出的修改意见吗?可以下去想想怎样改变。

教师在这段理答中几乎没有出现,她把师问生答的单一方式放手了,让学生在讲台前自我阐述观点,其他同学则是评价,所以学生在这里有补充的,有要求化简的,还要觉得要改变顺序,让整理更具有序性。所以这个评价任务在教师指导、课堂生生互动中,趋于完美地完成了。比起一问一答,这样的处理方式节省时间,却效能颇高。

六、关注信息的开放性,变封闭的理答为有序开放的理答

一个问题的提出,教师可能得到的答案很多,也可能由于教师的处理不当,只能得到一种答案,那么学生的思维在这堂课上就被封闭了。特别是某些数学题的解决方案,非常能体现学生的开放性发散性思维,教师在这一过程中的开放理答就能为学生创造最好的基地。

【案例】解决问题的策略——假设

出示例题:全班 42 人去公园划船,一共租用了 10 只船。每只大船坐 5 人,每只小船坐 3 人。租用的大船和小船各有几只?

师:下面我们一起来交流一下想法。

生 1:我打算先凑一凑。算一算如果大船有 1 只,小船有 9 只,一共能坐多少人,再和 42 人比较一下相差多少人。

生 1:在这 10 只船中,能坐船的人数比实际坐船的人数少了 10 人。

生 2:也就是如果大船是 1 只,小船是 9 只时,就会有 10 人没有坐到船。

师:是啊,还有 10 人没有坐到船,说明我们凑的 1 只大船,9 只小船不合理,哪种船太少了呢,可以怎样调整呢?

生:大船太少了,我想把大船改为 3 只。

生:少了 6 人说明还有 6 人没有坐到船,大船还是太少。

师:你想怎样调整呢?

生:可以把大船改为 5 只,小船也改为 5 只。

师:好,我们继续来算一算。看到"少了 2 人"你又想到什么呢?

生 1:大船还是太少,再调整为大船有 6 只,小船有 4 只。

师:能说说你是怎样想的吗?

生 2:一只大船比一只小船多坐 2 人,现在还有 2 人没有坐到船,那么,把一只小船替换成一只大船,就可以多坐 2 人,所以,大船再多一只就够了,所以大船肯定是 6 只,小船就是 4 只。

生 3:我觉得不用这么凑,从第一次凑了 1 只大船,9 只小船,少了 10 人可以看出还有 10 人没有坐到船,那么把一只小船替换成大船就可以多坐 2

人,10÷2＝5只,说明要把5只小船替换成大船,所以大船就是6只。

解决问题的策略之假设,学生的假设有多种,从1条大船开始逐一假设,再根据现实情况进行自我调整,答案在一步步假设中得到,这样的理答是开放的,教师给了学生充分的思考时间,宽松的问答环境。虽然最后一位学生的回答是学生最终要学会的,但是如果一开始就确定它是唯一的答案,那么学生的思考就被限制了,更何况,不管怎样假设都可以找到正确答案。如果教师能够引导学生在假设中发现有剩余如何处理,我想学生会更好地理解假设这个策略在解决问题中的价值。

处理信息是教师教学智慧的体现,更是对课程理解、教学实施、课堂管理等的把握。关注信息的方向性、主体性、真实性、丰富性、发展性,让课堂理答中走向师生共同期待的那方。

(张美娟,本文发表于《江苏教育》(小学教学)2013年第6期)

8.5 从学习信息逆溯：教学反思的另一种路径

——以《线描画中的黑白对比》一课的教学反思为例

通常，教师对课堂教学的反思是一种"顺向思维"的路径，是从"我是怎样教的"出发进行的。这种反思的路径很容易误判自己的教学，误以为教师教了一定是学生学了，误以为教师教得清楚了一定是学生学得明白了，根据这样的路径来反思我们的课堂教学是十分危险的。因此，我们应该建立另一种反思的路径，即从"学生学得怎样"来逆溯教师的教，"学习信息"就是关于"学生学得怎样"的信息。在两次执教六年级美术《线描画中的黑白对比》一课后，我尝试着从学习信息逆溯"学习目标、评价任务和教学活动"展开课堂教学反思。

一、从学习信息逆溯学习目标的定位

学习的信息表现在多种方面，比如他们的所说、所做、他们的表情、他们的作业，这些信息反映了学生的学习情况，教师根据这些信息可以判断学生学得怎样、学到哪种程度，也就是说，这些信息通常会反映出"学习目标"的达成情况，因此，我们可以由学习信息来逆溯教师关于学习目标的定位是否合理。

在《线描画中的黑白对比》的第一次教学中，学生最后的学习结果——作业展评是重要的学习信息，从这个重要的信息中分析，整体效果不错，体现了"多样、疏密、渐变"的特点，但是普遍存在这样的问题：画面缺少黑白大块面布局，整张画以"灰"为主，布局不好，美感不够。

现这与我关于学习目标的设定紧密相关。回过头来重新审视本课的学习目标：

（1）能在教师导引下，通过欣赏初步感知线描画；

（2）观察感知线描画中"点线面"的多样呈现，能画出 2—3 种不同的表现形式；

（3）在局部画面的欣赏与分析中学习"疏密、渐变（大小粗细）"的黑白对比方法，并能在画面中表现出来；

（4）在创作表现一幅有黑白对比关系的画后，能说一说黑白对比在哪儿。

在这四个目标中，我并没有对"黑白布局"学习目标进行预设，而在课本呈现的范作《牛仔裤》，以大部分的黑块面表现物体的厚重感；《门神》的脸部手部，则用大块面的留白，体现皮肤的细腻与光滑。课本教材有交待，而自己疏漏了，造成本课学习目标定位的差错，末端的学生学习信息中显示出来的状况，原来问题出在我们对学习目标的设定！

于是，在第二次执教这节课时，我调整了学习目标，将"整体黑白布局"列入学习目标，将目标 1 设定为："通过观察对比，能说出线描画的黑白布局合理又美观的特点。"用这样的目标设教学、组织课堂，最后，学生的作业信息果然呈现出喜人的变化，作业画面来看，大部分学生的画面有整体黑白布局，通过教师提问也能说出画面黑白布局的合理或美观之处。这一学习信息告诉我，通过学习目标的添加重构，有效弥补了学生作业布局不好、美感不够的遗憾。

从课堂学习信息逆溯学习目标，让学习目标真正地成为课堂教学的出发点与归宿。

二、从学习信息逆溯评价任务的设计

从学习信息逆溯，我们首先逆溯"学习目标"，但是，也有时候，学习目标本身并没有问题，而是关于学习目标的评价任务出了问题，那我们可以从学习信息来逆溯评价任务的设计。学生的学习信息能反映"评价任务"对目标的实现程度,因此,我们可以由学习信息逆溯评价任务的设计是否合理。

在分析第一次教学《线描画中的黑白对比》的第四板块"说说线描画"的学习时,我反思这样的学习信息:由于受时间的限制,绝大部分学生不能展示自己的作业,只是偶尔几个学生能上台展评作业,而且展评也不充分,很多同学欲说而被迫缄口,他们是有些失落的。——从这样的学习信息中,我意识到评价任务设计方面的欠缺。

我是这样的设计评价任务的:"用不同的点线面形式画出一幅有疏密、渐变的黑白画面后,能在作业展评时说出'多样、疏密、渐变'的黑白对比。"这项评价任务的设计基本上是清晰的,但仍嫌宽泛而缺乏可操作性。"能在作业展评时说出黑白对比方法",主体不明确,"谁"能说出?是一二个学生,还是三五个学生,还是大部分的学生?这些都没有精致化的考虑。纵观这一板块在本课中的作用,它应是成果性评价,应该要求绝大部分的学生参与进来。而我的任务设计显然不能实现这一追求。当然,要绝大部分学生参与,课堂时间有限,决定了不可能让每一个学生上来展示、评价。因此要发挥小组功能,为每一位学生提供发表的机会。于是,修改评价任务为:"通过小组讨论与上台展示,绝大部分学生能用'多样美、整体美(黑白布局)、局部美(疏密、渐变)'的知识点展开自评、互评。"

在本课的第二次教学后,我分析了学生的学习情况,大部分同学能结合评价点对自己的作品作出自评,说出作品的多样美、整体美和局部美;小组间的互评,让各组员说的慷慨激昂,他们红扑扑的脸蛋、意犹未尽的神情告诉我,评价任务的修改能更好地促进学习目标的达成。

三、从学习信息逆溯教学活动的组织

学习信息能反映"教学活动"对评价任务、学习目标的实现程度。因此,我们可以从学习信息逆溯教学活动的组织是否合理。

第一次教学《线描画中的黑白对比》一课时,在结果性评价"说说我的线描画"的展评活动中,学生不断低头审视自己的作品,观察对比,声声遗憾,然此时作业已成定稿,修改已无可能,即使此刻有再好的点子也只得作罢。

从学生恨不能重新画过、欲言又止的表情等学习信息,我反思了课堂教学活动的组织。我发现在我的课堂中,学习目标是比较明确的,评价任务的设计也是合理的,特别是我设计了"怎样评价我们的作品"的评价要点:(1)点、线、面的多样变化美;(2)画面的黑白布局,美观又合理;(3)"渐变"或"疏密"的黑白对比美,应该说为学生的学习与评价提供了"导航"。但是,这个"评价要点"我是在要求学生评价作品时才提出来,因此,没有起到了"评价引领学习"的作用。"评价要点"的推出滞后了——学生的学习信息告诉我教学活动组织的不合理。

我的教学活动顺序需要调整,应将评价要点的提出前置,分层置于学生作业之前。学生作业分两次进行:学习点线面的多样变化美后,安排作业任务1,让学生在作业纸上用点线面的不同形式自由填充画面;作业任务2是学习"渐变"或"疏密"的知识点后,安排学生在作业1的基础上修改补充,体现局部黑白对比美。

我把评价点做成小长条,在学生作业前依次展示于黑板,使其成为板书的一部分,引导学生有意识、针对性地完成作业。

评价要点(1)"点、线、面的多样变化美"在学生进行作业任务1前提出,能引导学生积极主动进行点、线、面的变化。

评价要点(2)"画面黑白布局,美观又合理"在学生进行作业任务1的过程中通过"边画边展"的过程性评价提出,提醒学生审视画面的黑白布局,深化线描画布局"合理又美观"的整体意识。

评价要点(3)"'渐变'或'疏密'的黑白对比美"在学生进行作业任务2前提出,引导学生有针对性地将知识点运用到画面中。

在第二次的教学中,我将评价要点进行了前置,从学生的作业效果来看,他们能够更有针对性地掌握知识点,并且能不时修改更新现有作业,有遗憾及时弥补、有错误赶紧更正,这一个个评价要点犹如盏盏灯塔于前方带路,让他们不会迷失方向,即使偶尔走岔了,也能及时回来。

反其道而行,往往能收获别样的风景。从学习信息反思课堂教学,逆溯反思学习目标定位是否全面,评价任务是否适时,教学活动的组织是否有效,这种逆溯的思维,为教学反思开辟了一条新的路径,让我们更多从关注教师的教走向关注学生的学,而只有我们关注了学生的学,我们的反思才是真正有价值的,我们的教学才是真正有效的。

(潘洁琴,本文发表于《江苏教育》(小学教学)2013年第6期)

8.6 学生视角下的课堂评价信息

课堂评价信息就是在教学中表现出的、与目标达成度相关的一些证据。教师可以通过这些证据判断学生学到哪里,学得怎样,学生可以根据这些证据明确自己学到哪里,学得怎样。然而,关于课堂评价信息,更多人关注的是教师如何评价学生,忽视学生在课堂评价中的主体地位,对于学生是如何生产、利用评价信息的鲜有思考。学生是学习的主体,评价对学习的促进最终要靠学生的主体作用才能实现,因此,探索学生视角下的课堂评价信息具有重要意义,是落实以学生发展为中心的新课程理念的重要途径,也是实现课堂评价促进学习这一核心功能的重要保障。

一、学生是课堂评价信息的主人

不关注学生的学的课堂教学评价是没有任何意义的。[1] 教学是为了让学生学会学习,变"替学"为"让学",让学生成为学习的主人,成为评价的主人。我们要转换视角,把视线从教师引向学生本身,因为学生既是评价信息的生产者,又是评价信息的利用者。关注学生视角下的课堂评价信息,关注学生如何生产、利用评价信息,才能实现评价对学习的促进作用。

从学生视角出发的课堂评价,就是把评价的主动权交给学生,教师则从课堂评价的裁判员和旁观者,转变为学生自我评价、同伴评价的机会的创造者,学生自我学习与发展的见证者。学生视角下的课堂评价信息,就是那些学生眼中看到的、和目标达成度相关的学习信息,是学生确定自己在哪里的

---

[1] 崔允漷. 有效教学[M]. 上海:华东师范大学出版社,2009:259.

依据。在学生眼里，有着丰富的课堂评价信息，有来自内部和外部的。

1. 内部的课堂评价信息主要是来自自身的学习信息。学生的个性特征、经验水平、认知特点等，都是学生自身应该掌握的信息。如，我喜欢用什么样的方式记忆内容？我已经知道了什么？哪些内容我还不知道？等等，这些信息是需要学生在学习过程中不断内化，并不断用外部表现呈现出来的。

2. 外部的课堂评价信息主要来自教师、同伴。在课堂上，学生从教师处获得最直接的评价信息，如理答、讲解的内容，语音、语调、语速等，以及来自教师的评价语。具有鼓励和改进建议的评价语，可以让学生快速地获取到信息并及时改正行为。教师的表情、动作也是学生可以获取的直接的评价信息，还有作业的反馈等。学生的学习离不开同伴互助，在倡导合作学习的今天，同伴也是获取评价信息的重要来源，如优秀同学的表现，同伴的评价语，同桌合作、小组合作过程中的互动，相互批改作业纠错等等。有时同伴给予的评价信息更真实和具体，但也会带有很强的主观因素，尤其是低年级学生，容易受老师评价的影响。

在这些内部和外部的评价信息的提示下，学生有了自我评价的依据。学生视角下的课堂评价信息，如同他们手中的 GPS 定位仪，在学习道路上可以不断监控自己的学习进程，明确目的地，并准确定位自己，然后朝着正确的路径继续走下去，直至到达目的地。

二、学生是课堂评价信息的生产者

倘若教育终究是培育每一个学习者的"自我教育力"，那么，评价也必须置于学习者的内部[①]。关注学生内部的评价信息，了解他们是怎样生产评价信息的，这个至关重要。要尽可能地让学生积极主动地生产出丰富的、真实的评价信息，不同阶段的、不同水平层次学生的各种信息，不仅要传达出"好"与"不好"的信息，更要清楚基于证据的好或不好在什么地方。有了丰富的信息，学生就能有充分的证据去评判目标的达成情况，检测并促进自己的学习，提升"自我教育力"。笔者认为学生在具备以下这些条件的课堂教

---

① 钟启泉.学业评价：省思与改革[C].上海：第十届上海国际课程论坛报告,2012.

学中,可以生产出丰富的、有效的、高质量的信息。

1. 围绕合理的评价任务

课堂评价信息是在落实评价任务的过程中生成的学习线索,学生围绕合理的评价任务,才能生产出精准的、聚焦的信息。所谓合理,首先要考虑的是评价任务对目标的指向性,能够检测目标达成度的评价任务,才能产生有意义的信息。其次,只有与自身认知特点、学习情况、实际水平、生活情境等相符的评价任务,学生才能生产出真实的信息。再次,有开放的空间,学生有思考、自主的空间,才能产生丰富的信息。另外,评价任务的多样性也至关重要,在单一枯燥的任务中学生很难产生丰富的信息,没有层层递进的任务设计,学生也很难生成高质量的信息。

2. 参与评价活动

学生是评价过程的主动参与者,只有参与到评价活动中,他们才会以"主人翁"的态度生产评价信息。学生可以通过参与评价标准的制定,进行自评、同伴互评,提升评价能力。例如在班内开展"学习十佳"的评选,通过和学生商量确定评选的标准,然后在学生自我推荐和同伴互评后完成评选。在这个过程中,学生为了得到老师和同伴的认可,就会书写端正一些,以期望获得"最佳书写奖",改正不足,取得进步,以期望获得"最具进步奖"……当学生从被评价者到主动评价者时,他们就会积极主动地生产信息。

3. 获得有效的反馈

当生产出的信息得不到有效反馈时,学生就会失去再生产信息的动力,学习也就会止步不前。只有在有效的反馈之下,他们才会源源不断地生产出评价信息。其一,在获得肯定和鼓励后,学生就会有再生产信息的自信和愿望;其二,能清楚被表扬的具体行为是什么,然后继续保持和强化;其三,在提供的改进建议下,明确自己需要生产出哪些信息才能达成目标。如学生的课后作业的反馈,学生不仅需要清楚自己得到的是优秀还是良好,还要明白为什么得到的是良好,而不是优秀,哪些地方是做得好的,哪些地方还需要改进。

明白学生如何生产信息,教师就要积极地引导,扮演好"助产士"的角色。设计合理的评价任务,提供学生表现的机会,鼓励其积极参与,分享交流;让学生参与评价,发挥评价主动性;提供有效的反馈,激发学生不断跟进思维和行为,产生更为丰富的信息。

三、学生是课堂评价信息的"第一用户"

学生生产出了信息,要加以利用,才能推进后续的学习。学生视角下的课堂评价信息就是学生对自我的定位,通过自我定位,学生要能够主导自己的学习,发现学习中存在的问题,并及时改进学习计划,逐步完成学习目标。笔者认为学生通过回答以下三个问题,可以实现对自我的定位。

1. 我要去哪里?

课堂评价要评价的是学生达成学习目标的状况,所评价的目标就是学生的学习目标。因此,学生头脑中必须要有清楚、简明的学习目标。我们强调在学期开始时,学生就应该分享到课程纲要,知道新学期要学习的东西,清楚自己将要去哪里。在教学过程中,也要不断强化学习目标,要知道下一步的学习目标是什么,自己将要学会什么,还需要做什么,之前的内容和新学习的内容之间有什么关系等等。

2. 我现在在哪里?

学生要找到在达成学习目标的旅程中所处的位置。学生要明确自己当前的学习水平,知道离目的地还有多远,才能找出与目标的差距,调整自己的学习策略,推进后续的学习。学生可以通过与优秀学生的比较、教师准确具体的反馈信息等途径明确自己现在在哪里。如在英语教学中,可以采取"代币制"的方法,对学生的课堂表现、口语表达和书面作业进行加星,达成要求的可以加一颗星,并进行阶段性评价,学生可以通过星星的多少知道自己这一阶段英语学习得怎样,自己跟优秀学生的差别有多大。在学习过程中,能否始终意识到与目标之间的差距是获取成功的关键。

3. 我还要做什么?

明确了学习目标,也了解了自己的学习状态,就能明确这两者之间的差距,通过教师提供的支持,知道自己还要做什么,才能缩小当前水平与目标之间的差距,才能更快更好地到达预定目的地。如学生需要解决这些问题:学习中哪些地方需要改进? 需要哪些帮助? 从哪儿可以获得帮助? 需要利用什么资源? ……通过解决这些问题,学生可以不断地缩小与目标间的差距,最终达成学习目标。

学生只有明确了"我要去哪里?"、"我现在在哪里?"、"我还要做什么?"

三个问题,才能找准定位,进行合理有效的自我评价。教师要提供的教学情境是:学习者能够发现自身的价值,能够自己确认前行步伐的"自我探索"与"自我决策"。[①] 多给予学生自我评价的机会,培养自我评价的能力,以帮助和支持学生更好地利用评价信息。

我们的课堂评价要立足于学生的学习之上,就得明确学生是课堂评价信息的主人,是评价的主体,知道学生如何生产、利用评价信息。只有真正关注了学生,才能保障每一个学生的"学习权",求得每一个学生的健全发展。

(张俐,本文发表于《江苏教育》(小学教学)2013 年第 6 期)

---

① 钟启泉.学业评价:省思与改革[C],上海:第十届上海国际课程论坛报告,2012.

8.7 课堂评价任务：问题与重构

——基于英语课堂教学案例的描述

在课堂教学中,合理的评价任务既能检测学习目标的达成,又能促进学生学习、推进教学进程。因而,在基于课程标准的教学中,大部分教师在教学设计时开始关注评价任务的设计与运用。然而,课堂评价任务的设计与运用是一个十分复杂的过程,高质量的评价任务就必须关注任务的目标性、层次性、可测性以及拓展性。下面笔者通过英语课堂教学案例的描述,谈谈评价任务设计与运用的问题与重构。

一、避免过于追求任务内容的趣味性,关注任务的目标性

针对小学生的特点,教师在设计和运用评价任务时更加追求趣味性,因为这样更能激发学生的爱好,吸引学生的注意力。比较常见的,如教师会更多地采用一些比赛、游戏或唱歌等比较活泼的评价任务,应该说这非常合理。然而,我们必须避免的是,不能因为过于追求"乐",而导致评价任务偏离学习目标。

【**案例 1**】在教学译林版小学英语一年级上册 Unit 6 On the farm 时,学生学完新授单词 a cat, a dog, a duck 以后,教师设计评价任务:分小组讨论支持哪个小动物。授课教师询问学生支持哪个小动物,提问几个学生后,播放三个小动物赛跑的 Flash 动画,并配上节奏感很强的音乐,学生用英语大声叫着自己支持的小动物,课堂气氛十分活跃。

案例1中授课教师的本意是设计任务帮助学生巩固所学单词,同时为了激发学生的学习兴趣,教师还制作了精美的动画。表面上看,这样的设计确实起到了激发学生兴趣的效果,学生也的确很快乐,但问题在于:学生在快乐中学到了什么呢?此任务是为了检测学生对新单词的掌握情况,达成操练和巩固新单词的教学目标,可学生的注意力被精彩的 Flash 动画吸引,节奏感很强的背景音乐掩盖了学生读单词的声音。可以说,该授课教师过于追求任务内容的趣味性,忽视了任务的目标性。然而,促进学生的评价任务必须与学习目标相匹配,也就是说教师所设计的评价任务除了考虑其趣味外更重要的是一定要能检测目标的达成情况,否则目标就会落空。

因此案例1可以将评价任务调整为:"Listen, guess and act。教师利用多媒体呈现多种背景和动物的叫声,学生根据画面和声音猜动物。接着,学生在教师的带领下一边做动物模仿操,将各种动物的形态、动作表演出来,一边随着音乐的节奏,说韵律诗'I am a cat, miao, miao. I am a dog, wang, wang. I am a duck, quack, quack. '。"

小学生的有意注意时间很短,评价任务的设计对维持她们的兴趣增长点固然非常重要,然而,在设计与运用评价任务时仅追求内容的趣味性是远远不够的,还应以学生获得语言知识和形成语言技能为前提。促进学习的评价任务必须要指向目标,绝不能游离目标,只要有预设目标就应该有评价任务去检测。

二、避免过于追求任务形式的多样性,关注任务的层次性

小学生集中注意力的时间比较短,教师在课堂教学中经常会运用多样化的评价任务来维持学生的注意力,应该说多样化的评价任务确实能吸引学生的注意力,然而我们要避免的是不能因为过于追求形式的多样性,只为了表面的热闹,而缺乏一定的语言知识和技能做支撑,忽视了任务之间的层次性,学生学习就会没有前进感。

【案例2】在教学译林版小学英语四年级下册 Unit 4 Buying fruit 时,授课教师在教完 A 部分对话内容后,运用以下评价任务:1. 根据课文内容给句子排序。2. 根据课文内容填空。3. 根据提示复述课文内容。

从表面上看,案例2中的三个评价任务紧密相连,形式丰富,学生通过完成排序、填空和复述等任务来巩固课文内容。但实际上,学生在学习 A 部分对话内容时已经表现出对课文内容掌握得相当扎实,而教师却忽视了这样重要的信息,三个评价任务虽然学生完成得相当顺畅,但是这三个任务停留在同一层面上,都是以课本原文为基础,缺乏学生的个人创作。在这样简单的任务中学生很难生成丰富的信息,没有层层递进的任务设计,学生也很难生成高质量的信息。

因此案例2可以将评价任务调整为:"Level 1(初级挑战):模仿课文编对话。Level 2(挑战升级):能运用自己学过的购物用于创编对话。Level 3(终极挑战):能创编对话,并有感情地表演出来。"

调整后的评价任务层层递进。首先,学生依托课文内容编对话,前提是学生对课文内容掌握得相当扎实,第二个任务运用自己学过的购物创编对话是检测学生对所学内容的灵活运用能力。最后学生在情境中表演对话,真正将所学语言融入生活。这个三个任务既关注了多样性,又兼顾了层次性,学生在循序渐近的过程中习得知识。

在设计与运用评价任务时要注意层次和梯度。要准确处理评价信息。如果信息证明学习目标已经基本达成,而且学习难度适中,学生是经过合理学习困难之后达成目标的,那么可以推进学习;如果目标虽然达成,但难度过易,学生未经努力就完成目标,就要考虑适当增加学习的难度,以满足学生在学习过程中的不同需求。

三、避免过于追求任务表达的概括性,关注任务的可测性

教师在设计评价任务时,有时任务的表达会过于简单和笼统,可测性较差,学生根本就无法判断学习目标的达成情况,而教师得到的评价结果也往往是主观印象,缺乏必要的信度。

【案例3】在教学译林版小学英语三年级上册 Unit 6 Colours 时,授课教师在操练课文朗读时设计了如下任务:分小组准确朗读课文对话。

"准确朗读"这样的表达不但显得过于简单,而且缺乏实质性内容。何

为"准确"？是读准每一个单词呢？还是读准语音语调？学生根本就无法判断,这必将给评价的实施带来困难,所得到的评价结果也必定是无意义的。教师根本就无法检测学生是否能准确朗读课文。

因此案例3可以将评价任务调整为:"1.多媒体出示评价标准：能准确流利地表达(一颗星);能准确流利地表达,富有情感(二颗星);能准确流利地表达,富有表情,并配有恰当的动作(三颗星)。2.学生对照标准小组操练。3.上台表演,学生互评。"

同样是检测课文朗读情况,教师提供星级标准,让学生小组合作表演对话,学生在操练时就会关注自己以及同伴的表情、动作以及朗读的流利程度,并及时进行调整。运用这样的评价任务,教师也就能够得到有意义的评价结果。

一个好的评价任务的表达应该是具体的、明确的、容易操作的。如果任务的内容和标准含糊不清,很有可能导致搜集的信息不能有效反映评价的内容。所以,设计评价任务时要尽可能采用描述性语言,避免语言过于概括。

四、避免过于追求任务指向的明确性,关注任务的拓展性

评价任务应该是明确的,明确地指向学习目标。作为一种原理,这是正确的。但是,这个"明确"不应该成为"封闭"的代名词,不应该使学生的学习紧紧地死扣"标准答案",而应该为学生的学习拓展更多的学习空间。

【案例4】在教学译林版小学英语四年级下册 Unit 8 Open day 时,授课教师在操练句型 What's in/on/near the ...? There is/are ... 时紧扣范例将评价任务碎化成如下几条：1. What's near the bed? 2. What's on the chair? 3. What's in the desk? 4. What's near the window?

案例4中教师所运用的评价任务虽然明确地指向目标,然而学生在这样一问一答的封闭式学习过程中根本没有思考的空间,这样的评价任务当然也就催生不了我们所期待的评价信息,学生不能系统地思考、完整地学习,其原因是教师并没有提供检测学生能否系统思考的评价任务,也就是说

教师所设计的评价任务不能为学生的学习拓展更多的空间。

因此案例 4 可以将评价任务调整为："用 there be 句型和所学方位介词描述自己房间内物体的位置。"这样的任务来源于学生的真实生活,能唤起学生的生活经验。如果教师直接询问物品的位置,这样点对点的问答显得比较封闭。而学生在介绍自己房间时操练的 there be 结构的重点句型。这样的任务虽然是创设出来的,但却是真实的。学生在完成任务的过程中也有回答的欲望,同时学生的答案也是丰富多彩的。

语言的功能是交际,交际的环境是生活。课堂教学中的评价任务应该是对现实生活中的活动过程的模拟和演练。学生通过完成任务来掌握相关的语言交际能力。教师应该关注评价任务的拓展性,贴近生活的任务更能打开学生思考的空间。

合理的教学评价任务是提高课堂效率的有效方式,教师在设计评价任务时要考虑任务的目标性、层次性、可测性以及拓展性。

(钮雪芬,本文发表于《江苏教育研究》2016 年 7B/8B)

8.8 体育课堂教学中表现性评价技术的运用

——以《持轻物掷远》一课为例

与语、数、英等学科所不同的是,体育课上我们要学习很多的运动技能,这些技能要通过学生的运动"表现"出来,这些"表现",其实就是"表现性任务",对"表现性任务"的评价,就是"表现性评价",这是异于纸笔测试的评价技术,我们以前凭经验也正在这样去做,但较少从"技术"的角度去改进,通过"表现性评价技术"在课堂上的运用,提高课堂教学的效益。本文拟以二年级体育《持轻物掷远》一课的教学为例对体育课堂教学中表现性评价技术的运用进行阐述。

一、角色转型:让学生成为重要的评价主体

"谁来学",这似乎不是一个问题,课堂的"学者"总是学生;然而,"谁来评",这真是一个问题。传统的体育课堂,几乎沿袭着这样的一种"套路":教师讲解与示范—学生练习与表现—教师进行评价。也就是说,"评价"的事儿,几乎就是教师的"专利",学生很少参与评价,或者即便是象征性地参与了评价,也只是"意思意思",没有与"学习"深度地结合起来,没有把学生作为重要的评价主体。在"表现性评价技术"中,要求师生共时地成为评价主体,也即,教师固然是重要的评价主体,学生也同样应该是重要的评价主体。因为在"课堂评价"新视界中,"评价"与"学习"其实是相整合的,评价即学习,学生既然是学习的主体,理所当然地也应该是评价的重要主体。那种教师作为唯一评价者的时代应该休矣!当然,这种理念要转化为课堂的行

为,仍然是有一段路要走的。以我执教的二年级《持轻物掷远》一课为例,在课的设计之初,我就追求"教—学—评一致性",追求以评促学,而这里的"评",也包括学生的评。但是第一次执教又不免俗套地让自己成为了演说家、独裁者。在完整动作成形后,给予学生"你真棒"、"嗯,还要继续加油"等简单评价。虽然有涉及学生的互评环节,但也是以简单的"对"与"不对","好"与"不好"画上了句号,这种评价权,老师"匆匆地给",学生"象征性地评",学生没有充分的思考时间,也就没有独立思考、独立评价的可能。学生只是跟随教师的动作与口令麻木地练习,在游戏环节也没有学生针对五花八门的投掷动作提出任何的评价性意见。这种情形对于"问题家"的二年级学生来说是不正常的,这就说明这节课上,学生的学习是浅尝辄止的,因为"评"与他们无关,所以对于学什么,学得怎么样他们也就不去深思了。

第二次执教,我将评价的权利还给学生,给予他们更多的思考时间。对于技术动作的分步学习,将学生的自评、互评嵌入每一个环节,持续地对自己和同伴之间的学习进行评价。技术动作的学习就在孩子们的讨论中进行着。很快到了游戏环节,孩子们一改往日的迫不及待,却对技术动作的学习讨论恋恋不舍。游戏刚开始,有学生就"打小报告":"老师,Z同学的动作不正确,他的手臂弯的地方(肘关节)没有高过肩膀。""老师,我的高过肩膀了"……这类问题很多。对于自己忽略的细节问题,学生能够发现了,毋庸置疑,这节课上学生对于学习内容有了清晰的了解,因为评的主体回归,学的主体也顺理成章地回归了,从学生的"找茬"活动中也能得到充分的肯定了。

所以,课堂上拒绝教师成为独裁者,让学生围绕着评价,徜徉在思考的长河里,成为评价的主体,这样,他们才能有更多反思自己学习的机会。表现性评价的"表现者"即学习者,要让这个学习者成为深度学习者,必须要让他同时成为"评价者",成为重要的评价主体。

二、评价要点:为课堂构建明白的评价标准

以往的体育课,通过"示范—模仿—展示—评价"一系列活动进行教学活动,这里固然也有"评价",但在实际操作中,没有"评价要点"的设计。只是简单的对与错,不明原因,不究理由,只凭经验。表现性评价的关键技术

是评价要点的设计,评价要点的清晰、明白对于表现性评价的效用具有决定性作用。以往教学中,惯用的抽象的讲解二年级学生不能很好地抓住评价的要点,评价主体无法抓住评价要点,又怎能行使评价权利呢?我们要让"评价主体回归课堂"。"让评价主体回归课堂",不仅仅是一种理念,也是一种技术,这种技术要求我们要让评价主体明白怎么回归,如果连回归的路都不明确,何谈到达目的地,评价的存在也就只是形式了。那么,怎么才能让二年级的学生明白并能找准回归的"路口"呢?关键技术就是为课堂构建明白的评价要点。本课的第一次执教,本着"专业的总归是最好的"的想法,我配合我的"标准动作"开始"专业讲解":"两脚左右开立,如果你是右手投掷,那就左侧对投掷方向,右手持毽子向后引伸,投掷物毽子在背后稍高于肩,就是'背后过肩',然后右脚蹬地,转体,挥臂经肩上、头侧把毽子投过障碍物……"但是,自感虑无不周的专业讲解收获的不是学生认真的听讲,而是将他们更快地推出了课堂。开始我百思不得其解,在后续的讨论中才逐渐明白,究其原因,所谓"专业"的讲解,却显得枯燥、乏味、复杂,对于学生来说,真是"你不说我倒还明白,你越说我越糊涂了"。如此"面面俱到"的评价"要点",其实也不是什么"要点"了,倒是非常"成功"地打消了学生的学习兴趣,低年级学生的学习积极性受制于学习兴趣,没有了兴趣,注意力也就随之消失了。这就说明,充分考虑学情,制定合适的评价要点是我们的重中之重。

吸取第一次执教的经验教训,第二次课堂上,我摒弃了专业详尽的技术要点讲解,而是将这份"专业讲解"进行提炼,简化为"一转,二屈,三挥臂",三个步骤七个字呈现给学生,一目了然却又高度概括。教师引导,学生学习,紧扣三个评价要点展开教学活动。首先是学生的自评:一转,我有没有侧对投掷方向;二屈,我的肘关节有没有高于肩膀;三挥臂,我有没有用力向前投。经过练习,学生理解了三个评价要点。然后是学生的互评,小组进行徒手试投,前后两人为一组,一人试投,一人根据三个评价要点进行评价和帮助。最后是集体练习,教师带领学生自评。一连串的评价下来,学生并没有产生不耐烦的情绪,反而较第一次而言学习兴趣更浓厚了,课堂氛围更宽松、更活泼了,学生对于技术动作的掌握也更快更标准了。

评价要点从复杂到简单,学生的表现从注意力涣散到意犹未尽,二者之间的转变是"前因"和"后果","简明扼要"符合了二年级学生的认知特点,简单明了让评价要点成功地转化为评价主体——学生的学习要领,找到"回归"的有效技术。每一个步骤,每一个动作都有了清楚的评价要点,有理有据,所以评价和学习的兴趣被激发了,学习目标的达成也就水到渠成了,表现性评价就有了存在的意义。

三、清晰反馈:让评价促进学生更好地学习

体育课堂表现性评价贯穿于整个技术动作的学习,它们能够为教师和学生提供很多的反馈,反映学习中存在的对与错,评价之后,教师能够认识到学生的不足之处,从而运用新的教学方式或方法引导学生继续学习。回顾以往的课堂,针对技术动作的学习,我们也有自评、互评和师评,但是得到的反馈只是"肤浅"的对与错,没有针对,没有深入。教师得到了心中想要的正确答案,就给予学生一句简单的表扬或者一张奖励的贴花。如此象征性地走过场,学生的技术动作肯定不会有任何的提升。为什么会出现这样的现象? 顺藤摸瓜,最终原因是教师没有给予学生具有逻辑性的评价框架,学生没评价要点可抓,当然也就无法提供有针对性的反馈了。所以,我们要让"评价"提供清晰的反馈给教师和学生,然后学生通过"真凭实据",认识自身的不足,明白努力的方向,在教师的引导下能自我纠正,自我改进。

第一次执教《持轻物掷远》一课时,在生生互评阶段,我一如既往地邀请学生上来演示,然后指名学生对其进行评价,学生的评价是"他的动作是不对的"。听到这里,我满意地表扬了这位同学观察仔细。回到练习,同样的错误动作依然存在而且不在少数。事实证明,之前的评价对学生改进技术动作没有起到任何的促进作用。"反面"演示教学收效甚微,那就再来"正面"的,邀请的学生近乎标准的演示得到了大家热烈的掌声,我也甚是有成就感——我的讲解还是能让学生明白的。但是,结果呢? 正确动作的演示虽然"震慑"了孩子们,但是孩子们在练习中依然是"我行我素",错误动作的改正没有显著的成效。课后大家的讨论结果是,无论是"反面"还是"正面"的演示只是一次"表演",没有清晰的评价要点的引导,学生的评价依然过于简单、模糊,没有针对性。对呀,孩子们找不到"病因"又怎能"对症下药",又何谈"药到病除"呢? 因此,让评价清晰化势在必行。

第二次执教过程中,依然是"学生展示—指名评价",只是在这之前我给

予了学生清晰的"一转、二侧、三挥臂"的简单技术要点。"反面"演示结束，孩子们的手越举越高。学生 Z 被抽到回答："他的动作是错的……"我还想试探性地问一句"为什么"？孩子已经迫不及待地宣布自己的想法了："他刚刚没有转，身体没有对着投掷方向。""正面"的演示，孩子们的评价也是头头是道，俨然一个个的"小老师"嘛。看着孩子们异常兴奋的小脸蛋，我感到有点不可思议，只是在技术要点上稍加改变，学生的评价马上变得有理有据，胸有成竹。惊喜还在后面，孩子们不光是说得像模像样，做得也是称心遂意。我没有做任何的提示，练习中绝大部分孩子已能认识自己的不足，从而进行纠正。整个技术动作的学习时间竟缩短了近 3 分钟。

两节课，同样的学习内容，同样的学习步骤，改变的只是学生评价的内容，从"专业"到"简单"了，学生的反馈却是从"模糊"到"清晰"，学习结果从"我行我素"到"称心遂意"。小小的改变带来的是大大的转变。不仅是技术动作的完善，学生也是从"被动"的"学"转向了"主动"的"我要学"，他们知道自己需要什么，进而萌发了学习的愿望，并使之转化成积极的学习态度。不得不承认，"评价要点"只能通过清晰的反馈才能显现出来。通过《持轻物掷远》前后两次的执教，收到的不同效果，突出体现了表现性评价，一改传统体育课堂学生"人在课堂心在外"的现象，运用表现性评价技术，促进了学生的角色转型，从被动学习者变成主动评价者；运用表现性评价技术，提炼评价要点，使教学化繁为简，使评价清晰明白，这直接影响了课堂反馈的清晰明白，最终保证学生学习的明明白白。

（姚晶晶，本文发表于《江苏教育研究》2015 年 10B）

9. 课例研究

9.1　如何用评分规则促进学生的学习

——美术《猜猜我是谁》课例描述与分析

一、主题解读

美术教学中很多目标是表现性目标,必须通过学生在绘画过程中的表现或学生最后的作品来评判学生对美术知识、技能、情感的吸收与理解程度。目标决定评价任务,这类目标的评价任务即为表现性评价。其中,居于核心地位的是评分规则。

四年级美术《猜猜我是谁》一课,通过课程标准、教材解读和学情分析,确立的学习目标是"学生能发现人物背面特征,并能用不同的线条表现和评价",促进与检测这一目标的达成,需要评价任务"利用发现的人物背面特征进行线描写生和评价"来完成。这样的一个表现性评价任务的实现,需要评分规则的助推,开发评分规则表如下:

《猜猜我是谁》评分规则表

关　键　指　标		区分度		
		好	较好	很好
头部外形	椭圆或是偏圆	★	★★	★★★
发型特征	线条柔美而有方向性 线条短、粗、密、直			
服装发饰	表现精细			

用评分规则引领学生学习,改变学生"学到哪儿是哪儿"的被动牵引状态,走向清晰自觉的学习。而在开发应用过程中,出现这样几个难点:表现性评价任务应前置,"评分规则"如何前置使用?评分规则由"关键指标与区分度"构成。"关键指标"如何选择与完善?表现程度"一般"、"良好"、"优秀"的区分很难用文字清晰说明,如何突破?我通过一课三上的课例实践与研究,有这样一些体会。

二、课例描述

以评分规则为线索,经历一课三上,从"教师对评分规则区分度分级的困惑——学生对评分规则的理解困难——评分规则的使用时机"进行实践探索。

1. 一上,教师困惑于评分规则

11月8日,第一次执教结束,教研组展开课后研讨。大家对"教—学—评一致性"的教学设计框架给予肯定,但对评分规则表的"区分度"设计提出异议。最先的设计思路是将评分规则的关键指标(头部外形、发型特征、服装发饰)作整体评价,三个评价项目都完成为表现"很好";完成两个是"较好";完成一个是"好"。大家说这样的评分规则"区分度"有问题,三个关键性指标,每个指标都应有自己的区分度,不能笼统划分。应该是这样的:

《猜猜我是谁》评分规则表

关 键 指 标		区分度		
		一般★	良好★★	优秀★★★
头部外形	呈椭圆或是圆形			
发型特征	线条柔软有方向感 或线条短、粗、密、直			
服装发饰	表现精细			
总评				

我困惑了。一直以来,一个强烈的念头于脑海中盘旋:艺术表现整体感知,更多时候只是一种感觉。不像数学,可量化而行、指向清晰,感觉的东西太难用语言来澄清。将评价项目逐一拆分,各分出三种表现程度,相当于9种不同的等第!难上加难,百思不得其解。临近第二次执教,评分规则的

9种区分度表述,依然毫无进展。张校长、周校长给予我很多策略指导,但因为自己没想通没想透,依然困惑着。

2. 二上,学生不明白评分规则

11月13日,硬搬着这张有9种区分度的评分规则表进行第二次执教。遭遇这样的尴尬:学生不明白评分规则,后期自然也没发挥评分规则的"导学"和"导评"功能。

崔教授及其专家团队进入课堂进行观察指导。执教结束,在会议室展开研讨。黄山博士在课堂观察报告中指出:"教师通过各种方法渠道让学生有意识地了解评分规则,学生是否真的理解评分规则?"他列举了三位学生的课堂作业表现:生1无观察低头默画教师范画;生2根据眼睛看到的,画了同学侧脸;生3画的作品头发完全涂黑。由三位学生的作业表现可知学生对评分规则是不理解的,换句话说,即使教师不呈现评分规则,他们也能画完这样的作品。另一个课堂表现便是学生评价时,两张作品作比较,老师说第一张作品7星,第二张8星,而很多同学都认为第二张还没有第一张画得好,评价差异太大,也说明了问题,因为好的评分规则,大家的标准都差不多。

很惭愧!教师不明白评分规则,如何让学生明白?我将困惑与不解说与专家团队,期待解决。崔教授介绍用"样例呈现"的方式,区分行为水平能力。我豁然开朗,以前觉得自己词穷,表达不清评分规则的区分度,实则是没找到方法。当语言很难表述清晰的时候,就用样例来解决。周文叶博士亦建议"让学生参与建构、研制评分规则,能帮助学生理解评分规则"。

细细思量,决定呈现三种不同的样例,如下图。直观告诉学生"这样的(1号)头部外形表现为优秀,而这样的(2号)是良好,这样(3号)为一般"……

1   2   3

一句"这样的"化解了语言无法清晰表述的尴尬,将说不清道不明的"区分度"解释得淋漓尽致。

3. 三上,学生明白评分规则,但使用时机不对

11 月 25 日,为北京市房山区教研员提供课堂观察现场,第三次执教。通过"样例分析",学生对评分规则表理解透彻,可用的时候出问题了。学生成为专业评论员,能用评分规则导评,但导学功能没发挥好,原因是评价任务后置了。

在"用评分规则指导学生绘画实践"板块中,我布置作业时说"请按照这张作业评价表的要求,写生前面任意同学的背面头像",却没说"画完以后,我们要用这张评价表打星评价,看你能得几星?"的评价任务。直到学生画完,教师才呈现评价任务,说"我们要用这张表为作品打星"。此时便是滞后的评价任务,未起到评价任务引领绘画表现的作用,学生在作业过程中也未主动地用好评分规则表。

评分规则的前置使用,才能更好地促进学习。评分规则不仅要"导评",还要"导学",才能体现教—学—评一致的课堂理念。

三、关于实践研究后的理性思考

课的结束不是课例研讨的结束。三次执教过程,让我明白表现性评价中评分规则的不简单。对于它的开发与应用,我有这样一些体会:用"样例"诠释评分规则的表现程度清晰明确;评分规则的评价框架应完整,局部与整体兼顾;在充分理解评分规则的基础上,前置评价任务发挥其"导学、导评"功能。

1. 评分规则的表现程度,用样例说明

依据学习目标、评价任务开发的评分规则表,从横向来看由关键指标与表现程度构成。通过"游戏发现、教师示范"的学习活动理解关键指标"头部外形、发型特征、服装发饰",清晰到位,但对"表现程度"描述不出来。原因是教师也不明白如何用语言描述艺术作品"一般"、"良好"、"优秀"的程度区分。

评分规则的开发陷入瓶颈。当语言无法表述清晰的时候,就让样例说话。这是华师大崔教授"样例呈现"的启示。有了样例,学生就明白了"什么是好作品";有了样例,学生就明白了"我可以向着怎样的目标努力";有了样例,学生也就明白了"我、我的同伴究竟画得好不好?"评价的导学、导教功能彻底发挥!

这在第三次执教中得到了证明。学生在评分规则引领下的学习状态是"在学习",而且是"向着目标在学习";从学生最后的作品来分析,大部分同学达成目标,一部分同学创造了目标之外的精彩。

2. 评分规则的结构需完整

评分规则表,从纵向来看由评分项目和评分内容组成。首先,考虑"评分项目"的完整性。第二次执教结束后,崔教授在课堂观察报告中指导出:"头部外形、发型特征、服装发饰"这三项评价项目都专注于局部,缺少"整体"评价!有的同学头部外形椭圆抓得很好,发型特征女生长发柔软有方向感也抓得很好,服装发饰也表现精细,但画面构图不饱满,线描作品线条表现不流畅,都不是优秀作品。艺术作品整体感知,怎能缺乏整体评价?考虑评价框架的完整性,我决定增加"画面整体"的评价项目,通过"构图饱满、线条流畅"进行考评。这样的评分规则表有局部亦有整体评价,框架较完整。

再者,考虑"评分内容"的有效性。在第三次执教结束后,北京市房山区教研员代表老师在课堂观察报告中指出:"学生作业中大部分学生做不到'服装发饰表现精细'的评价要求。说明'服装发饰'的评分内容'表现精细'出了问题。四年级的孩子要求'表现精细',会挫伤其表现欲望,这个评分内容拔高了!"无视学生身心发展特点,随意拔高评分内容,是我的失误。在此反思:课程标准"激发丰富的想象,唤起创造的欲望"的要求,是否贯彻领悟?学生学习能力分析是否真正做到到学生中去?惭愧。

调整方向,继续思考。学生作业中有同学表现"毛领子"毛茸茸的质感。线条虽粗糙,但很好地用线条表现了衣服的质感。这种课堂的生成带给我很大的启迪:学生服装材质多样,羽绒、毛领、围巾……各式花纹图案举不胜数,完全可作为表现素材。因为是学生之间鲜活的素材,更符合课程标准"通过观察、绘画等方法表现所见所闻、所感所想,激发丰富的想象,唤起创造的欲望"的表现内涵。思考之下,决定将"服装发饰"的评分内容"表现精细"修改为"抓住外形、表现图案",立足学生身心发展特点向课标看齐。若

关 键 指 标		区分度		
		一般★	良好★★	优秀★★★
头部外形	呈椭圆或是圆形			
发型特征	线条柔软有方向感 或线条短、粗、密、直			
服装发饰	抓住外形、表现图案			
画面整体	构图饱满、线条流畅			
总评				

评分规则表的开发经历横向与纵向的考验,现在终于清晰了。

3. 评分规则的呈现要前置

有了周密的评分规则表,应用的过程中要注意评价任务的前置,才能更好的发挥它的"导学"和"导评"功能。

在《猜猜我是谁》的第三次执教中,"教—学—评一致性"的整体框架清晰明白,学生对评分规则理解充分;从学生最后的作业展评环节来看,他们能用评分规则"导评",但遗憾的是没有发挥评分规则的"导学"功能,原因是教师没有前置呈现评价任务。在"评分规则引领学生绘画"的学习板块中,学生明了评分规则,准备用自己的绘画语言阐释对评分规则的理解时,教师没有提出前置评价任务:"作品完成之后,要根据评分规则表打分。先自己打分,再请同学打分,然后根据同学的打分建议作修改",导致在学生绘画过程中无法发挥评分规则的导学功能。

学生虽也在绘画表现,但缺乏评分规则引领下的自觉指向。虽前期对评分规则的学习理解较透彻,学生作业未陷入混沌的随意涂鸦状态,却依然是评分规则应用的遗憾。若前置这一评价任务,学生表现会更主动,更积极。那时的绘画实践才真是他们的主战场,在评分规则的引领下有序出击、征战、厮杀,意犹未尽,该是多么令人向往的学习状态。若有第四次执教,我一定谨记评分规则前置,发挥其"导学"功能。

课的结束不是课例研讨的结束。三次执教过程,让我明白表现性评价中评分规则的不简单。对于它的开发与应用,总结如下:用"样例"诠释评分规则的表现程度清晰明确;评分规则的评价框架要完整,局部与整体兼顾;在充分理解评分规则的基础上,前置评价任务,充分发挥其"导学、导评"功能。

　　"教—学—评—致性"的课题研究,我在路上。

　　　　　　　　　　(潘洁琴,发表于《江苏教育研究(实践版)》2014 年第 1 期。)

9.2 学习活动形式如何有效

——数学《确定位置》一课的自我观察

一、观察背景与主题

1. 观察背景

在当下的课堂研究中,有一个重要的重心转向:研究"学"。在课堂上,如何动态地把握学情,收集学情,研判学情,以采取必要的教学决策,是当下课堂研究的重心。而"学"是一个非常复杂的行为,其包含的内涵极其丰富。在本次研究中,我们把"学习活动形式如何有效"作为研究主题。2016 年 12 月 16 日,我校参加吴江区学校特色项目展示活动,我需要上一节展示课,即苏教版小学数学六年级下册《确定位置》。在这节课上,我尝试使用量表工具采集关于"学习活动形式"的学情,依据学情推进教学,我觉得这样的教学尝试非常有意义。

2. 观察主题

分析学生的学习活动,一般可以三个维度展开:学习内容的维度、学习形式的维度、学习活动组织的维度。本次课堂观察聚焦"学习活动的形式",从学习形式的维度展开研究。学习活动形式是指学生进行学习所采用的学习方式。学习活动的形式多种多样,包括自主探究、合作学习、小组讨论、学生口述、书写、动手操作、展示交流等,根据预设,在本课中主要采用的学习活动形式主要有口述、书写、操作、交流等几项,所以我们主要观察这几方面的情况。我们假设学习活动形式是重要的,但必须避免"形式化",必须追求学习活动形式的有效。何以判断学习活动形式的有效? 那就看目标的达成情况。若目标达成情况较好,则可以说学习活动形式有效;若目标达成情况一般,则学习活动形式效果一般;若目标达成情况欠缺,则学习活动形式效果不好。

二、工具开发与研究过程

1. 编制观察量表

基于对学习活动形式及其有效性的理解,通过教研组成员的讨论,借鉴《课堂观察 LICC 模式》①一书的有关资料,形成如下观察量表:

学生学习活动设计	活动形式与用时					学生活动情况	学习活动形式的有效性分析(描述:A. 较好;B. 一般;C. 欠缺)
	口述	书写	操作	交流	其他		

注:表中获得形式与用时采用"√"形式记录,如一个活动中包括多种活动形式,可多选;学生活动情况详细记录学生学习活动中学生学习的信息;任务完成情况及原因分析,衡量标准为:A. 学生完成情况较好;B. 学生完成情况一般;C. 学生完成情况欠缺。

2. 研究过程

11 月 18 日,我接到要上一节公开课的任务,根据自己研究需要,想从学习活动形式方面改进自己的课堂教学,在与教研组老师的共同研究中,确定了观察主题;11 月 25 日,设计观察量表;12 月 11 日,试用观察量表,积累经验,改进量表;12 月 16 日,在吴江思贤小学借班上课,学习活动的形式已经确定,上课时自己记录每个学习活动用时,以及巡视学生对于教师指令的确认情况和学生任务完成情况,作出判断,采取教学措施。课后,进行进一步的分析与整理,形成本报告文本。

三、观察结果与讨论

1. 观察结果

下表呈现的是本次课堂观察的主要结果:

---

① 崔允漷,吴江林,林荣凑,俞小平.课堂观察 LICC 模式:课例集[M].上海:华东师范大学出版社,2013.1:102—103

学生学习活动设计	活动形式与用时					学生活动情况	学习活动形式的有效性分析(描述:A.较好;B.一般;C.欠缺)
	口述	书写	操作	交流	其他		
用手中的直尺、量角器等工具画一画、量一量,确定遇险船只的位置。	√ 1分钟	√ 1分钟	√ 8分钟	√ 3分钟		【操作】 学生根据学习活动要求,用手中的直尺、量角器等工具,尝试在图中确定遇险船只的位置。 【书写】 通过画图,将遇险船只的位置用文字写下来。 【口述】 生1:在灯塔东北30°方向40千米。 生2:船只在灯塔东北60°方向40千米。 生3:在东向北60°方向40千米。 生4:在北向东30°方向40千米。 【交流】 师:谁来和大家交流一下你的想法。 生:遇险船只在灯塔东北30°方向40千米的地方。 师:东北30°方向40千米,能确定遇险船只的位置吗? 生:不能。 师:为什么? 生:东北30°到底是从北量的,还是从东量的,似乎有两个。 师:说得真棒,其他同学听明白了吗?我们再来看一位同学的答案 师:东北60°方向40千米。怎么会有两个角度? 生:我知道,东北30°他是北向东30°,东北60°是东向北60°。 师:同学们真厉害,我们为了更精确地确定方向,原来的东北可以称谓—— 出示:船只在灯塔北偏东30°方向40千米处。	1/4正确大部分学生交流之后能用新的方向形容(A) 分析:从学生活动正确率看不高,但是本活动所指向的学习目标是"自主探索确定位置的方法",从目标判断,学习活动形式比较有效。
确定船1、船2的位置	√ 1分钟	√ 1分钟		√ 3分钟		【书写】 根据图中给出的方向和距离,将船1、船2的位置用文字写在横线上。 【口述】 生1:船1在南偏西45°方向30千米处。 生2:船2在灯塔北偏西90°方向40千米处。 生3:船2在灯塔正西方向40千米处。 【交流】 师:谁来和大家交流一下你的想法? 生:船1在南偏西45°方向30千米处。 师:其他同学有问题吗?	全部学生能正确确定船1、船2的位置(A) 分析:第二项学习活动学生正确率非常高,与目标"能根据给定的方向和距离在平面图上确定物体

学生学习活动设计	活动形式与用时					学生活动情况	学习活动形式的有效性分析（描述：A. 较好；B. 一般；C. 欠缺）
	口述	书写	操作	交流	其他		
						生：他说的不对，他没有说灯塔，如果不说灯塔，是找不到船1的。 师：听明白了吗？这位同学说得真好，我们在确定船只位置的时候不能忘记观测点。那你能再说一次吗？ 生：船1在灯塔的南偏西45°方向30千米处。 师：船2呢？ 生：船2在灯塔北偏西90°方向40千米处。 师：同意吗？（有的同学同意，有的不同意。） 生：谁不同意的来说一说你的想法。 生：船2在灯塔正西方向40千米处，不需要再北偏西了。 师：现在有两种答案了，同学们觉得第一种对不对呢？ 生：也对的，但不够简单。 师：所以，在东南西北四个方向上，我们可以不用角度，直接用方向。	的位置"相符合，因此也可以认为学习活动形式比较有效。
对比用数对确定位置与用方向与距离确定位置的相同点				√ 2分钟	√ 1分钟	【其他】 学生回顾用数对确定位置的方法，观察并思考两种方法之间存在什么相同点？ 【交流】 师：同学们能表示方格图红点的位置吗？ 生：(4,3) 师：这是我们之前学习的用数对确定位置的方法，在这里4表示什么？3呢？ 生：4表示第4列，3表示第三行。 师：我们用列与行两个量确定红点的位置，那么再看看今天学的。你能发现它们的共同点吗？ 生：同桌交流。 生：它们都是用两个量来确定位置的。 师：是的，我们一起来看一下，PPT演示。它们都是用两个量来确定位置的。 小结：（略）	1/3学生能发现都是用两个量来确定位置(B)分析：第三项学习活动指向目标是"初步感受用方向和距离确定物体位置的科学性，发展空间观念。"从活动完成情况看一般，也就是说活动效果一般。
			√ 8分钟	√ 5分钟		【操作】 船2同意前往营救遇险船只，以船2为观测点，重新确定遇险船只的位置，可以画一画、写一些。 【交流】 师：同学们，我们已经确定了遇险船只的位置，通过联系，船2愿意前往营救，你们	个别同学采用先到灯塔，再以灯塔为观测点前往遇险船只；1/4学生能以新的观测点重新

学生学习活动设计	活动形式与用时					学生活动情况	学习活动形式的有效性分析（描述：A. 较好；B. 一般；C. 欠缺）
	口述	书写	操作	交流	其他		
船2去营救遇险船只，为其指引方向						能为船2导航吗？ 生动手操作 师：谁来说说你的想法。 生：船2先往东走40千米，到达灯塔的位置，然后再向北偏东30°方向行驶40千米。 师：同学听明白了吗？说得真棒，掌声在哪里！还有不一样的想法的吗？（大部分学生沉默） 生：可以以船2为观测点，重新确定遇险船只的位置。它在被偏东25°方向65千米处。 师：展示学生作业，同学们有疑问吗？ 生：不是25°。 师：为什么不是？ 生：东往北量是25°，北偏东应该从北往东量。 师：是的，这位同学真聪明，因为船2这里没有了坐标，所以看不到北面的线了，我们可以给它加一个坐标吗？重新测量。	确定位置(C)分析：第四项学习活动指向目标"体验数学与生活的密切联系，提升解决生活实际问题的能力。"但改变观测点的练习难度偏大，学生完成情况欠缺，学习活动效果欠缺。

本课教学以学生学习活动为主，一共四项学习活动占据全课40分钟。教师的教主要体现在学生学习活动过程中，或引导或追问，是基于学生学习活动进行教学的。在四项活动中涉及口述、书写、操作、交流和其他等多种形式，其中操作与交流用时最多，用时29分钟，占全课的72.5%。从表中可以看出：活动一学生口述1分钟、书写1分钟、操作8分钟、交流3分钟，用时最长，学生任务完成情况并不理想，只有1/4的学生能正确完成任务。活动二口述1分钟、书写1分钟、交流3分钟，学生任务完成情况较好，几乎全部能正确完成。活动三其他1分钟、交流2分钟，学生完成情况一般。活动四操作8分钟、交流5分钟，学生完成情况欠缺。

2. 反思与讨论

如何确保学习活动形式的有效性，而不是"形式化"。关键在于学习活动形式能否更好地达成目标。

（1）活动形式应能促进学生的深度体验

学习活动的形式多种多样，关键在于能否促进学生的深度体验。学生深度体验不仅能让学生获得知识,更能让学生在获得知识的过程中体验成功的快乐,提升学生学习能力,培养学生学习数学的兴趣。在数学学习活动中,学生动手操作、实验等活动形式都能非常好地促进学生的深度体验。本课中四项学习活动中有两项都是采用学生动手操作的活动形式,特别是第四项学习活动:"现在船2愿意前往营救遇险船只,同学们能为船2再次确定遇险船只的位置吗?"这种转换观测点的题型,在第一课时中出现,对于学生来说是具有一定难度的,但是从体验的角度来说,学生能体验用学到的数学知识解决实际问题,这对于促进学生学习是很重要的。当然,体验式学习活动也有缺点,那就是一般用时比较长,在一节课中,教师无法过全部让学生进行体验,在本课中第一项和第四项活动学生操作体验用时16分钟,占整节课的40%,已经非常注重学生的体验了。除此之外,采用这样的活动形式,对于教师也有较高的要求,需要教师拥有扎实的教学预设能力以及课堂教学中及时的调整能力,需要不断地根据学生的学习调控整个教学。

(2) 充分的交流可以促进活动有效性

学生交流的过程是学生思维火花碰撞的过程,也是思维自我提升的过程。学生交流的活动形式,可以让教师更好地收集学生课堂中学习信息,把握学生的想法与学习情况。在很多课堂中学生交流总是被教师牵着鼻子走,教师怕学生说错、怕学生说得不好,总是替学生说,教师说得总是比学生多。其实,学生的说,是学生想法的主要表达方式,倾听学生的说,可以让教师更好地把握学生的真实想法,以便及时调整课堂教学。在本课中,我给予了学生充分的交流,在学生交流的过程中注意收集学生的学习信息。如第一个活动中,学生在说"东北30°方向40千米"时,我发现了有同学有异议,马上引导:"谁有问题?"在接下来的交流中学生很自然地发现"东北30°"有两条线,于是接着展示另一位同学的作业"东北60°方向40千米",学生一下子明白了,两条线,原来一条是以北为基准,一条是以东为基准的。从整节课看,四个活动学生说有13分钟,占总时间的32.5%,从比例来看,学生说得非常充分。在学生说的过程中,教师是以"导演"的身份存在的,教师需要提前选好学生的学习信息,有序地展示出来。让学生能朝着既定的目标一步步前进。交流不仅仅存在于教师与学生之间,如果能让学生提问,学生回答,形成生生互动的形式,就更好了。学生与学生之间交流更能激发学生的思维,在本课教学中,老师多次以"你们有什么问题想问他吗?"引导生生交流,对于促进学习活动有效性,具有重要的作用。

（3）应确保活动形式展开的充足时间

课上 40 分钟,每一分钟都是那么宝贵,因此很多教师"舍不得"把时间都留给学生。总能看到很多课上学生也开展学习活动,但是草草了事、匆匆收尾。我们常能看到在一些课堂上,教师既害怕学生活动时间太多,会导致课堂教学时间不够,又害怕学生活动时间不够,没有想要的答案。于是,当教师在学生活动时,努力地寻找自己想要的答案,当找到答案了,活动也就结束了。看似课堂教学顺畅地推进,但是其他学生呢? 很多同学并未完成自己的学习活动,那么这样的活动怎么会具有有效性。给予学生充足的活动时间是保障活动效果的重要前提,学生有充足的时间学习,才能学得好。在本课中学生活动用时 34 分钟,占总时间的 85％,除去教师的导入、小结与总结之外,学生活动时间非常充足,确保了每一位同学都能有充足的时间进行学习活动,这样才是真正的以学生学习活动为主的课堂教学。在本课第一项学习活动中,我用 8 分钟的时间让学生操作,可是因为学生第一次接触用方向和距离确定位置,因此完全正确的学生几乎没有。于是我马上让学生交流。生 1:在灯塔东北 30°方向 40 千米。生 2:船只在灯塔东北 60°方向 40 千米。生 3:在东向北 60°方向 40 千米。生 4:在北向东 30°方向 40千米。每一个回答都是对学生的冲击,怎么会有两个角度? 这才是在经历了自主探索之后的思维的提升。这也是之前学生确保活动时间之后所带来的效果。

（吴晓亮,本文发表于《教育研究与评论》(课堂观察版)2017 年第 1 期）

附：教学设计

内容来源	江苏教育出版社 2016 年版《数学六年级(下册)》,第七单元第 1 课		
课时	共 3 课时,第 1 课时	设计者	吴晓亮
学习目标	1. 在具体情境中能自主探索确定位置的方法,理解北偏东(西)、南偏东(西)的含义,会用方向和距离描述物体的位置。 2. 能根据给定的方向和距离在平面图上确定物体的位置,初步感受用方向和距离确定物体位置的科学性,发展空间观念。 3. 体验数学与生活的密切联系,发展解决实际问题的能力。		

评价任务	1. 小组合作,用手中的直尺、量角器等工具确定遇险船只的位置。(检测目标1) 2. 小组合作,确定船1、船2的位置。(检测目标2) 3. 对比不同的确定位置的方法,它们有什么共同点?(检测目标2) 4. 小组合作,用新的观测点重新确定船只的位置。(检测目标3)
教学板块	教学过程
板块1: 自主探索	一、游戏导入 　　同学们,我们先来玩个游戏好吗? 谁愿意来? 请一位同学上来,背对黑板,教师用一个红色吸铁石,随意地贴在黑板上,然后取走。好了,你可以转过来,老师刚才在黑板上贴了一个磁铁,你能找到它刚才的位置吗? (不能),再来。请转回去,老师重新贴上红色磁铁,并在边上贴上绿色磁铁,再取走红色磁铁。好了,老师的红色磁铁在这个绿色磁铁的右边,你能找到吗?老师再告诉你,它与绿色磁铁的距离是一支粉笔那么长,你能找到吗? 　　师:老师以蓝色吸铁石为基础,红色吸铁石在它的旁边……老师把方向说得再具体一点,在它的左边……还是不行,老师再把距离告诉你,再左边一支粉笔的距离。能找到吗? 　　很棒,你为什么刚才找不到,现在能找到了呢? 其他同学知道吗? 对的,要确定一个物体的位置,需要方向、距离两个量。还有一个观测点。(板书)今天这节课,我们来学习用方向和距离来确定位置。(板书课题) 二、探究新知 　　在茫茫的大海中,一望无际。这时候有一艘船,它发生了故障无法航行了,需要有人去救援。同学们,今天我们就运用我们所学的数学知识,来帮助他们好吗? 要确定它的位置,我们就必须有一个观测点,通过卫星图片,我们发现这艘船的附近有一个灯塔。(课件出示)你们能确定它在灯塔的什么位置吗? 　　提示:这个图表示什么? 图上1厘米,实际10千米。 　　1. 呈现评价任务一:(作业纸准备) 　　　同桌合作,用手中的直尺、量角器等工具画一画、量一量,确定遇险船只的位置。 　　　(1) 写出:船在灯塔的_____。 　　　(2) 同桌两互相说一说自己的想法。 　　2. 围绕评价任务进行学习 　　　学生同桌合作,用量角器、尺等工具在图上画一画;填写结果;交流想法。 　　3. 交流反馈(渗透面、线、点)最好能找到只有方向、有方向角度、有距离,不同层次的学生作业。 预设一:学生只有方向没有距离 师:你能给大家介绍一下你的想法吗? 这样能精确地确定船只的位置吗? 预设二:东北方向30度40千米 师:你能给大家介绍一下你的想法吗? 这样能精确地确定船只的位置吗? 师:为什么? 预设三:东北方向60度40千米 师:怎么会有两个角度呢? 说完整。 师:现在两种说法似乎都能精确地确定船只的位置,那么我们唯一一同说法,只能选择其中的一种。(出示指南针) 出示规定:北偏东、北偏西、南偏东、南偏西。(比划手势) 　　谁再来说一说这只船只的位置。(都请几个来照着黑板说) 师:同学们,既然已经确定在说方向的时候以南北为基准,那么我们在使用量

教学板块	教学过程
	角器的时候也要注意以南北为基准。（教师利用投影演示给学生看） 三、小结： 　　回顾一下，你们是怎么确定遇险船只的位置的？我们用了几个量？方向和距离（板书方向、距离） 师：方向为了更加精确，我们还要加上角度。（板书：度数）
版块2： 练习巩固	一、小组完成练习 　　同学真的很厉害，现在我们已经确定了故障船只的位置，接下来就要来找找附近有没有路过船只，能够前往营救。通过卫星传来图片，我们发现了灯塔附近的船只。 1. 呈现评价任务二（作业纸准备） 　　小组合作，在规定时间内尽可能多地确定船1、船2的位置。 　　(1) 写出：船在灯塔的＿＿＿＿＿＿＿＿＿（学生说的时候注意观测点） 　　(2) 交流自己的想法。 2. 围绕评价进行学习 　　选择自己喜欢的船只来确定位置。 3. 交流反馈 　　船1：谁来说一说船1的位置？（图给出方向与距离） 　　船2：谁来说一说船2的位置？（图给出方向与距离） 二、理解方向与距离的意义（学生想一想，能确定什么？想象） 如果还有船3，它在灯塔的南偏东方向，能找到吗？（只能确定一个面） 再详细点，在灯塔的南偏东30度方向，能找到吗？（能确定一条线） 还需要什么？（距离），船3在灯塔的南偏东30度方向60千米处。（能确定一个点） 小结：只给出南偏西方向，能确定什么？加上度数呢？再加上距离呢？ 这是一个从面到线再到点，逐渐精确的过程。
板块3： 对比提升	同学们，还记得这是用什么确定位置吗？那红点在哪里呢？(3,4) 　　师：第一个数字表示？第二个数字表示什么？ 今天学习用方向和距离来确定位置，联系以前学习的用数对确定位置。我们来观察一下，有什么相同的地方？ 1. 呈现评价任务三 　　对比不同的确定位置的方法，它们有什么共同点？ 2. 围绕评价任务进行学习 　　观察PPT，只有距离能确定什么？（一个圆）只有方向能确定什么？（一条线）。 追问：为何需要两个要素？只告诉方向行吗？只告诉距离呢？ 比较：两种"确定位置"之间，有什么共同之处吗？都用两个量来确定位置 其实，同学们，在大海中也能运用类似数对的方式来确定位置。（出示经纬线图片）用经度与维度两个量同样能确定大海中船只的位置。
板块4： 拓展延伸	评价任务四： 同学找到了3艘路过船只，现在船2愿意前往营救，那么它该怎么去呢？请同学帮忙引导一下。 (1) 先向东走40千米，再向北偏东30度方向走40千米。 (2) 重新以船2为观测点再次确定位置。同学请试着画一画。 刚才我们都是以灯塔为观察点，现在船2收到了船的求救信号，那么船2该怎么办呢？

教学板块	教学过程
	以船 2 为观察点,如何确定船的位置?（作业纸准备） 展示学生想法 总结:学习了这一节课,你有什么收获? 用方向和距离确定位置,你有什么要提醒大家注意的地方? 它和数对有什么相同的地方?
板书设计	确定位置 船在灯塔北偏东 30 度方向4千米处。　　　观测点 　面　　　线　　　点　　　　　　　　方向 　　　　　　　　　　　　　　　　　　距离

9.3 评价信息处理如何促进深度学习

——陈小红老师语文《鸟语》一课的观察与分析

一、观察背景与主题

1. 观察背景

2016年4月22日,安徽省明光市工人子弟学校在贺建伟校长和李艳副校长的带领下,近30位老师莅临我校观摩课堂观察活动。陈小红老师执教了苏教版小学语文四年级下册《鸟语》。我们课堂观察组的老师以"促进学生深度学习的评价信息处理"为主题进行了课堂观察。

2. 观察主题

本次课堂观察的主题是"促进学生深度学习的评价信息处理",我们假设评价信息处理与深度学习相关联。(1)关于"深度学习"。我们认为,与浅层学习只停留在对知识简单解释、重复记忆不同,深度学习以发展学生的高阶思维为核心特征。根据文献研究,深度学习包含四个维度:认知目标维度、思维结构维度、动作技能维度、情感目标维度,本次研究聚焦在认知维度。深度学习的认知维度包括:迁移、批判、运用和创造。(2)关于"评价信息处理"。评价信息是执行评价任务过程中产生的,针对达成目标的所有学习信息,是一种有效的教学资源。评价信息处理,是教师在课堂教学中,面对纷繁复杂的评价信息,基于目标迅速做出分析和判断,并针对不同的信息采取不同的处理办法,如肯定、反对、提升、追问、转问、示范、未发现、未处理等等。①

二、工具开发与研究过程

1. 编制观察量表

基于对深度学习、评价信息和评价信息处理的理解,我们观察小组开展多次研讨和分析,研制了如下观察量表:

"促进学生深度学习的评价信息处理"观察表

出现了哪些评价信息	评价信息是否体现深度学习	教师如何处理评价信息

2. 研究过程

(1)开发量表。4 月 14 日,接到任务后,我们观察组老师开了个小会,根据这次报告的主题,制定了"促进学生深度学习的评价信息处理"观察量表。(2)确定"样本学生"。4 月 15 日,根据陈老师提供的学生座位表,确定每位老师负责观察四位学生。(3)试用量表。根据 4 月 18 日、21 日陈老师借班上课的观察情况,试用观察量表,积累观察经验。(4)课堂观察。4 月 22 日课上,观察组的老师们依然化身"警察老师",课后拿出了一张张详细的观察记录量表,两个小时的小组内部报告会如火如荼地展开,老师们将信息汇总、分析,最终生成完整的课堂观察报告表。(5)形成报告。4 月 22 日至 5 月 17 日,观察组以 4 月 22 日现场报告为基础,根据课堂录音,进行修订,最后形成本报告的文本。

三、观察结果与讨论

1. 观察结果

下表呈现的是本次课堂观察的主要结果:

---

① 闫荣生.教师如何处理课堂评价信息.[J].江苏教育,2013(06).

出现了哪些评价信息	评价信息是否体现深度学习	教师如何处理评价信息
1. 学生朗读鸟语,在陈老师示范样例之后,学会模仿押韵句。(1)张怡静:陈恺歆,陈恺歆,人人见了都开心。(2)沈宇晴:刘腾瑶,刘腾瑶,真是一个乖宝宝。	迁移,属于目标达成的信息,体现深度学习。	肯定。教师对学生的迁移学习表示肯定。
2. 何欣萍同学模仿押韵句:李宇凡,李宇凡,烦恼一下子不见了。——"凡"和"了"没有押韵,沈俊楠立刻表示"不顺口"。"不顺口,"教师指出错误并引导,"烦恼一下不见了?李宇凡,凡?不见了,了?"王健平同学帮助:"李宇凡,李宇凡,真像神仙下凡。"	沈同学是批判性学习;王同学在同学错误的基础上改正,体现深度学习。	指正。教师对错误信息的处理及时有效。只是最后所改,还不是最佳,改为如"真像神仙在下凡"7字句就更好。
3. 在学生朗读、教师与学生示范问答后,学生用问答句式说押韵句。王健平和李宇凡问答:"你做什么?""勤劳看书。""你喜欢什么?每天跳舞。"	迁移,属于目标达成的信息,体现深度学习。	肯定。陈老师表扬了王建平和李宇凡,同时提醒:"勤劳看书有点不太对,换一下,勤奋看书。"
4. 陈恺歆和沈俊楠模仿布谷鸟对话:"你做什么?""上课看书。""你喜欢什么?""下课玩耍。"学生七嘴八舌说"耍"字没有押韵。	学生的七嘴八舌体现"批判性",有深度学习特征。但教师"转问"后"放过"了这个错误,没有促进深度学习。	指正后转问。"耍的耍没押韵。哪一组,再来试一下。"转问后,学生没有纠正,而是作了另外的问答。
5. 在朗读的基础上,学生仿说"喳喳喳喳,喳喳喳喳,福运到家,福运到家。"(1)万子瑜:喳喳喳喳,喳喳喳喳,金钱到家,金钱到家。(2)王建平:喳喳喳喳,喳喳喳喳,桃花开啦,桃花开啦。	迁移,属于目标达成的信息,体现深度学习。	肯定。教师评:(1)"我喜欢你这只小喜鹊。"(2)"真美呀,这么好玩的喜讯我们大家都喜欢读。"
6. 芮品懿:喳喳喳喳,喳喳喳喳,喜事临门,喜事临门。学生立刻表示质疑,几乎全体表示应该改成"喜事到家"。	批判性学习,有深度学习的特征。	指正。"喜事临门?还没有押韵。"
7. 学习说排比句。(1)芮品懿:从传递信息的信鸽那里,我认识到为人民服务的精神;从努力飞行的燕子那里,我懂得了坚持不懈的可贵精神;从搏击风浪的海鸥那里,我学到了勇敢顽强的精神。(2)朱屹浩:从捕食害虫的天鹅那里,我认识到勤劳的可贵;从投石喝水的乌鸦那里,我懂得了智慧的可贵;从击破冰面的天鹅那里,我学到了团结的精神。	运用,属于目标基本达成的信息。有学生并不局限在陈老师呈现的例子,能够联系学过的内容,体现深度学习。	肯定。"有一个特别要表扬的——天鹅,学过的知识要用上去。"

（续表）

出现了哪些评价信息	评价信息是否体现深度学习	教师如何处理评价信息
8. 陈翔宇：从投石喝水的乌鸦那里，我认识到要使用智慧，从努力学飞的小鹰那里，我懂得了要坚持不懈，从搏击风浪的海鸥那里，我懂得了不能知难而退。	目标尚未达成的评价信息。教师对错误信息未发现，更无从反馈，不能促进学生深度学习。	未发现。陈老师未发现评价信息是不符合评价目标的，也就错过了利用评价信息帮助学生掌握排比句的正确写法。

从表格中可以看出，通过教师的引导及对评价信息的处理，促进了学生的深度学习。课堂中出现深度学习四项认知维度中的三项：迁移、批判和运用，遗憾的是：(1)课堂中没有出现学生的创造性运用；(2)由于教师未发现错误信息或对错误信息未组织纠正，出现"评价信息处理未促进深度学习"的现象(见表中第8、4条)。

2. 反思与讨论

首先，评价信息的处理与学生深度学习深相关。适时、有效、合理的评价信息处理将对学生深度学习起到意想不到的效果。比如评价信息2，那位错误的学生在听了其他人的回答后恍然大悟，之后专心投入接下来的学习中，并尝试再次发言。再如评价信息2、4、6，学生不仅能独立完成押韵句，还能判断他人的发言是否符合目标，这样的评价信息同样是指向目标的。当然，课堂是一个产生信息的地方，评价信息纷繁复杂，偶尔也有个别重要信息被疏忽，无法促进学生深度学习。比如评价信息8，陈老师未发现评价信息是不符合评价目标的，也就错过了利用评价信息帮助学生掌握排比句的正确写法。其实如果在交流排比句式时，尝试让学生处理他们的评价信息，引导学生将自己的排比句修改得更加规范，词句更加通顺合理，这样更符合语文的教学，也能促进学生的深度学习。

其次，评价任务的设计是处理评价信息、促进学生深度学习的前提。评价任务，是指用以检测、达成学习目标的具体的学习任务。陈老师设计的《鸟语》第二课时的学习目标之一是："发现押韵的特点，读出、模仿出趣味来，"与之相对应的，陈老师设计的评价任务是："朗读鸟语，体会并模仿押韵句。"这样的评价任务，指向学习目标，清晰而明白，为学习而设计。执行评价任务的过程中，产生的信息多数是指向目标的，比如评价信息1、3、5。捕捉到游离于目标的信息时，陈老师能立即妥善处理，如评价信息4，陈老师及时纠正后,两位学生流露出喜悦之情,坐下后轻声讨论如何押韵,以期待第二次举手。可见,精心设计与目标相对应的、学生能够明白的评价任务,在评价任务实施的过程中,获取重要的评价信息,利用这些信息,改进教学策略,能够有效促进学生深度学习。

最后,评价信息处理能否有效促进学生深度学习还依赖于教师的评价素养和学科素养。"评价促进学习"落实到课堂中就是教师借助各种评价活动促进学生学习,"持续评价、及时反馈是引导学生深度反思自己的学习状况并及时调整学习策略,实现深度学习的有效途径。它不仅可以促进学生深入理解学习内容,改进学习策略,还可以帮助教师及时调整教学策略,增强课堂学习的时效性"[①]。如评价信息 2 中有两点值得斟酌:其一,陈老师立即否定这位学生的回答,告知"凡"和"了"并没有押韵。其实这里如果能以此为学习资源,引导学生去发现问题,解决问题,也许比单单否定更有"生长感"。其二,在此基础上,陈老师转问其他学生,其实通过教师的点拨、引导,让第一位学生尝试改正自己的押韵句,对他的成长更有帮助,更能促进他的深度学习。作为语文教师,还需要具有系统的学科知识,对学科知识的把握能够做到脉络清晰、框架分明。语文课堂上善于捕捉学生的每个信息,通过评价信息的处理,促进学生的深度学习。如评价信息 3,将"勤劳读书"改为"勤奋读书",关注学生的语言运用,引导学生的语言走向规范。所谓"学无止境",教师需要在实践中不断提升自身的学科素养,才能在语文课堂教学中得心应手,才能更有效地促进学生深度学习。

(庞亚萍,发表于《教育研究与评论》课堂观察版 2016 年第 6 期)

[①] 安富海.促进深度学习的课堂教学策略研究[J].课程·教材·教法,2014(11).

9.4 如何开发与利用学生学习资源

——韦添老师语文《理想的风筝》一课的观察与分析

作为一种研究方法,课堂观察与传统的听评课相比,主要特征是"主题性"。课堂观察的实质,是以课堂为凭借研究主题。本报告试图以韦老师执教的苏教版小学语文(六年级下册)《理想的风筝》一课为例,研究语文课堂学生学习资源的开发与利用。

一、主题解读

我们必须树立一个非常强烈的意识:课堂是一个充满资源的地方。从某种意义上说,课堂教学的过程就是开发与利用课堂资源的过程。课堂资源丰富多彩,其中最重要的,是"学生的学习资源",即学生在课堂中创生出来的学习资源。我们认为,学生在学习过程中的一切表现都可以视作学习资源,包括他们的所说、所读、所划、所写、所思、所做以及他们的作业、作品、表现等。学生学习资源的开发与利用包括以下流程:

1. 用学习任务引出学生的学习资源;

2. 充分发现与收集资源;

3. 对资源进行分析与研究;

4. 引领学生运用资源进行学习,以提高学业水平。

如图 1 所示:

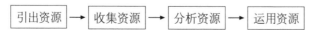

图1 课堂教学学生学习资源开发与利用示意图

在语文课堂上,我们要特别关注相关资源的"语文性",即引出语文学习资源、收集语文学习资源、分析与运用资源提高语文学习水平。

二、观察背景与研究过程

2017年3月9日,我们观察了韦老师执教的《理想的风筝》一课并进行了相关研讨,内蒙古鄂尔多斯乌审旗教研员课程领导高级研修班35人一起观摩。老师们分几个主题进行观察,分别研制了观察量表,进行了分工;除了小组合作观察,同时采用了个人观察的方式,我就是其中的"个人",我观察的主题即"语文课堂学生学习资源的开发与利用"。我的整个研究过程包括量表开发、课堂观察、分享及材料整理:

1. 量表开发。这个量表的开发,主要依据是图1。课堂教学需要教师运用教学实践智慧进行即时判断与决策,关于资源的"分析"与"运用"几乎是同时进行的,所以在量表设计中将"分析"与"运用"组合在一起。

表1 语文课堂学习资源的开发与利用

教师如何引出资源	教师如何收集资源	教师如何分析与运用资源

2. 课堂观察与材料整理。上午第2节课,我们观察了韦老师的课堂,在课堂上,我对相关信息进行了笔录;课后,我进行了简单的整理;下午,就我所看到的本课学生学习资源开发与利用向内蒙古来宾作了分享;之后,又利用课堂录音等整理本报告。

三、观察结果与分析

本课的设计非常清晰,以学习目标为导向,设计相应的评价任务,目标与评价任务匹配度高(表2)。学习目标一是学会品读,二是感情朗读,三是理解省略号,充分体现"语文性",即"利用课文学习语文"的追求非常明确。

表2　学习目标与评价任务表

学习目标	1. 通过揣摩作者用词的精妙,学生能学会品味字词的基本方法; 2. 有感情地朗读课文相关段落,感受刘老师的人格魅力; 3. 研读文中省略号,能说出省略号的具体作用。
评价任务	1. 研读课文,边读边思考,努力发现用得精妙的词语,用圆圈圈出来,并在旁边写上心得体会。(检测目标1) 2. 选择喜欢的段落朗读,要求正确、流利,读出感情。(检测目标2) 3. 交流课文中省略号蕴含的意思,体会省略号的不同表达效果并朗读。(检测目标3)

在课堂上,我主要观察的内容,就是这三项任务是否引出了必要的学习资源,教师是如何采集、分析与运用这些资源的。

1. 关于第一项任务,主要的教学过程是:

(1)教师以品读"笑"字为例,说明用词的精妙以及精妙词语的品读方法;

(2)教师呈现评价任务,要求学生发现文章用得精妙的词语,并尝试品味;

(3)学生根据评价任务进行自学自研,教师巡视;

(4)交流学生发现的词语有哪些,教师选择相关词语板书并进行补充;

(5)交流对相关词语的品读体会;

(6)教师总结品读词语的方法。

从过程上说,是非常完整的,也是基本有效的。通过(1)的范例及(2)的布置,学生明确了评价任务,再通过(3)学生5分钟时间的静心研读,非常成功地引出了学生的学习资源。继而,交流学生发现的词语有哪些,生1说是4处,生2说是10处,生3说是18处。老师请生3说是哪18处,这就是学习资源的收集。

图2

但是,老师对于这些丰富资源的处理,我以为还不够到位:

第一,资源收集工作不充分。教师只是根据自己的需要板书了其中的"撑"、"离"、"转"、"漾"四个字(如图2)。学生有18处发现,教师只板书了4处,"资源浪费"非常明显。

第二,资源收集意识不坚定。全体同学都参与了"生产资源"的工作,但只有 1 个学生有机会讲述 18 处他认为精妙的用词,教师急于"给你们补充两个"(补充了"油亮""泛",如图 2 中框内所示,黑板上出现了 7 个词),而没有把"补充权"留给别的同学。

第三,资源处理工作不到位。教师之所以只把 7 个词进行板书,是为了对这 7 个词进行品味。一节课的时间总是有限的,选择典型的资源进行处理,这无可非议。但从 18 处中选择 7 处,一定是有道理的,这个选择过程才是真正的"品味"——怎样发现真正像"诗眼"一样的词,培养对词语的敏锐性,这是才最重要的语文学习。我建议可以用的办法是:一是将 18 个词语全部呈现,二是由其余同学补充,三是选择"特别精妙的词语"。经历资源处理的过程,即经历语文学习的过程。

2. 关于第二项任务,主要的教学过程是:

(1) 布置朗读任务:选择喜欢的段落进行感情朗读;

(2) 学生进行自由朗读,教师巡视;

(3) 指名学生进行朗读。

从过程上看,也没有什么大问题,要求学生选择喜欢的段落进行感情朗读,这项任务引出了学习资源。与书面作业相比,"朗读资源"尤其难以收集,学生自由朗读时教师的巡视显得尤为重要,教师的巡视决不是"巡而不视"的形式,也不仅仅是为了督促学生的朗读,而是为了发现、收集学生的学习资源:哪些句子读得好,哪些句子不容易读好,教师要通过巡视有所发现,因为只有发现了资源,才能利用好资源。

在指名学生交流朗读时,与任务设计有一些不同。任务设计时,要求学生朗读"段落",但在指名交流时,除了"刘老师啊,您在哪里?我深深地、深深地思念您……"是段落之外(有三位同学朗读这段),其余的四位同学都是朗读句子。一篇篇幅较长的课文,要全部朗读是不可能的,个人认为朗读典型段落的方法比较可取。典型段落,一般来说,有重要的朗读教学价值,一个段落所拥有的朗读资源会比零星的句子更丰富、更立体。所以,在这里,我建议还是要朗读典型段落,而不是将有限的时间分散在零星句子的朗读上。

3. 第三项任务,学习省略号的用法,文中有三处省略号,韦老师总结了"写不尽,所以省略了"、"不必写,所以省略了"、"不忍写,所以省略了"三种用法,教材理解可谓深刻独到。在"写不尽,所以省略了"的用法学习上,课

中展开得比较丰富,我们以此为例观察学习资源的运用:

（1）齐读:刘老师啊,您在哪里?我深深地、深深地思念您……

（2）提出评价任务:这个省略号省去了什么?把没有写出来的话补充进去,写在书上。

（3）学生补写,教师巡视。

（4）交流学生补充所写。(指名1位同学,这位同学说:"刘老师啊,您在哪里?我深深地、深深地思念您,我还想看您放那翩翩起舞的风筝,我还想听您上那有趣的课,我还想看您脸上洋溢的微笑,我还有很多话要对您说呢,刘老师啊,您在哪里?")

（5）讨论:既然有那么多话要说,为什么不写出来呢?

这里依然体现了"引出资源"、"收集资源"、"分析与运用信息"的思路,指名交流的那位同学也以优质的表现为课堂提供了上好的资源,最后的讨论也非常好,回到了"学习省略号用法"的主旨上去。

但是,在信息收集与处理上,还是很遗憾:每个学生都进行了补充,而老师只选择了一位同学进行"回答",大量的资源都"散落民间",没有收上来,更无从说"利用好"。这个资源的处理,建议这样来做:(1)四人一组交流,推出最好的一位;(2)指名三名同学进行交流,这样的分享可以把资源用得更好。

通过对课堂主要学习任务的观察与分析,我们认为:本节课整个过程符合"学习资源开发与运用"的规律,能够运用评价任务引出语文学习资源,具有收集与处理学习资源的意识,在处理资源的过程中帮助学生"学语文";但开发与运用学习资源的工作还不够充分、不很到位,一些重要学习资源的处理还存在缺陷,"资源浪费"影响了语文学习的更好质量。

四、讨论与建议

1. 要提高资源意识,充分认识学习资源的意义。资源意识的实质是学生意识,从资源的角度来看,学生就是资源创造者,课堂就是学生创造资源之所,没有资源就没有课堂,也没有学生的学习。语文学科的丰富性使得语文课堂学生学习资源尤其重要,学生正是通过创造资源、分享资源、运用资源来进行语文学习的。

2. 要灵活运用好开发、利用资源的基本流程,即图1所示。要结合学科特点,通过不断实践,熟练运用这个基本流程:一是掌握关键的技术:设计任务的技术、催生学习资源的技术、收集学习资源的技术、分析与利用学习资源的技术;二是要整体把握"引出资源、收集资源、分析与利用资源"的结构,使课堂教学真正成为资源创造与优化的过程,整体提升学习质量。

3. 要提高课堂时间管理水平。这样的课堂会带来一个直接的挑战,那就是课堂时间问题。比如韦老师的这节课,如果按照本报告中的建议去实施,是需要重新审视原来的教学设计的,有一些教学内容还需要整合,有一些要删减。其实,课堂教学开发与利用学生的学习资源,要求我们必须把时间用在刀口上,真正地用在"学习"本身,不搞蜻蜓点水看似什么都教了实际什么都没学好的教学,真正做到"要教,就教个透;要学,就学到位"(《汾湖实小课堂誓词》)。

最后需要说明的是,韦老师的这节课,教材处理干净利落,学习目标清晰合理,评价任务明确、丰富,课堂上学生语文学习活动的安排与实施都有很多地方值得我们学习,具有一节真正的语文课的"味道"。本报告只是从研究的角度进行剖析,而不是对本节课所作的定性评价。

(张菊荣,发表于《教育研究与评论》(课堂观察版)2017年第2期)

附:教学设计

内容来源	江苏教育出版社 2014 年版《语文(六年级下册)》,第七单元第 22 课		
课时	共 2 课时,第 2 课时	设计者	韦添
执教时间	2017 年 3 月 9 日	班级	六(2)班
课程标准	能正确、流利、有感情地朗读课文。能联系上下文理解词句的意思,体会课文中关键词句表达情意的作用。能初步把握文章的主要内容,体会文章表达的思想感情。能对课文中不理解的地方提出疑问。		
教材解读	这是一篇回忆性的文章,课文从构思到细节都很有特色:人物形象生动,课文通过谈腿疾、写板书、放风筝、追风筝四件事情描写了一位身残志坚的刘老师形象;感情真挚、感人,是很好的朗读教材;细节描写生动、细腻,用词精到,值得品味。另外,文中有三处省略号,也很有表达效果。		

（续表）

学习目标	1. 通过揣摩作者用词的精妙,学生能学会品味字词的基本方法; 2. 有感情地朗读课文相关段落,感受刘老师的人格魅力; 3. 研读文中省略号,能说出省略号的具体作用。
评价任务	1. 研读课文,边读边思考,努力发现用得精妙的词语,用圆圈圈出来,并在旁边写上心得体会(检测目标1) 2. 选择喜欢的段落朗读,要求正确、流利,读出感情;(检测目标2) 3. 交流课文中省略号蕴含的意思,体会省略号的不同表达效果并朗读。(检测目标3)
教学板块	教学过程
导入: 文章内容复习	齐读课题。复习第一课时:通过上课的学习,我们认识了一位乐观坚强的刘老师,我们知道课文通过四个故事刻划刘老师的形象:谈腿疾、写板书、放风筝、追风筝。
板块1: 学会品味字词的方法	1. 范例学习:我们学语文,不仅仅要读懂文章写了什么,还要研究是怎样写的。刘老师的形象感人至深,与文章生动细腻的用词有关。 当然,"词"不离句,只有放在文章中词才是有生命的。比如"笑"这个词,简单吧? 提问:你知道笑有哪几种? 我们来看这里的"笑":只是有一次,他在讲女娲造人的传说时,笑着对我们说:"……女娲氏用手捏泥人捏得累了,便用树枝沾起泥巴向地上甩。甩到地上的泥巴变成了人,只是有的人,由于女娲甩的力量太大,被甩丢了腿和胳膊。我就是那时候被她甩掉了一条腿的。"(板书:"笑") 讨论: (1) 那里的刘老师是一种什么"笑"?(乐观的人生态度) (2) 这个"笑"放在这里,为什么特别感人?(联系"他有一条强壮的右腿,而左腿,膝以下被全部截去了,靠一已经用得油亮的圆木拐杖支撑。这条腿什么时候、为什么截去的,我们不知道。"理解。) (3) 老师总结:词不离句,词不离篇,联系上下文,才能理解用词之妙。 2. 提出学习任务:像这样的词语这篇课文中还有很多,请同学们研读课文,边读边思考,将你发现用得精妙的词语用圆圈圈出来并在旁边写上你的心得体会。 (1) 学生自学。 (2) 交流:你们都发现了哪几处词语非常精妙? 相机板书:泛、撑、离、转、漾、油亮、粗壮 (3) 品味这些词的精妙。(交流。师相机点拨,并总结品读词语的方法。)
板块2: 学习有感情地朗读文章段落	我们除了会发现作者用得精妙的词语,还要善于把这些词语放到段落中来读一读。接下来,请选择你们认为最能表达情感的段落来练一练,读一读。 (1) 学生单独读,全部齐读。 (2) 教师点评学生的朗读。 (3) 小结:同学们读得非常棒,所以在把握词语的基础上朗读段落一定会事半功倍。(板书:句段的朗读)
板块3: 学会省略号的表达方式	1. 请大家朗读这句,深情地朗读: PPT:"刘老师啊,您在哪里? 我深深地、深深地思念您……" (1) 讨论:省略号里省略了什么呢? (师例说,学生说) (2) 讨论:为什么不把这么多的思念写出来呢? 不写出来的表达效果如何?

教学板块	教学过程
	（3）小结：不说出来不代表不想说，而是作者想说的话实在太多，应了一句话"此时无声胜有声"！——说不尽 2. 再来看这里的省略号，又省略了什么呢？ 　PPT：只是有一次，他在讲女娲造人的传说时，笑着对我们说："……女娲氏用手捏泥人捏得累了，便用树枝沾起泥巴向地上甩。甩到地上的泥巴变成了人，只是有的人，由于女娲甩的力量太大，被甩丢了腿和胳膊。我就是那时候被她甩掉了一条腿的。" 　不见刘老师已经近 30 年了，倘若他还健在，这时候也许又会糊风筝，教给自己的孙子，把那精致的手工艺品送上天。依旧仰仗那功德无量的圆木棍，在地上奔走、跳跃、旋转，永远表现他生命的顽强和对生活的热爱。倘若不幸他已经离开了我们……不，他不会。他将永远在我的记忆中行走、微笑，用那双写了无数粉笔字的手，放起一只又一只理想的风筝。那些给了我数不清幻想的风筝，将陪伴着我的心，永远在蓝天上翱翔。 　（1）交流，为什么省略？（一个是不必写，所以省略了；一个是不忍想，所以省略了。） 　（2）小结：说不尽，用省略号就更丰富；不必写，用省略号就更突出主题；不忍想，省去，别小看一个小小的省略号，它的背后都蕴含着作者苏叔阳对刘老师深深的思念之情。（板书：标点的使用）
总结	通过昨天和今天的学习，我们知道一篇好文章不仅仅精妙在内容，还精妙在词语的解读、精妙在段落的朗读、精妙在标点的使用。 同学们，在以后的阅读学习中，要学会用一只眼睛看内容，一只眼睛看方法，这样，你的眼睛才会更清、更透、更明！

9.5　如何促进学生探究性学习

——肖月仙老师数学《圆的认识》一课两次执教的对比观察

新课程改革把"改变学习方式"作为主要使命,"探究性学习"是新课程改革倡导的学习方式。我们在课堂是如何促进学生的探究性学习的呢? 带着这样的问题,我们深入观察了肖月仙老师两次执教的《圆的认识》,进行对比研究,获得了丰富的启迪。

一、观察背景与主题

1. 观察背景

当下的数学课堂,不再是教师讲学生听的接受式学习时代,而是更加注重学生通过探究性学习主动建构知识的时代。2017 年 4 月 7 日,安徽省黄山市祁门县教师进修学院、祁门县实验学校、祁门县中心小学组成的教育团队一行 30 人,莅临我校观摩肖月仙老师执教苏教版小学数学五年级下册《圆的认识》一课;而在此之前的 3 月 30 日、4 月 5 日,肖老师以借班上课的方式执教此课,在三次上课中,学生探究性学习的展开有很大的不同。我们选择了第一次(3 月 30 日)、第三次(4 月 7 日)的课堂作比较研究,对"如何促进学生的探究性学习"作深度思考。

2. 观察主题

本次课堂观察的主题是"数学课堂上如何促进学生的探究性学习",主要观察教师如何呈现探究性学习任务,如何通过巡视、组织交流等教学行为促进探究性学习。在肖老师的课堂中,设计有一项典型的探究性学习任务:"学生探究圆有哪些特征与规律。"我们选取肖老师第一次执教与第三次执教的该片段进行观察,将收集到的具体学习证据进行对比分析,得出数学课堂上促进学生探究性学习的一些方法和手段。

二、观察工具与结果

1. 编制观察量表

观察小组开展了多次研讨和分析,认为可以从以下几个方面入手,探究如何有效促进学生的探究性学习,并形成了如下的观察量(表1):

表1 "数学课堂上如何促进学生的探究性学习"观察表

探究任务的呈现如何促进探究性学习	教师巡视如何促进探究性学习	教师组织学生交流如何促进探究性学习	其他促进学生探究性学习的教学行为

2. 研究过程

(1)确定课题。3月23日,接到任务后,数学组老师进行组内教研,确定执教课题《圆的认识》;观察组老师商量观察主题,暂定为"学生的小组合作学习"。(2)研讨与修改。3月30日上午,肖老师第一次执教,下午组内研讨;4月1日,在张校长办公室进行研讨与修改,提出将学生的探究活动做实;4月5日上午,肖老师第二次执教,下午在周校长组织下进行研讨与修改。(3)确定观察主题与量表,4月6日下午,观察组老师在张校长办公室进行研讨,确定本次观察主题为"数学课堂上如何促进学生的探究性学习",同时制定了本次观察量表。(4)4月7日至4月11日,观察组以4月7日现场报告为基础,修订成文本报告。

三、观察结果与讨论

1. 观察结果

下表是本次课堂观察的主要结果:

表2 "数学课堂上如何促进学生的探究性学习"观察结果

时间	探究任务的呈现如何促进探究性学习	教师巡视如何促进探究性学习	教师组织学生交流如何促进探究性学习	其他促进学生探究性学习的教学行为
3月30日（第一次执教）	教师口述＋PPT呈现＋限定问题的"探究"：（教师要求学生围绕以下问题进行探索） （1）在同一个圆里有多少条半径，多少条直径？ （2）在同一个圆里，半径的长度都相等吗？直径呢？ （3）同一个圆里直径的长度和半径的长度有什么关系？ （4）圆是轴对称图形吗？有几条对称轴？	教师进行巡视，但只是简单询问学生这四个规定问题的答案，无讨论性的师生交流和有针对性的指导。	随机选择学生上台展示。 师：这一小组发现在同一个圆里有无数条半径、无数条直径，你们是这样的发现吗？ 生（齐答）：是。 师：理由是什么？ 生：我用画的，画了很多很多半径…… 师：很多很多是多少条？ 生：也不是很多…… 师：也不是很多哦，但是发现规律了。什么规律呢？ 生：很多条，还没有画完。	无其他明显促进学生探究性学习的教学行为。
4月7日（第三次执教）	学生讨论得出＋开放性的讨论 教师先后提出两个问题请同学讨论： （1）师：在圆中，你想研究些什么？ （2）师：你想用什么方法来研究？	第一组： 师对生1：你是用什么方法研究的？ 生1：我用画的。 师：你继续画，能画几条半径和直径？画得完吗？ 生1：画不完。 师对生2：师：你呢？用什么方法？ 生2：我用折一折的方法。 师：也可以。 师指导生1：你可以量一量你画出的这些半径有什么关系？ 生1：量一量发现半径相等。 师：直径呢？和同学	师：你们有几个发现？ 交流组1：4个。 其他学生：我们也是4个，我们5个。 师：你们有5个发现啦，真是比爱因斯坦还厉害，请你们小组来说一说。 交流组1：我们发现圆的直径是8厘米。 其他学生：质疑，觉得这不是发现。 师：我们要探究直径半径它们的关系。坐下。 请这一组学生来说一说。 交流组2：圆的半径有无数条。 师：你们是怎么发现的呢？	鼓励性的话语 适时的追问

时间	探究任务的呈现如何促进探究性学习	教师巡视如何促进探究性学习	教师组织学生交流如何促进探究性学习	其他促进学生探究性学习的教学行为
		的可以比一比。 生1、生2点点头和同桌一起合作比一比各自圆中的直径和半径。 第二组: 师对生3:你有没有发现什么? 生3:圆折起来有无数条? 师:无数条什么? 生3:半径和直径 师对生4:直径和半径有什么关系? 生4:一半关系。师:谁是谁的一半? 生4:直径是半径的2倍。	交流组2:我们是画一画发现的。 师:怎么画? 交流组2:我没画完,所以是无数条! 师:有没有不是画一画的? 交流组3:我们是折的,折不完。 师:请你上来展示。 交流组3上台,折完展开给同学们看。 师:哪些是半径? 好,发现半径折不完。 师:还有吗? 交流组2继续说:同一个圆的半径和直径的长度分别都是一样的。 师:你是怎么发现的? 交流组2:我是量一量的。 师:还有吗? 交流组4:比一比。把两个画好半径的圆来比一比。 师:那不同的圆也能拿来比吗? 小结:要在相同的圆或者相等的圆中。 师:还有吗? 交流组5:直径是半径的2倍。用折一折,先对折,折出一条直径,再对折,就变成2条半径。 师:那我这个圆的直径是你这个圆的半径的2倍吗? 齐:不是,要同一个圆,或者是相等的圆。	教师肯定的眼神

　　综上所述,通过收集到的课堂学习证据的前后对比可以看到:与第一次执教相比,第三次执教在促进学生探究性学习方面有很大的进步。我们也可以由此得出这样的基本结论:数学课堂是需要有探究味的,是可以通

过改变学习任务的呈现方式、有效巡视、有组织的交流和其他有效的教学行为来促进学生的探究性学习的。

2. 讨论与反思

(1) 开放性的任务能促进学生的探究性学习

关于探究任务的呈现,第一次执教时肖老师采用了直接告知式,这种方式框定了学生的探究方向,所以感觉课堂上学生是被老师牵着鼻子走的,我们称之为"假探究,真做题",因此课堂上我们没有发现除老师规定的四个问题以外的其他探究成果;第三次执教时,老师提出了两个问题:"在圆中,你想研究些什么?""你想用什么方法来研究?"以此导入,让学生讨论出要研究的问题是什么,可以使用的方法有哪些? 这两个问题本身就有很大的开放性,跳出课堂来看,此时的肖老师,不仅是在教学圆的认识,更是带领学生以类似科学研究的方式去学习,在掌握知识内容的同时,体验、理解和应用探究问题的方法。开放性的问题能激发学生的发散思维,促进学生的探究性学习。

(2) 有效的教师巡视能促进学生的探究性学习

课堂巡视贯穿于整个课堂教学,有效的教师巡视不仅能很好地沟通师生感情,指导学生学习,还是教师获得信息反馈的重要途径,弥补整班教学的不足。第一次执教时,碍于问题的限定性,我们没有收集到有针对性的教师指导和师生交流,教师只是在简单地询问学生这些题目的答案是什么,因为学生都在规定的框架中"认真"地做题;第三次执教时,师生的对话和交流就体现了指向性和目的性:从教师与第一组的生 1 和生 2 的对话可以看出,教师在适时地指导学生探究的方向是什么,指导其朝着相应的方向进行更加深入的探究;从教师与第二组的生 3 和生 4 的对话可以看出,教师在有针对性地指导他们将自己的发现表述的更加完整、规范,体现了数学语言的严谨性。有效的教师巡视能让师生交流更有针对性、指导性,从而促进学生的探究性学习。

(3) 有组织的学生交流能促进学生的探究性学习

数学交流不仅是一种能力,还是一种基本技能,一种有效的获得数学知识的学习方式。我在听肖老师第一次执教的录音时,发现她虽然是请了学生代表上台"交流",但录音中多次出现了教师的"替说"和打断学生话语的行为,底下学生也是应付了事地"互动"着,师生和生生之间缺少实质性的交流。第三次执教时教师是有目的地首先请了发现数量最多的小组回答,当小组同学说:"我们发现圆的直径是 8 厘米"时,底下立马出现了质疑声,因为这不是规律,不是"特征",并不能称之为"发现",老师也觉得有些尴尬,解释说是要研究直径和半径的关系,并请该组同学坐下了,这是处理得不太好的地方,教师可以请学生继续说说其他的发现,保持该组学生的积极性。这个环节虽然存在需要改进的细节,但从观察量表收集到的信息来看,这个片段中有学生的质疑、补充、交流,教师的讲解、指导,学生的交流欲望很强,是有发现式的实质性的学生交流。有组织的学生交流能让学生在认真倾听中发展自我评价和同伴评价,促进学生的探究性学习。

(4) 其他教师行为也能促进学生的探究性学习

通过本次课堂观察的前后对比,我们也发现了其他有效的教师行为能在一定程度上促进学生的探究性学习,比如"你们组有 5 个发现啦,真是比爱因斯坦还厉害"这样激励性的话语能激发学生交流的欲望;比如"你们是怎么发现的? 有没有不是用画一画的方法的? 还有吗?"这样适时的追问能提高底下学生的积极性;比如,有同学回答"同一个圆的半径和直径的长度分别都是一样的"时,教师给与了一个肯定的眼神,这是一个多么了不起的发现,很少有同学能想到"同一个圆"这样的前提条件,这里如果再加上热烈的掌声会更好,学生的积极性也会更高。教师激励性的话语、适时的追问、肯定的眼神等能在一定程度上提高学生的积极性,促进学生的探究性学习。

(费晓燕,发表于《教育研究与评论》(课堂观察版)2017 年第 2 期)

附:教学设计

内容来源	江苏教育出版社 2015 年版《数学(五年级下册)》,第六单元第 1 课		
课时	共 11 课时,第 1 课时	设计者	肖月仙
课程标准	掌握圆的特征,理解直径和半径的关系,会用圆规画圆。		
教材解读	1. 本节课主要有以下三个知识点:(1)圆的基本特征的认识;(2)用圆规画圆的方法;(3)圆心、半径、直径的认识。 2. 前后联系:(1)这部分内容是在学生已经认识直线图形的基本特征,并对圆有了直观认识的基础上进行教学的;(2)这部分知识也是后面学习圆的周长、面积的基础。 3. 从认识直线图形到认识圆这样的曲线图形,不仅能拓展学生的知识面,丰富学生"空间图形"的学习经验,而且能够使学生的空间观念得到进一步发展。 4. "圆的认识"不仅要学习关于"圆"的知识,还应经历认识圆的过。		

（续表）

学情分析	1. 学生在一年级的时候已经直观地认识了圆,但对圆的特征还没有系统的认识; 2. 学生学习过其他的图形,具有学习图形的相关经验与方法; 3. 如何探究圆的特征,学生会有一定的难度,在探究前应作相关的讨论。
学习目标	1. 通过实践操作与要点提炼,学会用圆规画指定大小的圆,说明圆各部分的名称。 2. 在观察、操作、思考等探索活动中发现圆的有关特征。 3. 能运用圆的相关知识解答数学问题与生活问题,感受圆在生活中的意义。
评价任务	1. 根据要求用圆规画指定大小的圆,并说说注意事项,标示圆心、半径、直径。(检测目标1) 2. 用折一折、量一量、画一画、比一比等方法探究圆的有关特征,把相关发现记录下来,并把自己的发现和其他同学说一说,看谁能发现得更多!(检测目标2) 3. 讨论教师设计的正误判断题。(检测目标3) 4. 用圆的知识解释车轮为什么要做成圆的。(检测目标3)
教学板块	教学过程
板块1: 情境导入	课件欣赏大自然的圆。说一说发现什么? 思考圆和以前学过的图形有什么相同和不同的地方?
板块2: 学习用圆 规画圆	1. 明确任务:利用手边的材料,用不同方法画圆,比一比谁的方法多,画得好!说说画圆的方法,以及用圆规画圆的注意事项和步骤,动手用圆规画圆。 2. 尝试画圆 3. 全班交流 画圆有哪些方法? 圆规画圆要注意什么? 怎么用圆规画圆? 练习:把圆规两脚间的距离统一确定为3 cm,再画一个圆。 4. 认识名称: (1) 读一读概念,并用自己的语言解释什么是圆心、半径,和直径。 (2) 找一找圆心,画出半径,直径,用字母标出圆心、半径、直径。
板块3: 探究圆的 知识	1. 明确任务 讨论:圆有什么奥秘呢?(1)我们想从哪些方面去探索?(2)我们用什么方法来探究圆的奥秘呢? 总结活动要求:两人一组,用折一折、量一量、画一画、比一比等方法探究圆的有关特征,把相关发现记录下来,看哪一组同学发现得最多! 2. 学生两人动手操作,并记录自己的发现(记在记录纸上,标好序号) 3. 全班交流 (1)发现了多少关于圆的奥秘?(2)指名说具体发现的关于圆的奥秘,并说明是怎样发现的。(3)总结关于圆的相关知识与探究的方法。
板块4: 运用圆的 知识解决 问题	1. 辨一辨:指名口答,说说理由。 (1) 用圆规画直径4厘米的圆,圆规两脚间的距离是4厘米。( ) (2) 从同一个圆的圆心到圆上任意一点的距离都相等。( ) (3) 半径2厘米的圆比直径3厘米的圆小。( ) 2. 讨论:课件出示,让学生直观地观察、讨论。 (1) 谁能说说车轮为什么要做成圆的? (2) 想一想车轴应该放在哪儿?

教学板块	教学过程
板块5： 总结	总结：通过本课的学习，你有什么新的收获？ (1)关于圆的知识；(2)关于"认识圆"的方法。
板书设计	圆的认识 （同圆或等圆中）　圆心 半径　无数条　都相等 直径 　　　　　d＝2r　　　r＝d/2

集外国近现代著名教育家思想之精华而成

一部有分量的专业工具书

教师教育研究手册：变革世界中的永恒问题（第三版）

主编：（美）玛丽莲•科克伦-史密斯

（美）沙伦•费曼-尼姆赛尔

（美）D. 约翰•麦金太尔

译者：范国睿 等

定价：298.00 元（上下册）

她是一所学校 更是一种态度

当我们尊重人性，还它自由时，它是多么的美好！

瑟谷学校传奇Ⅰ:童年的王国　瑟谷学校传奇Ⅱ:瑟谷学校毕业生

作者：[美]丹尼尔·格林伯格 等　　作者：[美]丹尼尔·格林伯格 等

译者：章双　贾思婷　　　　　　译者：鲍同梅　陈家刚

定价：38.00 元　　　　　　定价：56.00 元

以"素养"为导向，探索学与教的新路径

素养何以在课堂中生长

作者：学习基础素养项目组

定价：48.00 元